중국에 소개된 조선시

韓客巾衍集

한객건연집

柳 琴 編
朴鍾勳 譯

붉을 '홍紅' 한 글자 가지고	毋將一紅字
온갖 꽃 통 털어 말하지 말라.	泛稱滿眼花
꽃술엔 많고 적음 차이 있으니	花鬚有多少
세심하게 하나하나 보아야 하리.	細心一看過

위 시는 박제가의 대표작이라 할 만한 「위인부령화爲人賦嶺花」로, 타성에 젖은 인식에 일침을 가한 작품이다. 봉우리에 가득 핀 꽃을 보고 단지 '붉다'라는 한 마디로 수 만 가지 빛깔과 자태를 갖춘 꽃들을 가둬 두지 말라는 당부이다.

『한객건연집』을 만나게 된 것은 박제가 덕분이다. 이덕무, 유득공, 박제가, 이서구를 북학파北學派라 지칭한다. 이러한 굴레로 인해 그들의 모든 시문을 북학사상과 연결시켜, 젊은 날 생동했던 시인으로서의 감수성에 대해서는 제대로 평가받지 못했다. 『한객건연집』을 통해 그들의 생동했던 젊은 날의 감수성과 재치를 만나게 된 것은 즐거운 일 중 하나였는데, 소위 불혹不惑의 나이가 된 내 자신이 그들 앞에서 움츠려든 것은 무엇 때문이었을까. 자꾸만 내 자신을 돌아보게 만든다.

젊은 날 보여주었던 충만한 감수성과 열정이 있었기에, 훗날 청淸의 효율적인 문물을 꼼꼼하게 살피고 이를 통해 조선의 낙후된 삶의 여건을 개선시키려 한 것이니, 그 처음과 끝이 하나라 할 만 하다. 이들의 그러한 감수성과 가능성이 이 책에 오롯이 담겨 있다.

『한객건연집』과 인연을 맺은 후, 이와 관련해 논문 몇 편을 썼다. 그러나 그들의 감수성이나 관심 및 열정을 온전히 드러내지 못해 종내 부끄러움으로 남는다. 이 책 역시 채워할 부분이 적지 않다.

사는 게 갈수록 각박해져 때론 힘에 겹다. 그러한 삶 속에서도 흔쾌히 출간에 도움을 주신 충남대 한자문화연구소 이향배李香培 소장님과 도서출판 문진問津 김진웅金鎭雄 사장님께 진심으로 감사의 마음을 전한다.

2011년 봄바람에

낙중당樂中堂에서

1.

18세기 조선 사회는 다양한 가치와 사상이 공존하며 변화의 바람이 거센 시기였다. 그러한 변화의 물결은 사상뿐 아니라 문학에도 그대로 반영되었다. 한시에 있어서도 새로운 경향이 대두되었는데, 격식과 규범에서 탈피, 개성의 추구와 변화의 시도, 진실한 표현과 사실적 묘사 등이 그것이다. 이러한 새로운 시풍의 중심에 『한객건연집韓客巾衍集』으로 조선 뿐 아니라, 청대 문단에도 이름이 알려진 '사가四家' 즉, 이덕무(李德懋, 1741~1793), 유득공(柳得恭, 1748~1807), 박제가(朴齊家, 1750~ 1805), 이서구(李書九, 1754~1825)가 있다.

기궤奇詭하고 첨신尖新한 시풍을 주도했던 이들은 유금(柳琴, 1741 ~1788)에 의해 중국에까지 그 시명詩名이 알려지게 되었다. 유금은 영조 52년(1776) 11월에서 이듬해 4월까지 부사 서호수(徐浩修, 1736~1799)를 수행하고 북경北京에 다녀왔다. 이 때 '사가'의 시선집인 『한객건연집』을 가져 가 청조 문인 이조원(李調元, 1734~1803)과 반정균(潘庭筠, ? ~ ?)에게 서문序文과 평어評語를 받은 바 있다. 이조원은 청靑으로, 반정균은 주朱로 비점批點과 권점圈點을 찍었으며, 각권 끝에는 이조원의 총평總評과 반정균의 발미跋尾가 붙어 있다.

『한객건연집』은 『건연집巾衍集』, 『건연시집巾衍詩集』이라는 이름으로도 전해지는데, 국립중앙도서관에 4종의 필사본이 전하고 동국대학교, 이화여자대학교 도서관에도 소장본이 있다. 또한 1917년 4월 한남서림翰南書林에서 신식활자로 인쇄하여 『전주사가시箋註四家詩』라는 이름으로 간행했고 1921년 10월에 재판하기도 했다. 이 책에는 병진년丙辰年(1916)에 윤희구尹喜求가 쓴 「전주사가시서箋註四家詩序」가 실려 있고 1777년 이조원과 반정균이 쓴 서문이 있으며 본문 주석은 박제영朴濟永, 교감은 백두용白斗鏞이 각각 맡았다. 『사가시선四家詩選』(김상훈·상민 옮김)은 『한객건연집』의 작품을 선별하여 번역한 책이다. 1958년 북한 국립문화예술서적출판사에서 출간한 것을, 2000년 여강출판사에서 남한식의 문법과 표현으로 교정·교열하여 발행한 것이다.

『한객건연집』은 유금이 '사가'의 초기 시작품을 대략 100수씩 선집한 것으로, 각 시인의 작품을 시체詩體별로 살펴보면 다음과 같다.

	五絶	七絶	五律	七律	五古	七古	기 타
李德懋 (『青莊館集』)		28	14	48	3	5	1(六言)
柳得恭 (『歌商樓集』)	1	35	19	19	13	1	8(六言) 4(東禽言)
朴齊家 (『明農初藁』)	6	25	18	45	4	1	1(六言)
李書九 (『薑山集』)	4	28	14	28	22	1	3(六言)

『한객건연집』에는 '사가'의 초기 시가 선집 되어 있다. 당시 이덕무 36세, 유득공 29세, 박제가 27세, 이서구 23세로 검서관檢書官으로 출사出仕하기 이전의 작품을 엮어 놓은 것이다. 이들의 초기 시에 주목해야 하는 이유는 한시사漢詩史에서 '기궤'나 '첨신' 등의 새로운 시풍을 선도했다고 평가되는 '사가'의 작품은 검서관 출사 이전의 작품으로 한정할 수 있기 때문이다. '사가'의 새로운 시풍에 대한 논의가 이들의 초기 시에 집중된 것이 이를 반증한다.

2.

『한객건연집』에는 이덕무의 초기 작품 99수가 선집되어 있는데, 이들 작품은 모두 『청장관전서青莊館全書』에도 수록되어 있다.

「추등급우칠절秋燈急雨七絶」·「효발연안曉發延安」 등의 작품에서는 감각적인 시어를 활용하여 상상력을 배가시켰으며, 탁월한 시어의 조합과 시상의 공교로운 전개를 통해 개성적인 시세계를 구축했다. 또한 다양한 고사를 두루 활용하여 신선하면서도 홍미롭게 시경을 연 작품도 주목할 만하다.

「전사잡영田舍雜詠」 2수와 「제전사題田舍」 4수 등에서는 농촌 풍경을 청각이나 시각을 통해 섬세하고 사실적으로 묘사하여 생동감을 부여했으며, 자신의 체험을 통해 조선의 실경을 그대로 담아냈고 조선적인 지식과 정보를 제공하려고 노력했다. 이를 위해 조선의 소재를 적극 활용하면서 조선에서만 느낄 수 있는 정서를 노래하여 조선의 분위기가 물씬 풍기는 작품을 남겼다. 무엇보다 이덕무 농촌시의 특징은 농촌을 예술적 가치, 나아가 참된 삶의 가치로 인식했다는 점이다. 이점이 여타의 시인들과 변별되는 이덕무만의 개성적인 측면이다.

「벽제점碧蹄店」·「연안부延安府」·「알숭인전謁崇仁殿」 등은 역사적 현장을 방문하고 역사적 사건이나 인물들을 회고한 작품이다. 비록 역사적 사건이나 인물에 대한 평가가 전면에 나타나지는 않았지만, 이덕무의 의식을 간접적으로나마 파악할 수 있다. 작품의 전반부에서는 역사적 사실을 언급했지만, 후반부에서는 현실의 모습을 생생하게 묘사했다. 이는 역사의식의 결핍이나 부재 때문이 아니다. 역사적 공간 역시 과거와 현재가 교차하며 병존하는 것으로 파악했기 때문이다. 지난 역사에 함몰되어 애상적 어조에만 머문 일반적인 영사시詠史詩나 회고시懷古詩와는 구별되는 이덕무만의 개성적인 서술 방식이라 하겠다. 또한 기자箕子를 전면에 내세우면서 문헌을 통해 꼼꼼히 변증했는데, 이는 객관적인 실증을 통해 우리 역사를 올바로 인식해야 한다는 의식에서 비롯된 것이라 할 수 있다.

3.

『한객건연집』에는 유득공의 초기 작품 100수가 선집 되어 있는데, 이들 작품은 대부분 『영재집泠齋集』에 수록되어 있다. 그러나 「서경잡절西京雜絶」 4번째 작품과 「수표교水標橋」 1,2번째 작품 및 「상원취가칠고上元醉歌七古」는 『영재집』에 실려 있지 않다.

이조원은 유득공의 「동봉정사여지포송자반독東峯精舍與芝圃宋子伴讀」이란 작품에 대해 "고담하기가 도잠과 같다. 古淡如淵明"라 평했으며, 「전가田家」란 작품에 대해서는 "위응물韋應物의 충담한 경지와 유사하지만 신영함은 더 낫다. 沖淡似韋蘇州而新穎過之"라 평한 바 있다. 이처럼 유득공의 초기 작품은 전원에서의 고담하고 충담한 삶의 지향이 담겨 있다. 그러나 관념 속의 한적한 전원의 삶만을 시화詩化하는데 그치지 않고 노동의 현장으로, 구체적인 삶의 공간으로 인식하고 있다는 점이 위응물의 전원시와 차별되는 유득공만의 특징이다. 또한 고상한 삶을 추구하며 꿋꿋한 의지를 드러내기도 했지만, 그 이면에는 이상과 현실사이에서 빚어진 괴리감이 자리하고 있어 비장함과 애절함에 배어나온다.

「송경잡절松京雜絶」 6수와 「서경잡절西京雜絶」 6수, 「만월대회고滿月臺懷古」 등의 작품에서는 우리 민족의 역사에 대한 지대한 관심을 드러냈다. 지난 세월에 대한 애상이 작품의 전체적인 분위기이지만, 조선의 지리나 역사에 대한 적지 않은 정보도 담아냈다. 역사적 사건이나 인물 등을 자연스럽게 시편으로 옮겨 역사지리학자로서의 재능을 유감없이 발휘했다. 그 중에서도 현실에 시선을 고정하고 당대의 풍속 등 현재적 삶의 양상을 소개한 점이 눈에 띈다.

「관어觀魚」 5수나 「화중목영선和仲牧詠蟬」 2수, 「실솔蟋蟀」 4수 등에서는 조자助字나 첩어疊語을 활용하여 음악성을 구현했고 생동감과 현장감을 동시에 드러냈다. 또한 유득공의 전체 작품 중 가장 눈에 띄는 것은 고사나 전고의 위트 섞인 활용이다. 「윤회매輪回梅」 5수와 「마포타어편麻浦打魚篇」

및 「위노오십운圍爐五十韻」에서는 고사나 전고를 통해 자신의 생각을 오묘하게 조합하거나 기발하고 재치 있게 시상을 전개했는데, 여타의 시인과 변별되는 유득공만은 특징이라 하겠다. 전고의 그 내용을 그대로 작품에 인용하기도 했지만, 일부만을 단장취의 하여 본래의 의미와는 상반대 의미로 활용한 점이 눈에 띈다.

4.

『한객건연집』에는 박제가의 초기 작품 100수가 선집되어 있는데, 이들 작품은 대부분 『정유각집貞蕤閣集』에 수록되어 있다. 「구일육언九日六言」·「춘사방왕중초春詞倣王仲初」·「평양잡절송이덕무平壤雜絶送李德懋」중의 기린굴麒麟窟, 연광정練光亭, 선연동嬋娟洞, 정전井田, 무열사武烈祠 관련 작품·「목동牧童」·「문우聞雨」·「강상조풍망경구江上遭風望京口」·「대우야작大雨夜作」·「배자排字」·「추신병소간금중기지秋晨病少間衾中記之」 1,2번째 작품·「서가운이서상요조여극적자연천지徐稼雲移書相邀趙汝克適自漣川至」의 작품은 『정유각집』에 실려 있지 않다. 이밖에 자구字句의 출입도 적지 않다.

박제가의 초기 시 특징은 무엇보다 자연 경물에 대한 지속적인 관심과 이를 적극적으로 시화해냈다는 점이다. 또한 자신의 심사를 우회적으로 표현하기 위해 다양한 고사를 차용한 점이 주목된다.

「신숙이심계향려信宿李心溪鄕廬」나 「춘일제인집심원春日諸人集沈園」 등의 작품은 '청아淸雅'란 개념으로 묶을 수 있는데, 깨끗하고 고상하여 세속의 잡스러움이 없으며 맑고 새로워 아정한 운치가 깃들어 있다. 부귀와 빈천, 영달과 곤궁에 얽매여 살아가는 세태에 대한 비판과 그런 삶에서 벗어나 자연이라는 맑고 깨끗한 공간에서 담박하게 살아가고자 하는 바람을 담았다. 소재는 당연히 청정한 자연이다. 청아한 마음의 상태나 경물, 혹은 인물을 묘사하기 위해 옛 사람의 아정함과 관련된 고사를 시편에 두루 사용하여 자신의 심사를 암시했다.

「추회시화임청수秋懷詩和任淸受」나 「효도동작강曉渡銅雀江」, 「백운대白雲臺」 등의 작품은 '신기新奇'로 평가할 수 있는데, 진부한 발상에서 벗어나 내용면에서는 참신하고 표현에서도 특이한 일면이 있다. 구법句法을 생경하게 하거나 자구字句의 배치나 의경意景의 특이한 안배를 통해 기존의 규범과 일정 정도 거리를 유지한 독특한 시풍을 추구했다.

'청아'와 '신기'의 시풍을 완성하기 위해서는 무엇보다 경물에 대한 섬세한 시선과 그것을 언어로 옮길 수 있는 감각적인 필치가 요구된다. 이를 위해 박제가는 사물에 대한 꼼꼼한 관찰과 그것을 그대로 시화하는데 주력했다. 「위인부령화爲人賦嶺花」나 「경회루고지慶會樓古池」, 「지정池亭」 등은 모두 생기 넘치는 자연, 끊임없이 변화하는 자연에 관심을 기울이고 그 변화 양태를 생동감 있게 묘사한 것으로, 예리한 통찰력이 돋보인다.

「기형암이덕무寄炯菴李德懋」나 「추신병소간금중기지秋晨病少間衾中記之」 등의 작품에는 '고고孤高'한 삶의 지향이 담겨 있다. 서얼이라는 신분의 질곡에서 비롯되어 자탄을 하거나 울분을 터트린 고독한 자아가 내재된 것인 '고孤'라면, 이에서 벗어나려는 적극적이고 의식적인 노력으로 고고高古하고 고결하며 고상한 삶을 추구한 것이 '고高'다. 자신의 비참한 처지를 묘사하기 위해 고사를 적극 활용하거나 자연 경물에 빗대었다. '초정楚亭'이란 호에서도 확인되듯, 젊은 날부터 굴원屈原과 그의 작품인 「이소離騷」에 지대한 관심을 두었는데, 자신의 고고함을 드러내기 위해 이를 적극 활용했다.

5.

『한객건연집』에는 이서구의 초기 작품 100수가 선집되어 있는데, 많은 작품이 『척재집惕齋集』에 수록되어 있지 않다. 「누두안청樓頭坐晴」·「수여우성睡餘偶成」·「병후절구病後絶句」·「누원도중樓院道中」 등 49수가 『척재집』에는 보이지 않는다.

「휴하休夏」나 「추일전원유감秋日田園有感」 등의 산수전원시에는 전원을 한적한 삶의 이상적인 공간으로 인식하면서도 현실적인 고뇌가 깃들어 있고 수양을 통해 이를 극복하려는 의식적인 노력이 깃들어 있다. 이서구의 전원시에는 흥취나 낭만 혹은 사회비판 의식은 보이지 않는다. 추상과 관념에서 벗어나 전원을 구체적이고 회화성 짙게 그리면서도 개인적인 고뇌가 깃들어 있고 이를 의식적으로 극복하려는 수양의 공간으로 인식한 것이다.

이서구의 초기 작품 중 가장 눈에 띄는 것은 중국 시인에 대해 비평한 작품이다. 「독어양산인시집讀漁洋山人詩集」 3수나 「우독당인수가시득절구偶讀唐人數家詩得絶句」 3수 등은 모두 중국 시인에 대한 비평을 통해 학자적 면모를 과시한 작품으로, 다른 '사가'에게서는 전혀 찾아볼 수 없는 이서구만의 독특한 일면이다. 중국에 소개된 조선의 작품을 꼼꼼히 변증하거나 역대 중국 시인들을 자신의 비평안으로 새롭게 평가한 부분은 눈여겨 볼 만하다.

또 하나의 특징은 적극적으로 자주自註를 활용한 점이다. 앞서 살핀 주체적 비평이 가미된 작품 역시 자주의 활용을 통해 시인에 대한 상세한 정보를 제공했고 자신의 비평안을 꼼꼼히 소개한 바 있다. 「수동도중水洞道中」이나 「압구정狎鷗亭」 등의 많은 작품에서 자주를 활용해, 조선의 역사, 인물, 지명 등을 상세히 고증 및 소개했고 자신의 사적인 정보도 나열했다.

'사가'의 공통된 취향 중 하나는 당시풍에 대한 애호다. 이서구 역시 성당풍을 추구했던 왕어양王漁洋에 비견될 만큼 당풍에 매료되어 있었다. 이덕무는 이서구를 '동방의 왕어양'이라 칭송했으며, 이조원은 이서구의 「산행山行」이란 작품에 대해 "왕사정을 만났다면 반드시 『지북우담』에 들어갔을 것이다. 如逢玩亭定擇入池北偶談"라 극찬했다. 반정균도 「압구정狎鷗亭」에 대해 "왕어양과 격조가 비슷하다. 格調似漁洋"라 평했으며, 「만왕계상송

옥병고인晩往溪上送玉屛故人」에 대해서는 "『정화록』 속의 말과 같다. 亦有精華錄中語"라 평한 바 있다. 이처럼 이서구는 왕사정의 당풍에 깊이 매료되어 있었고 실제 시작作詩과정에서 이를 실현했다. 또한 "당인의 생각을 얻었다. 深得唐人意思", "신묘하기가 왕유와 같다. 神似輞川", "오절은 당의 왕유나 배적에 뒤지지 않는다. 此公五絶不減唐之王裴" 등의 평이 있는데, 이 역시 당시풍에 매료되어 있었던 이서구에 대한 칭송이다. 그렇다고 해서 당대唐代 시인들의 시풍을 그대로 모방하거나 답습했다는 의미는 아니다. 회화적 일면 등의 당시풍의 특징을 십분 활용하면서도 자신의 개성이 묻어날 수 있도록 재치 있게 자기화하는 노력을 병행했다. 조선의 고유명사를 그대로 작품에 수용하여, 당시풍의 특징이라 할 수 있는 추상과 관념에서 과감히 탈피한 점도 주목된다.

6.

『한객건연집』 및 '사가'의 각 시인에 대한 연구 성과는 적지 않게 보고되었다. '사가'의 초기 시작詩作에 지대한 영향을 끼친 것으로 보이는 왕사정王士禛의 신운설神韻說 수용 양상 및 공안파公安派와 성령파性靈派의 영향에 대한 접근이 지속적으로 이루어졌으며, 음악성 및 회화성에 관한 논의도 있었다. 또한 각 개인의 시세계에 대한 연구 성과 역시 지속으로 보고되었는데, 중국 시풍의 영향과 변별되는 '사가'만의 독특한 시풍, 즉 조선풍에 대한 논의도 포함되어 있다.

그러나 그 큰 줄기는 앞 시기의 시풍이나 중국 시풍과의 차별성을 강조하는 것이었다. 이는 '사가'라는 큰 틀을 통해 변별력을 갖춘 새로운 시풍의 도래를 확인하는 작업의 일환이었고 각 개인의 시작품을 분석한 논의 역시 이에서 크게 벗어나지 못했다. 그렇다보니 자연스럽게 네 시인은 '사가'라는 하나의 틀에 묶이게 되었기에, '사가' 중 여타의 시인과 변별될 수 있는 각 개인의 개성적인 시세계에 대한 접근이 이루어지지 못한 것은 당연한 결과다.

이러한 기존 논의가 '사가'의 당대 한시사의 위상을 밝히는 데에는 일조했지만, '사가'라는 큰 틀로 각 시인에 대해 접근하여 '사가'의 각 시인에 대한 몰개성을 초래한 한계를 낳았다. 즉 '사가'라는 틀에 묶여 각 시인의 개성이 묵과된 성급한 결론을 도출한 것이다.

『한객건연집』에는 생동하는 젊은 날의 감수성이 오롯이 담겨 있다. 각 시인에 대해 다양한 방면에서 좀 더 심도 있고 입체적인 접근이 이루어진다면, 각 시인의 개성이 드러날 것이며, 자칫 성급한 몰개성화의 결론에서 벗어날 수 있을 것이다.

목차目次 |

영재冷齋 유득공柳得恭

초정楚亭 박제가朴齊家

소완정素玩亭 이서구李書九

| 일러두기 |

1. 이 책은 『전주사가시箋註四家詩』를 저본으로, 국립중앙도서관본(청구기호 한古朝45-가471)을 참고했다.
2. 『전주사가시』의 체제를 바탕으로 시체詩體별로 구분했다.
3. 동일한 제목의 작품은 한 자리에 모았다.
4. 이조원과 반정균의 평어는 각 작품 아래 실었다.
5. 이조원과 반정균의 총평總評과 발미跋尾는 각 시인의 마지막 페이지에 따로 실었다.
6. 각 시인의 자주自註는 각주로 처리했다.
7. 이 책에서 사용하고 있는 부호의 의미는 다음과 같다.

『 』: 단행본으로 간행된 서명

「 」: 편이나 작품 명

< > : 그림

“ ” : 직접 인용

‘ ’ : 간접 인용 및 강조

韓客巾衍集

| 서序 |

_ 이조원李調元

금년 봄 정월에 뜻하지 않게 마음이 편치 못했다. 문을 닫아걸고 마음을 고요히 다스리며 손님도 거절하고서 바깥일에 관심을 두지 않은 지 보름이나 되었다. 또한 게을러 시도 짓지 않아 하는 일이 아무것도 없었다. 매일 해질녘에는 덜컹거리는 수레 소리를 누워 들었었다. 사람 소리로 도시가 온통 시끄러웠는데, 도시의 모든 사녀士女들이 떠들썩하게 답교踏橋 노래 부르며 불 밝힌 다리와 나뭇가지에 걸린 별빛을 다투어 구경하고 있었기에 더욱 멀리 하고픈 생각이 들었다.

문득 문을 두드리는 소리에 문을 열어보니 준수하고 풍채 좋은 선비가 있었다. 눈썹은 소나무 같고 암벽 아래의 번개처럼 눈빛은 반짝였으며 머리에는 패랭이를 썼고 사신使臣의 평복을 입고 있었는데 중국사람 같지가 않았다. 누구시냐고 물었는데 눈만 멀뚱멀뚱 한 마디 말도 알아들질 못했기에 붓을 들고 필담을 나누고서야, 비로소 천자의 신년을 하례하기 위해 조선에서 중국에 온 부사 예조판서 서호수徐浩修 막하의 차비관差備官으로 시집을 구하기 위해 방문했다는 것을 알았다.

성은 유柳, 이름은 금琴, 자는 탄소彈素, 별호는 기하주인幾何主人이었다. 이전에 유리창琉璃廠에서 나의 『황화집皇華集』을 보고 그윽이 사모했는데, 저술한 것이 필시 이것만이 아닐 것이라 생각하여 방문하게 된 것이라고 말을 했다. 내가 돌연 듣고서는 놀라면서도 기뻤다. 옷차림이나 말, 모습이 중화의 사람과 자못 달리 가까이 할 수 없을 듯 하여 놀랐으며, 우리 천자의 문교文敎가 멀리까지 미쳐 비록 속국에도 좋은 문사文詞가 있어 기뻤고 기자箕子 맥수가麥秀歌[1]의 유풍遺風이 여전히 존재함에 탄복했다. 괴이한 바는 나는 게을러 책도 읽지 않고 틈틈이 저술한 것이 있다지만 매미나 벌레가 시절의 변화에 따라 우는 것과 매한가지였다. 그러니 이목耳目에 지나칠 뿐 마음에 담아두지 않았는데, 어떻게 동국東國 군자들의 귀에까지 퍼지게 되었는지 모르겠다.

즐거이 이야기한 뒤에 품속을 더듬어 보자기에 싼 시집을 꺼내니, 곧 무관懋官 이덕무李德懋·영재泠齋 유득공柳得恭·초정楚亭 박제가朴齊家·강산薑山 이서구李書九 네 사람의 시인데, 탄소가 편찬하고 교정한 것이었다. 나에게 비평을 해달라고 요구하여, 내가 자세히 읽어보고 이에 시학詩學이 아직 망하지 않았음에 더욱 감탄했다.

무릇 시가 예스러움을 잃은 지 오래되었다. 당인唐人의 작품은 그 소리가 중정中正하고 화평和平하여 한위漢魏와는 그리 멀지 않으나 송원宋元에 이르러 거칠고 사나우며 슬프고 낮은 가락의 소리가 일어났다. 그래서 도리에 넘치는 것을 좋아한 것은 음탕하고 여색을 즐긴 것은 탐닉스러우며, 절주가 짧고 급박한 것은 번거롭고 오만방종한 것은 교만하였다. 이로 인해 소리에 입히면, 높은 것은 깨진 소리요 낮은 것은 방자하며, 기운 것은 산만하고 험한 것은 거두어지며, 사치한 것은 협착하고 가리운 것은 답답하여, 모두 옛 것을 법도로 삼지 않았다. 명明나라 사람들은 스스로 진秦나라 이후의 책은 읽지 않겠다고 말하여 조금씩 떨치기는 했지만 우맹優孟[2]

---

1 맥수가 : 원문은 맥수麥秀. 기자箕子가 소차素車에 백마白馬로 주周에 조빙朝聘하는 길에 은殷의 옛 도읍터를 지나다가, 궁실이 무너지고 그 자리에 벼와 기장이 난 것을 보고 개탄했다. 기자가 상심되었으나, 목 놓아 울자니 옳지 않고, 소리 죽여 울자니 아낙 같은 짓이 되므로, 다음의 맥수가麥秀歌를 지어 불렀다고 한다. "보리 자라 무성타, 벼와 기장 기름져, 교활한 저 아이는 나를 좋아 않더라. 麥秀漸漸兮, 禾黍油油兮, 彼狡童兮, 不與我好兮." 『사기史記』「송미자세가宋微子世家」에 보인다.

2 우맹 : 초楚나라 재상 손숙오孫叔敖가 장왕莊王을 도와 선정을 베풀었으므로 장왕이 결국 패업霸業을 달성하게 되었는데, 손숙오는 천성이 청렴결백했으므로 그가 죽자 그의 처자妻子는 곤궁하기 이를 데 없었다. 이에 당시 해학의 명수였던 초나라 악공인 우맹優孟이 손숙오 차림을 하고 장왕을 찾아가 손숙오가 다시 살아온 것처럼 하자, 장왕은 깜짝 놀라 그를 다시 재상으로 삼으려 했다. 『사기史記』「골계열전滑稽列傳」에 보인다.

과 같이 남을 흉내나 냈다는 꾸지람을 면하기는 어렵다. 지금 사가四家의 시를 살펴보니, 심중하면서도 웅장한 것은 그 재주요, 맑고 우렁차게 울리는 것은 그 절주요, 크고 넓은 것은 그 기상이요, 정중한 것은 그 말이니, 앞에서 말한 꾸지람과 하나라도 유사한 것이 있는가?

탄소는 기이함을 좋아하는 선비로, 거문고와 서책을 심히 즐겼으며, 천문天文과 구고句股[3]에도 정밀했다. 나를 응대하면서 시를 짓지는 않았지만 그가 편찬하고 교정한 것을 살펴보니 그 학문이 광대하고도 깊어 함부로 예측할 수[4]가 없었다. 인하여 이전에 저술한 『간운루집看雲樓集』을 주어 그가 시집 구하는 바람을 저버리지 않았고 더불어 사가의 시에 평을 부쳐 그 부탁을 정중히 여겼다. 또한 봄 정월에 와서 번민을 제거해주고 마음의 병을 치료해준 한 토막의 좋은 얘기였다. 그러하니 이 서序는 곧 나를 위한 서序라 해도 좋겠다.

건륭乾隆 42년 정유(1777년) 1월 16일, 사진사출신賜進士出身·이부고공사원외랑吏部考功司員外郎·한림원서길사翰林苑庶吉士·갑오과광동부주고甲午科廣東副主考, 서촉西蜀 사람 우촌雨村 이조원李調元 쓰다.

今年春正, 偶以心疾, 閉門攝靜, 謝絶來客, 不窺戶外者, 十有五日. 又懶不作詩, 遂無一事. 每日暮臥聽轢轢車聲, 人語喧闐大都, 皆都人士女, 蹋歌鬧哦, 爭看火橋星樹來也, 愈思僻之. 偶有剝啄聲, 啓之則一秀士丰神朗, 潤眉如長松, 眼爛爛若巖下電, 頭戴笠子, 衣道衣, 不似中國人. 問之則目瞪然不解一語, 因以筆代言, 始知爲朝鮮來中國, 賀聖天子元朝,

---

3 구고 : 구고법句股法으로, 직각삼각형의 높이나 밑을 측량하는 방법이다.

4 함부로 예측할 수 : 원문은 관규여측管窺蠡測. 대통 구멍으로 하늘을 보고 전복껍질로 바닷물의 양을 헤아린다는 말로, 식견이 좁음을 의미한다.

副使禮曹判書徐浩修所差幕官, 來求詩集. 姓柳, 名琴, 字彈素而別號幾何主人者也. 爲言而於書肆中見余皇華集, 竊慕, 著述必不止此, 故以來. 余驟聞之, 驚而旣喜. 驚則以其衣冠言貌, 逈異中華, 若不可近. 喜則喜吾聖天子文敎遠被, 雖屬國, 亦好文詞, 而竊歎箕疇麥秀之遺風, 猶有存也. 所怪者, 鄙人嬾不讀書, 雖間有所著, 亦如蟬鳴虫咽應時序也. 然亦過而不留, 不知何以獲播于東國諸君子之耳也. 游談之餘, 因探懷出其巾衍集, 爲李懋官·柳泠齋·朴楚亭·李薑山四家之詩, 而爲彈素所選訂者. 乞余批定, 余旣細閱之, 而乃益歎詩學之未亡也. 夫詩之失故久矣. 唐人之作, 其聲中正和平, 去漢魏未遠, 迨宋元以降, 而麤厲噍煞之音起. 好濫者淫, 燕女者溺, 趣數者煩, 敖辟者喬, 由是被之聲, 高者硍而下者肆, 陂者散而險者斂, 侈者筰而弇者鬱, 均未可以道古也. 有明諸人, 自言不讀秦以後書, 稍稍振起矣, 而優孟之誚所不免焉. 今觀四家之詩, 沈雄者其才, 鏗鏘者其節, 混浩者其氣, 鄭重者其詞, 有一類于前之所譏者乎? 彈素好奇之士也, 酷嗜琴書, 尤精于天文句股之學. 其于詩, 應鄙而不爲, 而觀其所選訂如此, 其學聞之宏深, 有非可管窺而蠡測者矣. 因以向之所著看雲樓集付之, 以不辜其求, 而幷爲評隲四家之詩, 以重其請, 亦春正來破煩悶療心疾之一佳話也. 然則此序卽爲自序也可.

乾隆四十二年歲在丁酉元夕後一日, 賜進士出身·吏部考功司員外郎·翰林苑庶吉士·甲午科廣東副主考, 西蜀李調元雨村書.

| 서序 |

_ 반정균潘庭筠

동방은 군자의 나라로, 성명聲名과 문물이 중국과 유사하다. 진실로 성조聖朝의 문물과 교화가 멀리까지 미쳤으며, 또한 기자箕子가 홍범구주洪範九疇로 기틀을 열었으며 맥수麥秀의 유음遺音이 지금까지도 전해온다. 병술년(1766) 봄 담헌湛軒 홍대용洪大容·양허養虛 김재행金在行 두 선생과 만나 함께 머무르며 필담을 나누었는데 심히 즐거웠다. 담헌은 정주程朱의 학문을 독실히 믿고 몸소 실천했으며, 시로써 이름나기를 바라지 않았었다. 양허의 시는 청아하고 고원했으며 여유롭고 방달하여 후세에 전해질만 했다. 그 가슴 속의 우뚝한 기상을 짝할 수 없었는데 헤어지고 나니 생을 마치도록 다시 만나볼 기약이 없었으며, 소식을 주고받지 못한 지도 수년이 되어 마음속에는 슬픔만이 가득했다.

어제 이부吏部 이조원李調元의 우촌재雨村齋에서 탄소彈素 유금柳琴이 선집한 해동사가海東四家의 시를 읽어 보았다. 경물을 그림처럼 새기고 흉금을 묘사한 것이 아름답고도 오묘하여 즐길 만 해 두서너 작품을 읽고서는 차마 손에서 책을 놓을 수가 없었다. 내가 비록 네 사람의 일생에 대해서는 다 알지 못하지만 시로써 그 사람을 상상해 볼 수 있었는데, 모두 높고 드넓으며 조용하고 담박한 선비였다. 동방의 나라에 군자가 많다 했으니 어찌 그렇지 않겠는가? 유군이 또 이조원에게 부탁하고서 나에게 이 책의 평정評定을 구하였다. 나는 시학詩學이 꼼꼼하지 못해 조선에서 중히 여길 만하지 못하지만, 오직 하늘가의 옛 벗[5] 때문에 마음이 서글펐다. 더욱이 말에 능하지도 못하면서 네 사람의 시에 서를 써도 괜찮을런지? 또한 담

---

5 옛 벗 : 원문은 구우舊雨. '우雨'는 '우友'와 음이 같기에, '구우'는 옛 벗을 말한다. 여기에서는 홍대용과 김재행을 가리킨다.

헌이 그 동생 홍보광洪葆光의 시집 한 권을 나에게 보내 준 적이 있었다. 그 시체詩體가 모두 공교로워 네 사람에게 뒤지지 않는데, 유군에게 아직 이르지 않았다고 해서 홍보광을 알지 못하겠는가? 아니면 벼슬살이와 출처가 네 사람과 다르기 때문인가? 내가 유군에게 말했다. "돌아가거든 홍보광과 김재행의 작품을 합쳐 문집 한 권을 만들어 동방東方 죽계竹溪의 육일六逸[6]로 삼는다면 또한 좋지 않겠는가! 아울러 담헌에게 내 말이 어떤지 물어봐 주시게."

건륭乾隆 42년 정유(1777년) 1월 17일, 문연각검열文淵閣檢閱·충방략관총교관充方略館摠校官·사고전서분교관四庫全書分校官·내각중서사인內閣中書舍人 항주杭州 사람 반정균潘庭筠 쓰다.

東方君子之國, 聲名文物與華略同. 固聖朝文教之遠, 亦箕聖開基以疇範, 麥秀之遺音, 至今猶存焉者也. 憶余丙戌春, 獲交洪湛軒·金養虛兩先生, 軟塵寓屋, 筆談甚歡. 湛軒篤信程朱之學, 躬行實踐, 不欲以詩鳴. 養虛之詩, 淸遠閑放, 往往可傳. 其胸次磊落不群, 判別以來, 畢生無再見之期, 幷息耗未通者, 數載矣. 藏于中心, 惟增悵歎而已. 昨於李吏部雨村齋頭, 得讀柳君彈素所錄海東四家之詩. 其刻畵景物, 攄寫襟抱, 姸妙可喜之作, 諷誦數四, 不忍釋手. 余雖未悉四人之生平, 而因以詩想其爲人, 大抵皆高曠恬澹之士也. 國多君子, 豈不然哉? 柳君又囑吏部, 丐余評定此卷. 余詩學踈蕪, 未足爲鷄林之重, 而惟是天涯舊雨悵觸於懷.

---

6 죽계의 육일 : 이백李白이 술을 좋아하여 술친구인 공소보孔巢父·한준韓準·배정裴政·장숙명張叔明·도면陶沔과 함께 죽계에 있으면서 매일같이 취하도록 마시곤 하면서 '죽계육일'이라 이름했다고 한다. 『신당서新唐書』「이백전李白傳」에 보인다. 여기에서는 이덕무·유득공·박제가·이서구·김재행·홍보광 여섯 사람을 일컫는 말이다.

益有不能於言者, 卽以此序四人之詩, 可歟? 又湛軒嘗寄余其弟葆光詩一卷, 諸體幷工, 不在四人之下, 而柳君獨未之及, 豈不識其人歟? 抑休宦出處與四人者, 有異歟? 余告柳君, 歸而合葆光·養虛之作, 都爲一集, 爲東方竹溪之六逸, 不亦可乎! 幷寄語湛軒, 以余言爲何如也.

乾隆四十二年歲丁酉元夕後二日, 文淵閣檢閱·充方略館摠校官·四庫全書分校官·內閣中書舍人, 杭州潘庭筠書.

韓客巾衍集一

李德懋

字懋官號炯菴漢城府人貫全羅道完山府辛酉生年今三十六著有青莊館集

이덕무

자는 무관, 호는 형암으로 한성부 사람이다. 관향은 전라도 완산부다. 신유년(1741)에 태어났으며 지금 36세다. 저서로는 『청장관집』이 있다.

멋대로 짓다

謾書六言

『음부경』[1]으로도 세상 살기 어렵나니	陰符經難涉世
『참동계』[2]인들 수명 어찌 연장하랴.	參同契豈引年
어디에도 마음 전혀 쏟지 않노니	渾無一物掛戀
천지간에 흰 구름만 넓고 넓구나.	白雲天地浩然

가슴 속에 품은 뜻이 범상치 않다.
胸襟不凡 _ 李調元

1 음부경 : 황제黃帝가 찬술했다고 전해지는 도가류道家類의 책이다.

2 참동계 : 중국 후한後漢 때의 위백양魏伯陽이 지었다는 책으로, 『주역』을 풀이해 놓은 듯하지만, 실상은 연단술과 관련된 내용이다.

가을 등불 아래 소낙비 내리고
秋燈急雨七絶

서늘한 밤 그림자 보며 등잔 심지 돋우는데	涼宵顧影剔燈紅
검록[1]과 성경[2]은 시렁 가득 꽂혀 있네.	劍錄星經揷架充
조각배 바다에 띄울 생각 문득 이니	頓有扁舟浮海想
가을 서재 홀연히 빗속에 둥실 뜬 듯.	秋齋忽泛雨聲中

생각이 비범하다.
落想不凡 _ 潘庭筠

1 검록 : 양梁나라 도홍경陶弘景이 지었다는 『고금도검록古今刀劍錄』으로, 역대 제왕과 각국 인물들의 도검에 대해 기술한 책이다.

2 성경 : 중국 고대 천문天文에 관한 책으로, 무함씨巫咸氏와 유표劉表의 『성경』이 있다.

새벽에 연안을 떠나며

曉發延安

객사 동편 새벽닭 우는 소리 끊이잖고
지는 별은 달빛 짝해 하늘에서 반짝이네.
몽롱한 들판에는 말굽소리, 갓 그림자
부인의 한 조각 꿈속으로 걸어가네.

不已霜鷄郡舍東
殘星配月耿垂空
蹄聲笠影朦朧野
行踏閨人片夢中

구절을 엮은 방식이 좋다.
造句好 _李調元

수표교에서

水標橋絶句[1]

연지 빛 햇살이 담장 붉게 물들이고	臙脂日脚女墻紅
바람은 푸른 문의 나무 끝에 불어온다.	翦翦靑門樹末風
곧장 성 밑 바라보니 수문水門이 비끼었고	直望城根橫水鑰
쇠창에는 또렷이 찬 하늘이 새어든다.	鐵窓的歷漏寒空
긴 행랑의 양편에서 등불이 비추는데	燈火脩廊射兩邊
어둠 속에 굽은 다리 건노니 싸늘하다.	虹橋暝踏一泠然
바라건대 서호[2]의 연꽃을 옮겨 심어	願移西子湖中藕
아침저녁 붉은 노을, 푸른 안개 덮혔으면.	朝冪朱霞夕綠煙
모자에 바람 스며 술기운 사라지니	煖帽風穿酒力消
비스듬한 흰 그림자 이것이 긴 다리로세.	迤迤白影是長橋
싸늘하여 한 순간 물가 기운 감돌더니	淒迷忽作汀洲勢
시든 버들 안개 서리 가깝고도 먼 듯해라.	衰柳煙霜近似遙

1 [自註] "橋在琵琶洞口, 自雲從橋至此爲第三, 東望孝經蜻蛉諸橋也. 春秋暇日都人士遊集于此."

2 서호 : 원문은 서자호西子湖. 서호西湖의 별칭으로, 물이 맑고 연꽃이 많다.

벽제의 객점에서

碧蹄店[1]

계사년 명군明軍이 일본과 싸울 적에	天兵癸巳齒倭鋒
철마의 발굽은 진흙탕에 빠졌었지.[2]	鐵馬蹄涝膩土濃
재빠른 호접진[3]을 막아내지 못하여	未抵輕儇蝴蝶陣
바람 향해 이여송은 통곡을 하였다네.	臨風痛哭李如松
이따금 호미에 철탄환 걸려 나와	往往鋤頭觸鐵丸
둥근 것을 좋아하여 시골 처녀 꿰어 찼네.	村娥綴佩愛團團
태평시절 나고 자라 어이해 알리오	太平生長那由識
갑옷 뚫어 장사에게 상처를 주었는데.	透甲曾成壯士瘢

사료史料가 될 만 하다.
可備史料 _李調元

---

1 [自註] "碧蹄店在坡州牧惠陰嶺下. 萬曆癸巳, 李提督如松, 與倭戰于此. 是時, 凍新解, 水田皆泥濃, 馬不得馳突. 倭步卒拔刀, 斫馬蹄, 捉提督愛將李某, 礫殺於馬前. 提督慟哭, 仍隱退兵. 倭軍三三五五, 散合無常, 故號爲胡蝶陣云."

2 계사년 …… 빠졌었지 : 계사년(1593)에 명나라에서 구원병으로 출정했던 제독 이여송이 이곳에서 일본군과 싸웠다. 이 때에 얼음이 갓 녹아 논이 모두 진흙투성이여서 말이 달려 나갈 수 없었다. 일본 보병이 칼을 뽑아 말의 발굽을 자르고서는 제독이 친애하는 이유승李有昇을 사로잡아 그를 말 앞에서 찢어 죽였다. 이여송은 통곡을 하며 이에 병사를 후퇴시켰다.

3 호접진 : 임진왜란 당시 일본군이 삼삼오오 흩어지고 모이는 것이 일정치 않았는데, 이를 '호접진'이라 부른다.

두 작품은 절창으로 당唐 두보杜甫에게 뒤지지 않는다.
유연幽燕[4]의 늙은 장수가 읽는다면 눈물을 흘릴 것이다.

二詩絶唱 何減唐賢 幽燕老將讀之 下淚 _ 潘庭筠

4 유연 : 전국시대의 연燕 나라, 당唐 나라 이전의 유주幽州로, 중국의 요동遼東 및 하북河北 지방을 가리킨다. 강개한 선비가 많은 곳으로 이름 나 있다.

소완정의 한 마리 학이 우물에 빠져 죽자 이를 애도하며 짓다
素玩亭一鶴墜井作詩以弔

은병[1]따라 죽은 혼이 돌아온 것일까 魂逐銀甁是返期
우물 난간 위험하니 내 마음 서글퍼라. 爲吾心惻井欄危
만고의 구름 속을 거침없이 날던 뜻이 翛然萬古雲霄意
개구리의 비웃음 입을까 걱정일세. 恐被黽兒大笑之

뜻을 세운 것이 우뚝하니 보통 사람과는 같지 않다.
立意高處 逈不猶人 _李調元

손님 오면 자랑스레 흰 옷깃 나부끼며 賓來詑詑縞衣飜
저물도록 현산峴山의 동산에서 서성였지. 遲暮遷延峴首園
양호羊祜더러 물가에 와 보게 하였더라면 倘使羊公看赴水
샘 속의 혼에게서 윤회를 느꼈으리.[2] 輪回因感井中魂[3]

고사古事를 쓴 것이 공교롭고 적합하다.
運事巧合 _潘庭筠

1 은병 : 송宋나라 충신 악비岳飛의 딸 이름이다. 악비가 악당 진회秦檜에게 죽자 딸 은병도 우물에 빠져 죽었다. 『서호지西湖志』에 보인다.

2 저물도록 …… 느꼈으리 : 현산峴山은 호북성湖北省 양양현襄陽縣에 있는 산이고, 양공羊公은 진晉의 양호羊祜를 가리킨다. 양호는 경치가 좋은 현산을 사랑하여 언제나 이 산에서 술을 마시고 시를 지으며 "내가 죽어 혼백이 있으면 응당 이 산에 오를 것이다."라 하였다. 『진서晉書』「양호전羊祜傳」에 보인다.

3 [自註] "用羊祜舞鶴事, 遲莫遷延, 見飽昭舞鶴賦. 羊祜前身. 墮井而死."

단오날 관헌에서 모여

端陽日集觀軒

또렷한 석류꽃이 푸른 가지 감쌌는데	的的榴花繞綠枝
그림자 발에 스며 한낮 햇빛 옮겨간다.	緗簾透影午暉移
향 연기는 꺼질 듯, 찻물 끓어 보글대니	篆煙欲歇茶鳴沸
이 바로 유인이 그림 읽을 때로구나.	政是幽人讀畫時

평양의 대동강에 배를 띄우고

平壤大同江泛舟

영명사 절집에선 복사꽃 흩날리고	永明寺裏桃花飛
부벽루 앞강에는 강물 점차 밀려든다.	浮碧樓前水漸肥
그림 배 바빠 가고 옷 그림자 어른대니	畫舫悤悤衣影纈
어슴푸레한 달빛 거리 설핏 취해 돌아오네.	澹黃街月半醺歸

한강의 배 안에서

漢水舟中

햇살은 영롱하게 물가에 퍼지는데	日脚玲瓏水步舒
넓푸른 봄 물결에 빈 배만이 두둥실.	春波綠闊素舲虛
맑은 물 속에서 잔거품을 불어내는	潛吹細沫空明裏
바늘꼬리 가시수염 두 치 되는 물고기.	針尾芒鬚二寸魚

이아탕주인[1]의 윤회매 운에 차운하여 이옥 정수에게 겸하여 보여주다

和爾雅宕主人輪回梅韻 兼示鄭耳玉琇[2]

금곡에서 밀이 울며 석숭石崇을 원망하니[3]	蠟啼金谷怨齊奴
눈 같은 고운 피부 태워서 밥 지었지.	爨盡輕明雪樣膚
보시게나, 꽃처럼 누대 아래 떨어졌던	試看如花樓下墜
녹주의 원통함을 범부가 갚았으니.[4]	綠珠冤債報凡夫

종이 받침 털 수염에 정신 온통 소비해	跗紙蕊毛劇費神
잘못 보고 날아온 참새 응당 성내겠지.	誤來偸眼雀應嗔
맑고 깨끗함을 그 누가 짝 하리오	何人瀟灑堪相偶

---

1 이아탕주인 : 김사의金思義를 가리킨다. 자는 일여逸如, 호는 이아탕주인爾雅宕主人이다. 이덕무와 친했으며, 그가 만든 윤회매輪回梅를 이덕무가 사 주었다고 한다. 『청장관전서靑莊館全書』 권63 「윤회매십전輪回梅十箋」에 보인다.

2 [自註] "予鑄蠟爲梅, 毛蕊紙跗, 皎朗堪憐. 輪回梅者, 予所命也. 花釀爲蠟, 蠟鑄爲花, 相循環故云云."

3 금곡에서 …… 원망하니 : 제노齊奴는 진晉나라 부호였던 석숭石崇을 말하고 금곡은 그의 별장이 있던 곳이다. 석숭이 금곡에서 왕개王愷와 양수羊琇 등과 사치를 경쟁했는데, 석숭은 밀랍으로 땔나무를 대신해서 밥을 지었다고 한다. 『진서晉書』 「석숭전石崇傳」에 보인다.

4 보시게나 …… 갚았으니 : 석숭에게 애첩愛妾 녹주綠珠가 있었는데, 손수孫秀가 여인을 탐내어 석숭의 생질인 구양건歐陽建을 잡아 가두고 그녀를 요구하였으나 얻지 못했다. 이에 숭과 건을 죽이려는 계략으로 거짓 조서詔書를 꾸며 숭이 잡혀가게 되었는데, 숭이 그녀에게 "내가 너 때문에 죄를 받게 되었다." 하자 그녀가 울면서 "죽음으로써 절개를 보이겠다."고 하고서는 누대에서 뛰어내려 죽었다. 『진서晉書』 「석숭전石崇傳」에 보인다.

매선이란 사람의 자는 자진이라네.[5]　　云有梅仙字子眞

벌통에서 일찍이 삼생의 인연 맺어　　蜂衙夙結轉輪緣
꽃들과 자매로 나란히 피어났네.　　現了雙雙姊妹聯
진짜 꽃이 눈을 떠서 바라다본다면　　若使眞花開著眼
맑고 고운 한 기운 손자라 기뻐하리.　　澄鮮一氣肖孫憐

과거의 혼백이 지금에도 살아서는　　過去魂憑現在生
가지로 돌아오니 꽃의 정기 그대로네.　　還枝宛憶百花精
주인 마음 매처학자 임포[6]에 비견대니　　主人情較孤山士
경卿이라 부르는 소리가 들리는 듯.[7]　　磬口如聞細喚卿

윤회매라는 이름이 신선하고도 우아하다.
梅名甚新雅 _ 李調元

---

5 매선이란 …… 자진이라네 : 매선은 한漢나라 때 왕망王莽이 정권을 제멋대로 하자, 하루아침에 처자를 버리고 구강九江으로 떠나 신선이 되었다는 매복梅福을 말하는데, 그의 자字가 자진子眞이다. 『한서漢書』 「매복전梅福傳」에 보인다.

6 매처학자 임포 : 원문은 고산사孤山士. 송宋나라 때, 서호西湖의 고산孤山에서 20년 간 은둔하면서 매화를 아내, 학을 자식[梅妻鶴子]이라 했던 은사 임포林逋를 가리킨다.

7 경이라 …… 들리는 듯 : 반쯤 핀 매화가 다정스레 속삭이는 듯 하다는 표현이다. '경'은 자네라는 뜻으로 마치 매화의 아내가 남편을 다정스레 부른다는 의미다. '환경喚卿'은 아내가 남편을 친근하게 부르는 말이다. 진晉나라 왕융王戎의 아내가 왕융을 자네[卿]라고 부르자, 왕융이 말하기를, "부인이 남편을 자네라고 부르는 것은 불경不敬스러우니, 다시는 그렇게 부르지 말라."고 하니, 부인이 말하기를, "자네를 친하고 자네를 사랑하기 때문에 자네를 자네라고 부르는 것이니, 내가 자네를 자네라고 부르지 않는다면 누가 자네를 자네라고 부르겠는가? 親卿愛卿, 是以卿卿, 我不卿卿, 誰當卿卿."라고 한 데서 온 말이다.

유난동에서 처사 조연귀[1]를 만나다

幽蘭洞逢趙處士衍龜

신령한 가슴 맑디맑아 꽃다운 봄 비추는데	靈襟秀朗照芳春
솔 그늘에 앉으니 경치 다시 새로워라.	澹坐松根境更新
한 평생 살펴보니 이제야 뜻 얻었구나	細數一生今得意
복사꽃 흐드러진 곳에서 그댈 보네.	桃花開盡見高人

1 조연귀(趙衍龜, 1726~ ?) : 본관은 배천白川, 자는 경구景九이다.

선연동

嬋娟洞[1]

선연동 풀빛은 비단 치마 시새우듯	嬋娟洞草賽羅裙
풍기던 분내음 옛 무덤에 감도누나.	剩粉殘香暗古墳
지금의 미인들아 아름답다 자랑마오	現在紅娘休訖艷
이 속에 그대 같은 이들 수도 없다오.	此中無數舊如君

1 [自註] "嬋娟洞, 平壤府妓斜. 按通鑑註, 斜者山澤之名."

금교 찰방으로 부임해 가는 이에게 주다

贈人之任金郊察訪

역마을 숲 새소리에 길손 마음 착잡한데 驛樹禽鳴旅想紛
가득한 관아 술에 두 뺨이 불그스레. 滿斟官酒頰雙醺
살구꽃 휘날리는 집집마다 마구간에 杏花亂落家家櫪
청총마青驄馬 자백마赭白馬들 뽐내며 날뛰누나. 驕躍青驄赭白群

초록색 관복 입은 나이 많은 태상경太常卿이 草色官袍老太常
농담과 해학으로 소년들과 노니누나. 淋漓諧笑少年場
술 취해 누워서 형가전荊軻傳[1]을 들으면서 酒酣臥聽荊卿傳
푸른 수염 쓰다듬는 의기도 양양하다. 特捋蒼髯意氣長

그림으로 그릴 만 하다.
可作畫圖 _ 李調元

---

1 형가전 : 원문은 형경전荊卿傳. 형경은 전국시대戰國時代의 자객刺客인 형가荊軻를 말하며, 그의 전傳이 『사기史記』 「자객열전刺客列傳」에 보인다. 연燕나라 태자 단丹의 부탁으로 진시황秦始皇을 살해하려다 오히려 진시황에게 죽었다.

총수

葱秀[1]

꽃 가지는 너울대며 돌 그림자 둥그렇고	飄帶花鬚石影圓
맑은 샘물 젖줄처럼 방울방울 떨어지네.	靈泉如乳滴涓涓
넝굴 잡고 봉우리 높고 먼 것 헤아리니	攀蘿若測峯高遠
원숭이 팔뚝 백 개 연이어 놓은 듯 해.	恰想垂猿百臂聯

기묘한 발상이다.

妙想 _潘庭筠

1 [自註] "葱秀在平山府, 路邊林樹, 葱青巖石秀透, 壁竇有泉脉曰甘溜, 上刻觀音大士像."

연암 박지원의 <어촌쇄망도>에 쓰다

題朴燕巖趾源漁村晒網圖

인적은 없는데 푸른 강물 서늘하고	了無人響翠泠然
대낮에도 흐릿하게 버들개지 휘날리네.	永晝曚曨柳絮顚
복사꽃 삼긴 고기 모두들 알았을까	唼呷桃花魚盡悟
연기 같이 너울대며 그물 말린다는 걸.	漁罾閒曬漾如煙

파주에서 일찍 출발하며

早發坡州

비긴 달빛 새어들어 제비집을 엿보고	斜月來窺燕子巢
빈 창 밑에 여물 먹는 말소리 쓸쓸하다.	虛牕馬秣聽蕭蕭
마부가 선잠 깨어 몽롱하게 말을 하네	僕夫罷睡矇矓語
"임진강에 도착해야 아침 해가 뜰걸요."	也到臨津紅日高

어머니를 따라 곡산부로 가는 직제 김종후[1]선생을 보내면서 삼가 드리다

奉贈金直齊先生隨大夫人之谷山府

가을 창 아래서 옛 예가를 주석 내니	箋註秋窓古禮家
밝고 환한 도인道人 모습 관이 드높아라.	熙怡道貌擧冠峨
곡주의 배 불그스레 익어 가는데	谷州梨子紅紅沁
은미한 대목 저 같이 쪼개어 분석했네.	剖釋微言快似他[2]
잠시만 머물러도 본보기 남길테니	雖暫留停亦典刑
서쪽 구름 빛나고 골짝 더 푸르르리.	西雲生色峽增青
지방 사람 눈알은 콩처럼 검기에	遐人眼孔玄如荳
태수 형님을 그저 그렇게 보겠지.	視作尋常太守兄

1 김종후(金鍾厚, ? ~1780) : 본관은 청풍淸風 자는 백고伯高, 호는 본암本庵 또는 진재眞齋이다. 민우수閔遇洙의 문인으로 어려서부터 사부詞賦에 능하여 문명이 있었고, 진사가 된 뒤부터는 성리학자로 알려졌다. 편서로 『가례집고家禮集考』가 있다.

2 [自註] "先生詳註家禮, 谷山產梨珍品."

강가를 거닐며

江行

꽃이 예뻐 떨어진 것 다니며 줍노니	憐花行拾墮來花
건 듯 부는 바람에 모자도 비뚤해라.	陣陣光風帽任斜
외론 섬은 푸른데 흰 물살 밀려드니	孤島劇青潮忽白
뱃사공은 제멋대로 흰 모래를 짚어가네.	船郎突兀刺晴沙

백집 이홍재[1]가 술을 가지고 방문했기에

李生伯執弘載持酒來訪

개인 창서 책을 펴니 글 향기 난만한데	晴窓閱蠹鬱書香
때마침 벗이 와서 술잔을 권하누나.	恰有佳朋細勸觴
비뚜름한 갓 사이로 가을빛 눈에 드니	側帽秋光都入眼
푸른 하늘 기러기 떼 글씨 쓰듯 날아가네.	天青雁字寫來長

1 이홍재 : 역관으로, 『자소집自笑集』이 있는데 박지원이 서문을 써 주었다고 한다.

동선령에서

洞仙嶺

깊은 숲 어느 곳에 꾀꼬리 앉아 있나	樹深何處坐黃鸝
모습은 안 보이고 소리만 들려온다.	不露其身只送聲
한낮의 옷과 안장 온통 푸른 그림자라	日午衣鞍都綠影
분같은 사과 꽃이 나를 향해 환하구나.	柰花如粉向人明

대기 이만중의 수야모당에서
李大器晩中秀野茅堂五律

궁벽한 곳이라 더위 알기 어렵고	居僻難知暑
햇볕 대하니 겨울도 두렵지 않네.	對暄不怕冬
비 지난 나무는 반짝 빛나고	玲瓏雨過樹
봄 지난 봉우리는 곱게도 해라.	窈窕春餘峯
맑은 시내 가에서 이야기하고	碉色澄邊語
정원 향기 그윽한 곳서 만났네.	園香藹處逢
책 읽으며 한가롭게 살아가노니	補閒書帙內
어려도 높은 자취 간직했구나.	夙歲祕高蹤

배 가운데서 부벽루를 바라보는데, 이 때에 빗발이 더욱 거세졌다

舟中望浮碧樓時雨益密

부벽루 모퉁이를 돌아서 가니	浮碧樓稜轉
어렴풋이 붉은 기둥 보이는구나.	糢糊辨柱彤
한가롭게 노니는 백로 만나니	作逢閒步鷺
이런 고요 속에 용이 있겠지.	凝想靜居龍
외론 언덕에 조수 밀려드는데	孤郭迎潮整
돛배들은 자욱한 빗속에 드네.	亂帆入雨濃
푸른 빛 가득한 능라도綾羅島 보며	青青綾島麥
노 멈추고 농사일[1] 부러워하네.	停棹羨明農

1 농사일 : 원문은 명농明農. 농업에 힘을 다하거나 농사일을 권면한다는 의미로, 『서경書經』「낙고洛誥」 "이에 나는 농사일이나 밝혀 볼 것입니다. 玆予其明農哉"에 보인다.

가을날 취금헌 박팽년[1]의 송단의 뒤편 기슭에 올라

秋日登朴醉琴松壇後麓

언덕 남쪽 길 가다 다시 쉬노니	垞南行復歇
둥근 소나무 그늘 좋기도 하네.	佳蔭得圓松
높은 누대에서 이것저것 얘기하다가	譚次評高閣
먼 봉우리 손으로 가리키누나.	指頭譜遠峯
가을 맑아 모두 다 기운 굳세고	秋晴皆勁氣
석양빛도 청아한 모습이라네.	夕景頓淸容
좋은 일 그림으로 그릴 만 하니	勝事堪摸畫
두 어른[2] 만나 몹시 즐거웁구려.	深歡二老逢

1 박팽년(朴彭年, 1417~1456) : 본관은 순천順天, 자는 인수仁叟, 호는 취금헌醉琴軒, 시호는 충정忠正이다. 사육신의 한 사람으로 묘는 서울 노량진 사육신묘역에 있다.

2 두 어른 : 원문은 이노二老. 『청장관전서靑莊館全書』 10권에는 「추일동김진재윤겸원현천이장성휘성흠약허등박취헌송단후록秋日同金眞宰允謙元玄川二丈聖緯聖欽若虛登朴醉琴松壇後麓」이란 제명으로 되어있다. '두 노인'이란 진재眞宰 김윤겸金允謙과 현천玄川 원중거元重擧를 말한다.

빗속에 약허 원유진을 머물게 하다

雨中留元若虛有鎭

사람들 봄날 길다고 말을 하지만	人謂春何永
따뜻함 빨리 지나 나는 싫구나.	吾嫌煦不遲
마음 쏟아 좋은 길손 머물게 하여	費心留好客
뜻을 다해 좋은 시절 보내려 하네.	極意過良時
대지는 꽃 그림자로 덮이어 있고	大地蒙花影
먼 하늘에는 비 기운 가득하여라.	遙空滿雨絲
타고난 천성이 야릇도 해라	怪來生甚異
술 취하면 문득 시를 쓰게 되노니.	被酒輒能詩

봉상 김장행 만사

金奉常章行挽

병 앓은 후 그대 만장 쓰노니　　疴後題君輓
눈물이 나서 붓길이 흐릿하구나.　　淚彈筆逕昏
그처럼 다정했던 모습 떠나니　　些兒濃態去
한 조각 끊긴 창자 남아 있구려.　　一副勢腸存
선비 중의 호걸로 사랑했었고　　可愛儒中俠
엄하면서 온화함 싫지 않았지.　　不厭峭處溫
이것은 겉으로 드러난 것일 뿐　　是猶皮膜外
효도와 우애가 가장 돋보였다네.　　孝友大堪尊

한식일에 초재 심염조[1]와 함께 짓다

寒食日同沈蕉齋念祖賦

정원 누각에서 잔병 요양하는데	園閣微痾養
가벼운 추위 솔솔 들썩이누나.	輕寒翦翦騷
서법은 전갈 꼬리[2] 싫어라 하고	書程嫌蠆尾
시의 품격 벌 허리[3] 경계한다지.	詩品戒蜂腰
향기론 나무 정채가 막 드러났고	芳樹精初現
예쁜 새 젖 먹이느라 수고롭구나.	嬌禽乳正勞
좋은 시절 시 짓는 벗 만났으니	佳辰逢韻友
술 익어가는 소리 듣기 좋구나.	憐聽酒鳴槽

1 심염조(沈念祖, 1734~1783) : 본관은 청송靑松, 자는 백수伯修, 호는 함재涵齋이다. 1778년 채제공蔡濟恭의 서장관書狀官이 되어 이덕무 박제가와 함께 청나라에 다녀왔다. 청나라에서 보고 느낀 점을 쓴 『서장문견록書狀文見錄』을 왕에게 바친 일이 있다.

2 전갈 꼬리 : 원문은 채미蠆尾. 필법이 굳센 것을 형용한 말로, 진晉나라 삭정索靖이 행서行書를 잘 썼는데, 사람들이 그 글씨를, "은 갈퀴 전갈의 꼬리[銀鉤蠆尾]"라 했다.

3 벌 허리 : 원문은 봉요蜂腰. 벌의 허리처럼 한 가운데가 가늘다는 뜻으로 시를 지음에 있어 나쁜 점인 팔병八病의 하나다. 즉 오언시에서 2번째 자와 5번째 자의 성음聲音을 같게 하여, 양쪽은 굵고 중간은 가늘어 마치 벌의 허리 모양과 같다는 데서 온 말이다.

육각봉에서의 꽃놀이

六角峯玩花

하늘 개니 옷들도 참으로 곱다	天晴衣正麗
집집마다 놀이꾼 떼 지어 나온다.	遊隊出家家
때맞추어 단비가 흠뻑 내리어	纔洽知時雨
꽃들은 질펀하게 활짝 폈어라.	遍濃得地花
푸른 아지랑이 사직社稷 숲에 엉겼고	社林青靄集
자줏빛 노을 궁석宮石에 비끼었어라.	宮石紫暉斜
잔디 고우니 자리 깔 필요 없으리	莎淨何煩席
누대 동편 기와 그림자 드리웠구나.	臺東影瓦加

소완정[1]에서의 봄 모임

素玩亭春集

누각에서 정원을 내려다보며	名園高閣俯
풍경을 하나하나 살피어 본다.	領略盡煙光
첫 새끼[2]인지 새는 부쩍 자랐고	鳥大頭番子
숲에는 윤달의 향기 가득하구나.	林饒閏月香
주객主客으로 시인 나눠 품평을 하고[3]	詩圖賓主品
세월 변화[4] 꽃으로 살피어보네.	花曆雨晴量
이 밖에는 모두 다 번뇌뿐이라	是外渾煩惱
어김없이 이야기 유장하구려.	無違晤話長[5]

구절을 엮는 방식이 새롭고도 향기롭다.
句戛新香 _李調元

1 소완정 : 이서구의 정자를 말한다.

2 첫 새끼 : 원문은 두번頭番. 조수초목에서 가장 먼저 생겨난 것을 '두번'이라 한다.

3 주객으로 …… 하고 : 당唐나라 장위張爲가 『시인주객도詩人主客圖』를 찬撰하면서 시가詩家 6인을 세워 주主를 만들고 나머지는 입실入室·승당升堂·급문及門으로 차등을 두어 객客을 삼았다고 한다. 『당시기사唐詩紀事』에 "以白居易爲廣大敎化主, 孟雲卿爲高古奧逸主, 李益爲淸奇雅正主, 孟郊爲淸奇僻苦主, 鮑溶爲博解宏拔主, 武元衡爲瑰奇美麗主, 客附以上入室, 入室升堂及門若而人焉."이라는 구절이 보인다.

4 세월 변화 : 원문은 우청雨晴. 양청교우量晴較雨의 의미로, 비 오고 개인 날을 통해 세월의 변화를 안다는 의미이다. 『학림옥로鶴林玉露』에 보인다.

5 [自註] "唐張爲摘句, 作主客圖, 量晴較雨, 見鶴林玉露."

서쪽 이웃 고요함을 매양 좋아해	每愛西隣靜
차가운 비에도 서로 함께 찾았지.	泠然雨共尋
엷은 더위 싫어서 옷깃 풀은 채	散襟嫌薄暖
그늘진 곳으로 자리 옮기네.	移席借輕陰
땅 위의 붉은 작약 갈구리인 듯	軟土句紅藥
꽃가지서 비취새는 날갯짓하네.	芳枝習翠禽
경치 따라서 짧은 시 지어지니	小詩緣境得
송체宋體와 명체明體로 맘대로 읊조리누나.	隨意宋明音

조촌의 집안사람 이광섭의 집에서 심계의 집안사람 이광석과 재선 박제가를 만나다

潮邨宗人光燮**舍遇心溪宗人**光錫**及朴在先**

소 울음 들릴 만 한 거리[1] 찾아 가노니	試覓牛鳴處
어량은 굽이굽이 깊기도 해라.	漁梁曲折深
붉은 넝쿨 지붕 끝에 펄렁거리고	紅蘿飛屋角
흰 연꽃 못 가운데 지키고 섰네.	素藕守潭心
먼 산은 병풍인 듯 비끼어 있고	山遠橫披幅
하늘은 나직이 이불을 덮은 듯.	天低劣覆衾
맑은 가을 우리 마음 즐거운 것은	淸秋吾事旺
한 자리에 두 지음 있어서라네.	一席二知音
개울 남쪽 가을 숲 집 한 채 있어	溪南秋樹屋
이틀 머무니 정은 더욱 깊어라.	信宿意彌深
맘대로 읊조려도 금체今體 아니고	漫詠非今體
설핏 취하니 옛 사람 마음일세.	微醺卽古心
저녁 뜰은 서리 신에 사각거리고	夕階霜響屨
새벽 창으로 달빛은 이불 엿보네.	晨牖月窺衾
산 속에 사니 고요함 몸에 배어서	習靜山居性

1 소 울음…… 거리 : 원문은 우명牛鳴. 소의 울음소리가 들릴 정도의 거리란 뜻으로, 대략 5리里를 우명지牛鳴地라 한다.

새 한 마리 울어도 싫기만 해라.　　煩嫌一鳥音

닭 잡고 밥 짓느라 부엌 두런거리고　　鷄黍廚人語
울타리엔 저녁연기 으스름 짙네.　　籬煙薄暮深
반쯤 누런 버들은 늘어져 있고　　半黃楊委髮
대추는 새빨갛게 익어가누나.　　純赤棗呈心
시냇물 급히 흘러 그물 못치고　　溪急妨提網
산바람 차서 이불 끌어안는다.　　嵐寒慣擁衾
우각牛角 치며[2] 돌아오는 목동의 노래　　牧歸聽扣角
이것이 바로 상성商音 틀림없구려.　　端的是商音

우리 집은 벼슬에 뜻이 없어서　　吾家恬退志
예로부터 깊은 골서 살아왔다네.　　終古卜居深
거친 숲은 찬 꿈과 하나가 되고　　亂樹通寒夢
외론 구름에 먼 마음 달래어 보네.　　孤雲托遠心
시절 좋으면 벼슬[3]을 마다하랴만　　明時休誓墓
맑은 밤 이불에 아니 부끄럽구나.　　淸夜不慚衾

---

2 우각 치며 : 원문은 구각扣角. 전국 시대에 영척寧戚은 가난하여 남의 수레를 끌어주며 살아갔는데, 어느 날 제齊 환공桓公이 지나는 길가에서 소뿔을 두드리며 노래를 불렀다. 그 음조가 빠르고도 힘찬 상음商音이었기에, 환공인 이 노래를 듣고 그를 불러 상경上卿이란 벼슬을 내렸다.

3 벼슬 : 원문은 서묘誓墓. 벼슬을 내놓고 고향으로 돌아가 은둔하는 것을 말한다. 육유陸游의 「상서걸사上書乞祠」에 "서묘가 어찌 한갓 조상이 그리워서리요? 세상이 곳곳마다 위기라네. 誓墓那因一懷祖, 人間處處是危機."란 구절이 보인다.

쓸쓸한 이 신세 뉘 나와 같을까 落魄誰如我
가을 시에 거센 소리 묻어나누나. 秋詩發勁音

조상님이 심으신 좋은 나무의 嘉樹先人種
그늘이 집 깊숙이 가리었구나. 陰庇丙舍深
과일 향기 소매에 가득도 하고 果香盈袖口
단풍 그림자 술잔에 되비치누나. 楓影倒杯心
참새는 고요하자 벼루 엿보고 懶雀寂窺硯
놀란 벌레 추워서 이불로 뛰네. 驚虫寒躍衾
누런 벼 타작을 한창 하는데 欲翻黃稻打
툭탁툭탁 소리는 어떤 음인가? 魄魄屬何音

다섯 작품의 구절을 엮는 방식이 천심天心과 월굴月窟의 기이함을 다했다.
五首造句極天心月窟之奇 _ 李調元

느꺼움이 있어
有感七律

새벽하늘 농장성[4]은 반짝반짝 비추는데	農丈人星曉映空
벼 이랑 저편에서 안개 서리 무릅쓰네.	煙霜衝冒稻陂東
오랜 가난 쓴맛 단맛 모두 다 맛보았고	酸酣已熟長貧日
오랜 길손 신세라 더위 추위 겪었지.	冷暖偏經久旅中
어버이 늙었으니 비루한 일 사양하랴	親老那能辭鄙事
재주가 미천하니 천한 일을 감당하리.	才疏端合役微躬
경략이 아니니 어찌 이를 문지르랴[5]	譚非景略何捫蝨
짐짓 웃는 얼굴로 마을 노인 대하누나.	姑把溫顏對社翁

첫머리부터 혼연스레 이루어졌으며, 5,6구는 명언이다.
通首渾成 五六尤爲名言 _ 潘庭筠

4 농장성 : 원문은 농장인성農丈人星. 남두성南斗星 서남쪽에 있는 별로 추수秋收를 주관한다고 한다.

5 경략이 …… 문지르라 : 경략景略은 진晉나라 때 사람 왕맹王猛이다. 일찍이 환온桓溫과 함께 이야기하면서 이[蝨]를 문질러 죽이는 등 옆에 사람이 없는 것처럼 했다고 한다. 자유분방함을 말한다. 여기에서는 시속에 얽매이지 않고 자유롭게 살아갈 수 없는 자신의 모습을 탄식한 것으로 보인다.

소사[1]들판을 지나며

經素沙野[2]

옛 자취 찾아가는 말 걸음도 더디구나	訪古行行策馬遲
도경에서 일찍부터 이 고을 알았다네.	圖經曾讀縣州知
부유[3]의 옛 나라는 성터만 남아 있고	鳧臾舊國城墟宛
마귀[4]장군 옛 진터는 전쟁 상황 위태했지.	麻貴荒營戰狀危
밭 가운데 홍경사[5] 지나며 조문하고	歷弔田中弘慶寺
주막 옆 대동비[6]를 와서 찾아보네.	來尋店畔大同碑
행장을 재촉하며 성환역을 돌아보니	催裝背指成歡驛
관의 나무 마을 연기 경치 다시 기이구나.	官樹郵煙景更奇

1 소사 : 지금의 평택군 진위면振威面 일대를 가리킨다.

2 [自註] "稷山縣, 古魄濟都. 百濟姓扶餘, 亦曰鳧臾, 轉音也. 萬曆中, 麻提督貴, 大破倭兵於素沙. 弘慶寺, 高麗追崇王安宗願堂, 今只有寺碑. 崔冲撰本國行大同田稅法, 李敏求撰碑."

3 부유 : 부여扶餘의 발음을 전차한 것으로, 백제百濟 왕의 성씨姓氏가 부여였으므로 이렇게 이른다.

4 마귀 : 명明나라 장수로, 정유재란丁酉再亂 때 원군援軍을 이끌고 조선에 왔었는데, 소사 부근에 진을 치고 왜병을 대파했다고 한다.

5 홍경사 : 고려高麗 추숭왕追崇王 안종安宗의 원당願堂이다.

6 대동비 : 조선시대 대동전세법大同田稅法을 시행했는데, 이를 기념하기 위해 세운 비석으로 이민구李敏求가 비문을 찬撰했다고 한다.

가을날 어양 왕사정[1]의 『대경당집』을 읽고
秋日讀帶經堂集

쓸쓸한 가을 기운 나뭇잎이 먼저 아니	泬寥秋令樹先知
더위 추위 잊은 채로 바보처럼 사는구나.	任忘暄涼做白痴
벽 고요해 모든 벌레 부지런히 울어대고	壁靜萬蟲勤自語
주렴 비어 새 한 마리 익히 서로 엿보누나.	簾虛一鳥慣相窺
금전 욕심 저버림은 더럽힐 것 만지는 듯	抛他錢癖如將浼
서음이라 날 불러도 사양하지 않으리라.	呼我書淫故不辭
중국의 호사를 부질없이 그리노니	好事中州空艶羨
요봉의 문필에다 완정의 시로세.[2]	堯峯文筆玩亭詩

또한 확론이다.
亦確論 _ 李調元

---

1 왕사정(王士禎, 1634~1711) : 자는 이상貽上, 호는 완정阮亭·어양산인漁洋山人, 시호는 문간文簡이다. 청조풍淸朝風 시의 확립자이며 그 대표적인 시인으로, 시설詩說에서는 신운설神韻說의 주창자였다. 시문집에 『대경당집帶經堂集』, 명작을 정선한 『어양산인정화록漁洋山人精華錄』, 수필에 『지북우담池北偶談』·『거이록居易錄』·『향조필기香祖筆記』 등이 있다.

2 요봉의 …… 시로세 : 요봉은 왕완汪琬의 호이며, 완정阮亭은 왕사정王士禎의 호이다. 이들은 모두 청淸나라의 문장가였는데, 왕완은 문文에, 왕사정은 시에 더욱 능했다.

가을 새벽 잠 못 이루고

秋曉不寐

우원함으로 반쯤은 어리석음 채워가며	秪把全迂補半癡
남을 따라 억지로 어울림 부끄럽네.	隨人恥做强淋漓
세상을 따르는 일 너무도 재미없고	太無滋味推移厭
이름 백세 전코자 하나 이루기 더디구나.	差欲流芳樹立遲
좋은 벗 만나면 마음을 툭 털어놓고	佳友倘逢輸肺腑
명현들 상상하니 눈앞에 보이는 듯.	名賢劇想現須眉
나의 멈춤 행함을 하늘에 내맡긴 채	青天管領吾行止
일이 마음 어겨도 순순히 지내리라.	事到違心順遣之

인품을 상상해 볼 수 있다.
想見人品 _ 李調元

붓을 달려 소수 원중랑[1]의 문집 중의 운자에 차운하다

馳筆次元小修集中韻

계집 종 양식 없다 성내어도 편히 듣고	恬聽廚婢詈無糈
고요한 방에 앉아 시 읊기를 마다 않네.	不廢吾吟靜室居
온 몸을 오래도록 술에나 담아둘까	通體可堪長貯酒
두 눈은 잠시도 책 안보곤 못 견디네.	雙眸未忍暫抛書
창 밝아 줄 타는 거미 아주 슬기롭고	窓楞甚黠緣絲蟢
옷 해지자 좀벌레[2] 교묘히 달아나네.	衣摺工逋脫粉魚
한가롭게 지내는 것 편안함을 알았으니	益悟寬閒元快活
열 이랑의 매화 꽃밭 호미질 손수하리.	梅花十畝手當鋤

향산香山 백거이白居易[3] 시와 유사하다.

似白香山 _李調元

---

1 원중랑(元中郎, 1568~1610) : 원굉도袁宏道로, 호는 석공石公, 자는 중랑中郎이다. 형제들과 함께 이지李贄의 문하에서 수학하여 반전통·반권위 사상의 감화를 받았고, 왕세정王世貞 등의 고문사파古文辭派에 의한 의고운동擬古運動에 반대하여 시의 진수眞髓는 개성의 자유로운 발로이며 격조에 얽매여서는 안 된다고 주장하였다. 종성鍾惺 등의 경릉파竟陵派나 원매袁枚의 성령설性靈說의 선구가 되었다. 저서에 『원중랑집袁中郎集』이 있다.

2 좀벌레 : 원문은 분어粉魚. 책 속에 사는 좀벌레를 말한다. 몸이 은백색이며 긴 꼬리가 있는 것이 마치 물고기와 같기에 붙여진 이름이다.

3 백거이(白居易, 772~846) : 자는 낙천樂天, 호는 향산香山이다. 당唐나라의 시인으로 작품 구성은 논리의 필연에 따르며, 주제는 보편적이어서 '유려평이流麗平易'한 문학의 폭을 넓혀 당唐 일대一代를 통하여 두드러진 개성을 형성했다.

사립문 쓸쓸히 한 낮에도 닫아 둔 채	雙板寥寥永晝扉
무리 떠나 속인의 기심機心을 들이잖네.	離群不入俗人機
비올 기색 가져다가 마음속에 쌓아두고	故持雨色襟中貯
가을 정기 모두 주워 붓으로 쓰노라.	盡拾秋精筆底歸
할 이야기[4] 유장하나 누구와 함께 하랴	譚柄縱長誰授好
심향[5]이 세미하니 전할 사람 드물구나.	心香欲細可貽稀
어여쁘다, 나비는 그 마음이 너그러워	最憐剩蜨饒情緒
다정히도 내 갓을 스치며 날아가니.	向我殷勤掠帽飛

앓던 뒤에 팔뚝으로 떨기 대를 그려보니	痾餘試腕寫叢篁
그윽한 일 잇닿아 고요 속에서도 바쁘구나.	幽事相仍靜却忙
과일은 가을 맞아 맛좋게 쓰일게고	品果逢秋能效用
울던 새 저녁 되자 모두 둥지 찾아드네.	韻禽乘夕盡求藏
야릇한 구름 모양 불볕더위 때문이요	雲呈異態緣燕暑
짙푸르게 변한 나무 서리 맞기 기다린 듯.	樹變深蒼待抹霜
부처의 눈으로 한 세상을 바라보니	有佛瞳中觀小劫
미래나 현재나 한 순간의 향기로세.	方來現在霎時香[6]

4 할 이야기 : 원문은 담병譚柄. 말할 때 손에 잡는 주미麈尾를 가리키는데, 옛날 사람들은 손에 주미를 들고 청담淸談했다고 한다.

5 심향 : 불가의 말인데, 불법佛法을 배우는 자들이 지성으로 숭배하면 분향焚香하는 것과 같다 하여 생긴 말로 지극한 숭앙崇仰을 가리킨다.

6 [自註] "東國俗謂瞳人曰佛."

붉게 끓는 유등 아래 깊숙이 앉노라니	紫盪油燈坐著深
한 가지도 서로 괴롭히는 일 없구나.	了無一事劇相侵
하늘 나는 기러기는 안신의 계책이요	度天鴻客安身策
밤 새우는 벌레들은 입에 쓴 충고일세.	守夜蟲朋苦口箴
우묵과 하전[7]은 화의를 통하게 하고	雨墨霞箋通畫意
연서와 남자[8]는 문심을 돕는구나.	煙書嵐字助文心
깨끗한 선비를 행여나 만난다면	倘逢瀟灑靈襟士
팔 잡고 영원히 숲 속으로 들어가리.[9]	把臂行當永入林[10]

교묘하기가 짝할만한 것이 없다.
巧妙無雙 _李調元

7 우묵하전 : 좋은 먹과 종이를 가리킨다.

8 연서남자 : 아지랑이처럼 아름다운 글씨를 가리킨다.

9 팔 잡고…… 들어가리 : 뜻이 같은 친구와 은거隱居하겠다는 말로, 『세설신어世說新語』에 "사안謝安이 예장豫章을 지나면서 만일 칠현七賢을 만나면 반드시 팔을 잡고 숲 속으로 들어가겠다."란 구절이 보인다.

10 [自註] "雨墨霞箋, 徐文長詩中語. 煙書嵐字, 湯義仍詩中語."

빗속에 능라도의 서쪽을 돌고 오다가 설핏 취해 배 안에서 붓을 달려 짓다

雨中沿回稜羅島西 微醉篷底信筆[1]

타향에서 서로 만나 잠깐 이별 위로하니	邂逅殊鄕慰暫違
물가 숲엔 푸른 녹음 짙어서 어른댄다.	汀林演漾綠陰肥
능라도는 마치도 물결에 흘러갈 듯	綾羅地勢流將去
기린 탄 신선 자취[2] 아득히 오지 않네.	麟馬仙踪渺不歸
거친 물결 뱃전을 치는 대로 맡겨두니	一任高瀾頻打舫
가랑비에 옷이 잔뜩 젖는대도 상관없네.	莫辭輕雨滿吹衣
친한 벗들 잠시 모여 길이 취함 도모하니	親朋小聚謀長醉
지난 조정 시시비비 따져서 무엇하랴.	那管前朝有是非

---

1 [自註] "綾羅島在大同江中, 芳草平綠如晒. 綾羅浮碧樓西, 有麒麟窟. 高句麗東明王, 乘麟馬朝天云."

2 기린 탄 신선 자취 : 원문은 인마선종麟馬仙踪. 평양 부벽루 밑에 있는 기린굴麒麟窟과 관련된 고사다. 천손天孫 주몽朱蒙이 이 동굴에서 기린을 길렀으며, 죽을 때에는 기린을 타고 조천석朝天石을 밟고 하늘로 올라서 다시는 돌아오지 않았다고 한다.

용인 가는 길에

龍仁道中

누른 풀은 가늘고 돌계단은 희미한데　黃草纖纖石磴微
무덤[1]가엔 나무들이 빼곡히 둘러 있네.　土饅頭畔樹盈圍
채찍 따라 붉은 잎은 춤추듯 돌며 지고　趁鞭彤葉回旋舞
갓에 뛰는 붉은 벌레 선명하게 나는구나.　跳笠紺蟲的歷飛
수수밥에 밤새도록 배고픈 줄 모르겠고　經夕腹便紅米飯
가을 되도 무명옷 한 벌은 좋기만 해.　當秋身吉白綿衣
한 물굽이의 노을은 연지처럼 고와서　一灣霞作臙脂艷
찬 마을 사립문서 뒷짐 지고 바라본다.　負手寒邨井字扉

사물을 체득한 공이 방옹放翁 육우陸游[2]에 뒤지지 않는다.
體物之工不減放翁 _李調元

기이하면서도 아름답다.
奇麗 _潘庭筠

발길 닿는 곳마다 모두 시요 그림이라　畫譜詩箋觸境舒
즐비한 풍경 모두 참모습[3]임 깨닫네.　森羅光景悟如如

---

1 무덤 : 원문은 토만두土饅頭. 무덤을 가리키는 말로, 만두처럼 생겼다 하여 붙여진 이름이다.

2 육유(陸游, 1125~1209) : 자는 무관務觀, 호는 放翁이다. 중국 남송南宋 제일의 시인으로, 나라의 상황을 개탄한 시나 전원의 한적한 생활을 주제로 한 시가 많다.

한낮의 벼 살랑이는 소리 길 가면 들리고	晴禾瑟颯行當聽
저녁 잎 발그레해 글씨라도 쓸 만 하네.	夕葉紅明展可書
석양에 외론 나무 길로 소는 돌아오고	落照牛歸孤樹逕
빈 들판엔 저녁연기 집에선 두런두런.	曠郊人語淡煙廬
우거진 숲 조잘대는 이름 모를 새들은	一叢嘈囋無名雀
기심 잊음[4] 엿보고선 짐짓 내게 다가온다.	解覘忘機故近予

3 참모습 : 원문은 여여如如. 언제나 '원래의 모습 그대로' 존재하는 진여眞如 즉, 법신法身을 뜻하는 불교 용어다.

4 기심 잊음 : 원문은 망기忘機. 기심機心은 기회를 엿보는 마음이다. 『열자列子』에, 어떤 사람이 갈매기를 좋아하여 항상 같이 놀았는데, 하루는 잡으려고 마음먹고 바닷가에 갔더니, 갈매기가 미리 알고 내려오지 않았다 한다.

동쪽 이웃 진사 박수수와 함께 짓다

與東隣朴進士綏壽賦

쓸쓸한 가을 집서 안부를 물으면서	秋室蕭蕭問起居
등잔 아래 얘기하다 이경이 지났구나.	張燈軟話二更餘
따뜻한 방 포근한 옷 부처마냥 앉았는데	輕衣煖閤趺如佛
붉은 잎은 서리 담에 고기처럼 매달렸네.	朱葉霜垣罥似魚
게을러 접암에 배향되기 적당하나[1]	懶可蜨菴爲配享
가난해 국부의 상서 되기 어렵겠네.[2]	貧難麴部做尙書
오로지 시문詩文으로 마을 친구 부르니	祇將文雅招同里
다과로 참다운 정 소원 않게 하리라.	茶果情眞契不疏

묘사가 기발하다.

出奇摹寫 _ 李調元

1 게을러 …… 적당하나 : '접암'은 암자 이름으로 접蜨은 접蝶으로 쓰기도 하는데, 이는 장주莊周가 꿈에 호접胡蝶으로 변화했다는 고사를 들어 붙인 이름이다. 후당後唐의 이우李愚는 밤낮 없이 공직에 매달려 매우 바빴다. 그는 사람에게 "내가 이다지도 바빠 한번도 꿈나라에 가보지 못하니, 낙양洛陽에다가 수죽水竹을 사서 접암蝶菴을 짓고는 모든 일 버리고 여기에서 살려는데, 이 암자에는 마땅히 장주를 시조로 모시고 신선인 진박陳搏을 배향시키겠다."고 하였다. 『청이록淸異錄』에 보인다. 여기에서는 자신은 게을러 낮잠이나 자고 있다는 의미다.

2 가난해 …… 어렵겠네 : 당唐 나라 여양왕汝陽王 진璡은 술을 빚는 특별한 방법이 있어 감로경甘露經이라 이름했으며 '양왕겸국부상서釀王兼麴部尙書'라 자칭했다. 『취선기醉仙記』에 보이다. 여기에서는 가난하여 술을 자주 마시지 못한 상황을 빗대어 말했다.

과천 가는 길에

果川道中

밭 사이 가을 풍물 눈이 온통 즐거우니	田間秋物眼堪娛
완두는 길쭉하고 옥수수는 거칠다.	豌豆纖長蜀黍麤
아구새는 서리 맞아 윤기가 나는 듯	鴉舅受霜光欲映
기러기는 추위 피해 그림자 어른대네.	雁奴辭冷影初紆
솔 장승은 웬 벼슬로 머리에 모자 썼나	松堠何爵頭加帽
돌부처 사내건만 입술 붉게 칠했구나.	石佛雖男口抹朱
석양 질 때 다리 저는 나귀를 재촉하니	催策蹇蹄斜照斂
외양간 앞쪽이 바로 큰 길이로다.	牛宮南畔是官途

낙목암 홍상해 어른의 운에 삼가 차운하다
奉次落木庵洪丈尙海韻[1]

종이 창 안온한데 좋은 벗들 함께 모여	紙窓安穩雅襟齊
얘기하다 설핏 취하니 하루 해도 저무누나.	談次微醺抵日西
눈 덮인 빈숲은 가깝고 먼 데서 울리고	壓雪空林鳴近遠
볕 쬐는 참새들은 위아래서 조는구나.	曬暉群雀睡高低
홍옹洪翁은 혜안으로 『잠미집』[2] 평을 하고	翁惟慧眼評蠶尾
아들은 영재로 「마제편」[3] 읽는구나.	兒亦英才讀馬蹄
어렵고도 영롱한 명나라 말 역사를	碨磊玲瓏明季史
후생들이 헤갈리지 않도록 해주시길.	後生於此莫令迷

대구가 뛰어나면서도 자연스럽다.
對仗工而自然 _ 潘庭筠

1 [自註] "洪大浩嗜蠶尾集, 又嫺於明季, 對語纚纚, 可聽. 其子孔和, 時讀莊子."

2 잠미집 : 원문은 잠미蠶尾. 청淸나라 왕사진王士禛의 『잠미집蠶尾集』을 말한다.

3 마제편 : 원문은 마제馬蹄. 『장자莊子』「마제편馬蹄篇」을 말한다.

도화동에서

桃花洞

백산의 남쪽이요, 궁궐의 서편에	白山南畔廟宮西
우거진 좋은 동산 이곳저곳 즐비하네.	蔥鬱名園逐望齊
고운 풍경에 술 마시니 뺨에 취기 오르고	麗景行罇喧赭頰
그늘에 말 세우니 말굽이 빙 둘러 있네.	芳陰駐鐙帀銀蹏
좋은 새는 무성하고 예쁜 나무 가려 앉고	好禽多選丰茸樹
그윽한 풀 석양의 시냇가에 푸르구나.	幽草偏綠畹晩溪
비바람 없는 날엔 봄 저버리지 않으리니	除却雨風春不負
내일은 세검정의 언덕에 오르려네.	明朝又約劍亭隄

향산香山 백거이白居易[1] 시와 유사하다.

似香山 _潘庭筠

1 백거이(白居易, 772~846) : 자는 낙천樂天, 호는 향산香山이다. 당唐나라의 시인으로 작품 구성은 논리의 필연에 따르며, 주제는 보편적이어서 '유려평이流麗平易'한 문학의 폭을 넓혀 당唐 일대一代를 통하여 두드러진 개성을 형성했다.

서상수[1]의 동쪽 별장에서 노닐며

遊徐氏常修東庄

벗들 서로 연이어서 발걸음 가지런히	儔侶聯翩步屧齊
도봉산 서편의 서씨 정자 찾아가네.	徐家亭子道峯西
그윽한 꽃 중 만나자 이리저리 떨어지고	幽花漠漠逢僧落
밝은 달은 길손 향해 어지러이 기우누나.	白月紛紛向客低
부평초 희미하니 나무 그림자 가득하고	依樣亂萍多影樹
차가운 비 내리니 닭은 잘도 우는구나.	七分寒雨善鳴鷄
제비가 날아들 제 거듭 이곳 유람하며	重遊政逐新來燕
서로 마주 보고서 가지런히 잠을 자네.	幷宿還同對待栖

1 서상수(徐常修, 1735~1793) : 본관은 달성達城, 자는 여오汝五·백오佰吾·기공旂公, 호는 관헌觀軒이다. 1768년 무렵 서울의 원각사지圓覺寺址 부근에 살면서 박지원·이덕무·이서구·유득공·박제가 등과 백탑청연白塔淸緣을 맺고 시문과 서화를 즐겼다. 그림뿐 아니라 글씨와 문장, 음악에 두루 능통했고, 특히 작품을 보는 감식안이 뛰어났다.

11월 14일 술 취해 장난삼아 읊조리다
十一月十四日醉戲吟

작은 것도 잘 즐기면 그 세계 넓으니	小玩纖娛境亦恢
낡은 발에 스민 햇살에 눈꽃이 아른대네.	敗簾篩旭眼花猜
창 벌의 요란함은 발에서 나는 소리요	牕蜂屭贔[illegible]因脚
어항 붕어 영롱함은 아가미에 있구나.	盆鯽玲瓏妙在腮
어이해 하루라도 술나라서 놀잖으랴	一日那無遊酒國
한 평생 책 속에 파묻혀 숨으리라.	百年吾欲隱書堆
다만 뜻만 나타날 뿐 겉모습 무시한 채	只求寫意忘其似
밀랍을 곱게 다져 품자매[1] 만들었네.	鑄蠟新成品字梅

깨끗한 매미 향기론 귤의 마음 지녔으니	潔蟬馨橘素心存
이 밖에 시끄런 일 잊은 지 오래라네.	餘外紛囂我已諼
불로 허공 태운대도 종래 절로 꺼지고	擧火焚空終自息
칼로 물 가른대도 다시 무슨 흔적 있나.	持刀割水復何痕
'어리석다' 한 글자를 어찌 해 면할쏜가	癡之一字烏能免
방대한 여러 서적 평소 말한 바로세.	博矣群書雅所言
쓸쓸한 천지간의 띳집에 사는 사람	磊落乾坤茅屋者

---

1 품자매 : 매화의 일종으로 꽃 하나에 열매 셋이 품品자와 같이 서로 붙어 있기 때문에 생긴 이름이다.

아침부터 저녁까지 상성 높이 부르네.　　　　　　商聲高奏永晨昏[2]

미지微之 원진元稹[3]의 방언시放言詩[4]에 견줄 만하다.

可配微之放言詩　_ 李調元

2 [自註] "余堂名蟬橘, 取潔馨之義."

3 원진(元稹, 779~831) : 자는 미지微之이다. 중국 당唐나라의 문학가로, 현실에 존재한 사실을 솔직하게 전달하여 이 시대의 정당성과 광명성을 남겨야 함을 주장했다.

4 방언시 : 원진의 「방언오수放言五首」를 말하는데, 그 첫 번째 작품은 다음과 같다. "近來逢酒便高歌, 醉舞詩狂漸欲魔. 五鬥解酲猶恨少, 十分飛盞未嫌多. 眼前仇敵都休問, 身外功名一任他. 死是等閒生也得, 擬將何事奈吾何."

전사잡영

田舍雜詠

남쪽 길서 이틀 자도 가난 알지 못하노니	南程信宿不知貧
한낮 길쌈 새벽 방아 일마다 참되구나.	午織晨舂事事眞
시냇가의 아낙들은 서울 의관 구경하고	京洛衣冠溪女玩
마을의 노인들은 호서 풍속 늘어놓네.	湖西謠俗社翁陳
난초 둑서 밥 먹으니 입 안에 향기 일고	客餐蘭塢牙馨蕊
냇가에서 말 먹이니 눈에 비늘 비치누나.	馬飮魚陂眼映鱗
상자에 담아온 써 놓은 책 펼치노니	試解鈔書巾篋貯
서울 집의 독서보다 그 맛 더욱 새로워라.	較諸家讀味尤新

잎 달린 울 아래에는 누런 암소 누워있고	帶葉籬根臥牸黃
개인 하늘 드넓어 벼 타작 하는구나.	天晴魄魄打禾牀
서리 맞은 과일들은 붉은 칠 해 놓은 듯	酣霜雜果均丹漆
아침 햇살 찬 새들은 번갈아 노래한다.	哢旭寒禽迭角商
거미줄 얽은 듯 밭두렁은 이어졌고	聯絡田塍蛛布網
굴조개를 엉킨 듯 시골집은 옹기종기.	附離隣落蠣粘房
시름 젖어 길손은 농부 따라 술 마시니	羈愁試逐佃翁飮
단풍 사이 귀는 화끈, 미치광이 술꾼일세.	耳熱楓間我酒狂

광주 가는 길에

廣州道中

채찍으로 가리키며 풍속 묻기 자주 하니
새 날아 다한 그 곳 누구의 이웃인가?
지는 해에 산은 홀연 자황빛 뿌린 듯
찬 햇살에 하늘은 달걀빛 주름 잡힌 듯.
풀밭에선 볏단 실은 말이 비틀거리고
단풍 속에 꼴을 진 사람 가물거리네.
이번 길에 길손은 시름겹지 않으니
관동關同 형호荊浩[1]의 그림 속에 있는 듯.

指點鞭梢問俗頻
鳥飛盡處是誰隣
仄暉山忽雄黃潑
冷暈天將卵色皴
草際蹣跚輪稻馬
楓中蟋蟀負芻人
吾行未必愁覊旅
現了關荊畫裏身

뜻을 새겨 채색했다.
刻意設色 _ 潘庭筠

1 관동 형호 : 원문은 관형關荊. 송宋의 화가畫家인 관동關仝과 형호荊浩의 병칭으로, 모두 산수화가다.

가을 병석에서 일어나

秋日病起

쓸쓸한 가을 창서 병석 걷고 일어나니	寥廓秋窓病起新
말라 붉고 차서 푸른 약 꽃이 찌푸리네.	乾紅冷碧藥花顰
성 위의 망루[1]에는 잠자리 나그네요	蔓槎樓櫓蜻蜓客
여염집 기와 속엔 귀뚜라미 백성일세.	甎礫閭閻蟋蟀民
모든 원고 베껴두니 친구들은 좋아하나	全藁抄藏朋好事
겨울 옷 다 전당 잡혀 아내는 가난 참네.	寒衣典盡婦安貧
두 눈으로 잠깐 동안 석양을 바라보니	雙眸暫放斜陽際
집 모롱이 무지개가 두루 빛을 발랐네.	屋角雄虹抹色均

1 망루 : 원문은 누로樓櫓. 적을 망보는 지붕 없는 전망대를 말한다.

유난동에서

幽蘭洞

갖가지 고운 새들 각기 소리 새로우니	百種嬌禽變響新
세월 흘러 또 다시 초여름 되었구나.	流光又屆夏頭旬
골 안의 그윽한 향기 꿰어 차고 싶어라	幽香隱谷憐堪佩
푸른 시내 고운 풀잎 깔고 앉아 미안허네.	芳草緣溪悵可茵
그림 그려 금벽 경치 참으로 이루었고	罨畫眞成金碧境
영롱하여 투명하게[1] 변한 듯도 하여라.	玲瓏疑化水晶人
얼큰하게 취하여도 술잔 사양 않으니	酡紅不厭飛觴屢
밤 되도록 꽃놀이 이 또한 인연일세.	抵夕攀花亦宿因

1 투명하게 : 원문은 수정인水晶人. 새우와 게를 의인화한 것으로 수정처럼 투명하다 하여 '수정인'이라 한다. 병충秉冲의 벗 두어 사람이 찾아와 새우와 게를 사서 대접하고, 이야기가 당唐의 사인士人이 바람에 거슬려 장수국長鬚國에 이르러 새우의 딸에게 장가들었다는 일에 미치자, 한 손이 말하기를, "새우의 사위가 어찌 흰 뿔 적삼 속의 수정 같은 사람을 좋아하지 않았겠소?" 하니, 웃지 않는 사람이 없었다는 고사가 있다. 『청이록清異錄』에 보인다.

삼청동에서 개인 풍경 바라보며

三清洞晴眺

비 그치자 오히려 늦봄을 읊고 싶네　　雨止還思詠暮春
바라 뵈는 풍경이 눈에 들어 새로우니.　　眺來光景逐眸新
막 개인 나무에는 짙은 꽃이 반짝반짝　　花濃燁燁纔晴樹
설핀 취한 사람의 옷깃은 펄렁펄렁.　　衣穩仙仙澹醉人
황새 백로 미풍에 숲으로 날아가고　　鸛鷺微風移積翠
솔 새삼엔 맑은 날 가는 먼지 쌓여 있네.　　松杉麗日宿纖塵
누대 지붕 빛나는 모서리[1]를 세느라고　　樓臺細數觚稜炫
금잔디에 탕건이 떨어짐도 잊었다네.　　忘却金沙偃墮巾

---

1 모서리 : 원문은 고릉觚稜. 전각殿閣 지붕의 기와등[瓦脊]을 말한다.

농가에서 짓다
題田舍

콩깍지 쌓인 곁에 오솔길 갈리었고　　荳殼堆邊細逕分
붉은 햇살 막 퍼지자 소 떼들이 흩어진다.　　紅暾稍遍散牛群
가을이라 산허리는 물든 듯 푸르르고　　娟青欲染秋來岫
개인 후의 흰 구름은 깨끗하여 먹음직해.　　秀潔堪餐霽後雲
갈대가 흔들리자 기러기는 놀라고　　葦影幡幡奴鴈駭
벼 잎들이 스치자 잔물고기 쏘다니네.　　禾聲瑟瑟婢魚紛
산 양지에 초가집 짓고 살고자 하노니　　山南欲遂誅茅計
농부에서 땅 좀 빌려 달라고 해야지.　　願向田翁許半分

농가의 월령편[1]에 새 편을 보충하리　　農家月令補新篇
계란 빛 하늘은 서리 올 징조라고.　　霜眹先占卵色天
늦게 난 물고기 손가락보다 가늘고　　魚種晩生纖勝指
체구 갖춘 병아리는 주먹보다 크구나.　　鷄孫具體大於拳
큰 옷 입은 아낙네 순박함을 되살렸고　　寬衣健婦醇風返
식탐 많은 바보 사내 지혜 구멍 막히었네.　　頓飯癡男慧竇塡
속요 왜 근심하랴, 착하게 변해가니　　謠俗那愁遷日境
막걸리 마시며 책 안고 잠을 자리.　　細斟村酒抱書眠

---

1 월령편 : 원문은 월령月令. 『예기禮記』의 한 편명으로, 1년 동안의 계절의 변화와 그 때마다 농민들이 해야 할 일을 기록한 것을 말한다.

초가집 허술해도 떡갈나무 울타리요　　茅菴搖落槲籬牢
따슨 겹옷 엷은 수건 상쾌하고 호기롭다.　　暖服涼巾快快豪
좋은 술은 사람 더욱 흥겨웁게 만들고　　好酒令人情轉勝
찬 꽃을 대하노니 운치 한번 고상해라.　　寒花值我韻初高
농가의 모든 일은 빈풍의 그림이요[2]　　農家凡例豳風畫
가을 선비 읊조리니 초나라 「이소」일세.[3]　　秋士鋪舒楚國騷
애오라지 이번 길에 산골 숨어 살려하니　　聊試今行將隱峽
언덕 정자 날로 찾는 수고로움 사양 않네.　　亭皐日涉不辭勞

성재誠齋 양만리楊萬里[4]의 시와 비슷하다.
似楊誠齋 _ 潘庭筠

아이 턱과 동생 뺨이 꿈속에도 분명터니　　兒題弟額夢分明
깨고 보니 타향의 이백 리에 누워있네.　　覺臥它鄉二百程
고을 선비 새로 만나 이야기책 빌려오고　　郡士新交譚部借
서울 친구 작별할 제 송별시를 짓노라.　　畿朋歷別贈聯成
단풍 아닌 잡목들로 온통 붉은 빛이요　　非楓雜樹都紅意

---

2 빈풍의 그림이요 : 원문은 빈풍화豳風畫. 원元의 조맹부趙孟頫의 그린 〈빈풍도豳風圖〉를 가리킨다. 『시경』「칠월七月」을 그림으로 형상한 작품으로, 이후 〈빈풍도〉는 농사와 관련된 그림을 범칭하게 되었다.

3 초나라 「이소」일세 : 원문은 초국소楚國騷. 초楚나라 굴원屈原이 상강湘江으로 쫓겨나 지은 「이소離騷」를 말한다.

4 양만리(楊萬里, 1124~1206) : 자는 정수廷秀, 호는 성재誠齋이다. 중국 남송南宋 때의 시인으로, 시에 속어를 섞어 썼으며, 경쾌한 필치와 기발한 발상에 의한 자유 활달한 점을 특색으로 한다.

비 지난 여울은 차갑게 울어댄다.	旣雨長川忽冷鳴
마을 아이 귓속말로 소곤소곤 말하기를	辟咡莊童親近語
"저 분 오자 이 집에서 글소리 들리네."	郞來此屋始書聲

시의 경계 또한 그 사람과 비슷하여 그 필법이 절로 남다르다.
詩境亦猶人 出筆自別 _ 李調元

동작 나루에서

銅雀津

차고 붉은 서울 나무 서리 무늬 끼어 있고	冷紅京樹著霜紋
삐걱삐걱 빈 배에는 노 소리 부산하다.	霍霍空船櫓響勤
오리 저편 물결은 경각에 핀 꽃[1]이요	頃刻花惟鳧外浪
말 앞의 구름은 날아 온 봉우리네.[2]	飛來峯是馬頭雲
고운 돌 차는 발길 어느 때나 그치려나	鞋彈錦石何時了
부채 치는 금빛 모래 종일토록 날리네.	扇拍金沙竟日紛
주막에서 오줌 누고 도성 길 재촉하니	水店更衣催趁郭
오랜만에 돌아온 손 즐겁지 않겠는가?	旋歸久旅得無欣

새롭고도 독특하다.
新穎之至 _李調元

3,4구는 명구다.
三四名句 _潘庭筠

1 경각에 핀 꽃 : 원문은 경각화頃刻花. 도술로 갑자기 피게 한 꽃을 말한다. 당唐나라 한상韓湘은 한유韓愈의 조카로, 한유 앞에서 흙으로 화분을 만들었는데 조금 있자 그 화분에서 꽃이 피었다 한다. 『태평광기太平廣記』에 보인다.

2 날아 온 봉우리 : 원문은 비래봉飛來峯. 중국 절강성浙江省 항주杭州에 있는 산이다. 진晉나라 때 중 혜리慧理가 이 산에 올라서 탄식하기를 "이 산은 본래 천축국天竺國 영취산靈鷲山의 작은 봉우리였는데 언제 이곳에 날아왔는지 모르겠다. 此是天竺國靈鷲山之小嶺, 不知何年飛來."라 한 이후 '비래봉'이란 이름을 얻게 되었다. 『항주도경杭州圖經』에 보인다.

유천에서 새벽에 출발하며
柳川曉發

가는 말 달처럼 재빨리도 달리노니	歸馬駸駸與月奔
성긴 별 희미한 등불 맑고 붉게 섞이었다.	稀星殘火澹紅渾
주막집의 개들은 표범처럼 짖어대고	犬如豹吠殷荒店
먼 마을 닭 울음은 파리마냥 가늘구나.	鷄作蠅鳴逗遠邨
명막군[1]은 싸늘하게 길이길이 잠들었고	冥漠君寒長著睡
화서국[2]이 아득하니 잠시 혼이 돌아오네.	華胥國邃暫還魂
한순간 달려 몽롱한 지경 벗어나니	斯須衝過矇矓境
서린 어린 아침 해가 동편에서 붉어라.	霜旭天東盪紫痕[3]

1 명막군 : 진晉나라 사혜련謝惠連의 「제고총문祭古冢文」에 "성북城北에서 고총을 파니 명지銘誌가 없어 명자名字와 시대를 알 수 없어 임시로 명막군이라 해둔다."라 하였다. 여기에서는 그냥 오래된 무덤이라는 뜻이다.

2 화서국 : 황제黃帝가 꿈에 보았다는 평화스러운 나라다. 『열자列子』에 다음과 같은 기록이 있다. 황제黃帝가 꿈에서 화서국에 갔다. 그 나라는 임금과 어른이 없어도 다스려지고 백성들도 생사에 대해 기뻐하거나 슬퍼하지도 않고 자연스럽게 살고 있었다. 황제가 꿈을 깬 다음 그 나라의 법을 본떠서 천하를 잘 다스렸다고 한다. 여기에서는 잠에서 일찍 깨어난 것을 말한다.

3 [自註] "冥漠君, 指路傍叢冢."

마포에서 자며 내제 지천 박상홍에게 부치다

宿麻浦贈內弟朴穉川相洪

이른 봄에 얼굴빛 즐겁게 서로 보며	初春顔色喜相看
꽃마냥 등불 걸고 술잔은 넘실넘실.	燈結疏花酒漾瀾
얼음 밑 잉어는 자지 않고 무얼 하나	氷鯉不眠思底事
모래밭의 기러기는 경계 많아 고생일세.	沙鴻多警惱無端
안개 겨우 사라지자 흰빛 새로 펼쳐지니	煙纔澹蕩鋪新白
곱디고운 저 달이 보름달이 되었구나.	月最姸鮮返舊團
정경이 그윽하여 무릎 대고 서로 앉아	境到幽微方促膝
송인의 시 얘기로 한가로움 보태누나.	宋人詩話補餘閒

연안부

延安府[1]

신각申恪[2]이 성 쌓으심 앞날 미리 짐작한 일	申公城築炳幾先
마침내 이정암李廷馣[3] 커다란 공 세우셨지.	畢竟奇功李月川
패한 진지陣地[4] 풀 사이로 왜놈들 도망쳤고	敗壘蜿蜒逋卉寇
높은 비석[5] 우뚝 서서 임진년[6]을 말해 주네.	崇碑贔屭辨龍年
못 연꽃 쓸만하여 세금으로 거둬 가고	池蓮適用還徵稅
들판 학도 잡으니 또한 돈이 되기 때문.	野鶴橫罹亦直錢
연안 쌀을 그 누가 최고라 하였던가	飯顆延州誰謂美
가을 들어 곡식 들판 너무도 썰렁하네.	秋荒禾黍劇蕭然

---

1 [自註] "萬曆辛卯, 重峯先生趙文烈公憲, 貽書延安府使申公恪以爲不久, 倭寇將動, 願修城池. 申公如其言繕修之. 明年壬辰, 倭果入, 寇八路風靡, 招討使月川君李公廷馣守此城, 拒倭大捷. 府之北山, 有倭屯壘處. 城中有大捷碑, 鰲城君李公恒福所撰. 府南有大池, 官稅蓮子. 延安鶴最潔白, 故居人捕而賣之. 延安稻米, 通一國, 顆粒朗潤."

2 신각 : 원문은 신공申公. 신각(? ~1592)은 연안부사로 있으면서 임진왜란 직전에 중봉重峯 조헌(趙憲, 1544~1592)의 '멀지 않아 왜구의 난리가 있을 듯하니, 성을 정비하라'는 편지를 받고 연안성을 보수했다.

3 이정암 : 원문은 이월천李月川. 월천月川은 월천군月川君의 봉호를 받은 이정암(1564~1635)을 말한다. 신각이 연안부사로 있으면서 임진왜란이 나기 전 해인 신묘년에 이곳에 성을 쌓았었는데, 임진왜란이 나자 이정암은 의병을 모집하여 이 성을 끝까지 사수死守하여 큰 공을 세웠다.

4 패한 진지 : 원문은 패루敗壘. 연안부의 북산에 왜구가 진을 쳤던 곳을 말한다.

5 높은 비석 : 원문은 숭비崇碑. 연안부 성 안에는 이정암이 왜구를 물리쳤던 일을 기념하기 위해 이항복(李恒福, 1556~1618)이 찬한 대첩비가 있다.

6 임진년 : 원문은 용년龍年. 임진년이 용의 해이기에 이렇게 말한 것이다.

감개함이 끝없으니, 참으로 시인의 작품이다.

無限感慨 眞詩人之筆 _李調元

높고도 웅장하여 대가의 격조가 있다.

高壯 有大家格調 _潘庭筠

조씨네 동산에서 꽃을 보며

看花趙園

예쁜 꽃 바삐 좇아 마음껏 즐기노니	忙趁芳菲任劇顚
편한 옷 고운 걸음 이 또한 인연일세.	便衣軟步又機緣
살구꽃은 봄바람[1] 몇 번에 활짝 폈고	杏跗全坼條風幾
앵두 잎은 곡우 전에 제 먼저 피었구나.	棠莢先敷穀雨前
아득한 경치[2]를 멀리서 살펴보며	遠閱微茫豆人境
열 자쯤의 좁은 하늘[3] 이제 겨우 벗어났네.	纔離十丈醯鷄天
참새 자고 비둘기 울 즈음에 술 익으니	酒濃雀睡鳩鳴際
한나절 보내기가 일 년처럼 길구나.	半晝消閒可抵年
십자의 관청 거리 버들 처음 늘어지니	十字官街柳始顚
꽃동산 승경 찾아 푸른 시내 끼고 가네.	名園選勝綠溪緣
소란한 소리 밖에 홀로 고요한 비둘기 소리	鳩音獨靜紛囂外
푸르른 빛 앞에는 멀고 환한 백로의 깃.	鷺羽遙明澹翠前
사직단 나무껍질 어기御氣가 스미었고	社樹皴鱗通御氣
경복궁 못 바라보며 선천先天을 생각하네.	宮池貼面閱先天

---

1 봄바람 : 원문은 조풍條風. 동북에서 불어오는 바람으로, 봄바람을 말한다.

2 아득한 경치 : 원문은 두인경豆人境. '두인'은 그림 속의 사람이 콩알만한 것을 가리키는 것으로, 아득히 멀리 있어 아주 작게 보인다는 의미다.

3 좁은 하늘 : 원문은 혜계천醯鷄天. 혜계는 초파리인데, 범위가 좁음을 말한다.

꽃수염 눈 찌를 듯 따들고 되려 웃으며 花鬚刺眼拈還笑
흰 빛과 붉은 빛을 지난해와 견줘보네. 細白深紅較去年[4]

4 [自註] “社稷在離宮之北. 景福宮, 壬辰倭亂燬廢.”

아산 백암동에서 계숙 이한술과 밤에 사문 박기양을 방문하여
牙山白巖洞李繼叔漢述夜訪朴斯文岐陽[1]

현충사는 우뚝하고 백암은 둥그런데	顯忠祠逈白巖圓
마을 풍경 몽롱해 한낮에도 자는 듯.	邨影濛濛靜晝眠
긴 밤에 은하수 서너 별 반짝이고	遙夜河明三五宿
빈 들 물은 위아래 논밭에 환하구나.	虛郊水白上中田
서리 내린 언덕에는 뱀 울음 울리고	厓霜颯集蛇鳴戛
달빛 비낀 고개에는 범의 기운 진동하네.	嶺月橫飜虎氣擅
이 자리서 등불 켜고 시 얘기 오래하니	特地張燈詩話久
화분 꽃 더 향기롭고 옷에 비쳐 곱구나.	盆花逾馥照襟娟

'월흑인희귀상어月黑人稀鬼相語'[2]의 구절과 음산함이 동일하다.
與月黑人稀鬼相語之句 同一陰峭 _ 李調元

뜻과 기운을 다 들어냈다.
極意出氣 _ 潘庭筠

---

1 [自註] "祠享李忠武公舜臣. 萬曆中, 官統制使, 以舟師殲倭戰亡."

2 월흑인희귀상어 : 송宋 육유陸遊의 「석수현우중계주희작단가石首縣雨中繫舟戲作短歌」를 말하는데, 그 작품은 다음과 같다. "庚寅去吳西適楚, 秋晩孤舟迫江渚. 荒林月黑虎欲行, 古道人稀鬼相語. 鬼語亦如人語悲, 楚國繁華非昔時. 章華臺前少家住, 茆屋雨漏秋風吹. 悲哉秦人眞虎狼, 欺侮六國囚侯王. 亦知興廢古來有, 但恨不見秦先亡. 開窗酹汝一盃酒, 等爲亡國秦更醜. 驪山冢破已千年, 至今過者無傷憐."

찬 비 내리는 저녁에
凉雨夕

티끌 물든 일들을 놀란 듯 그만 두니	事如塵染瞥然抛
벗의 기롱 뿐 아니라 스스로도 조롱하네.	不獨朋譏卽自嘲
동생은 서법 따라 꼼꼼하게 글 익히고	弟倣法奇纖掃帖
아내는 골격 알고 옷 재단 크게 하네.	妻知骨傲闊裁袍
국화는 윤달 맞아 외려 수명 길어졌고	黃花値閏還添壽
금주령이 풀리어 다시 술 마시누나.	紅酒除禁更托交
저녁 뜰에 비 치더니 한참도 못 되어	雨打夕庭經小劫
무수히 일고지는 물거품이 묘하구나.	妙觀無數遞騰泡

작은 것 속에 큰 것이 보이니 도관都官 매요신梅堯臣[1]의 체를 얻었다.
小中見大 得梅都官之一體 _潘庭筠

---

1 매요신(梅堯臣, 1002~1060) : 자는 성유聖兪, 호는 원릉宛陵이다. 중국 송대宋代의 시인으로, 세련되고 정밀한 구법句法이 특징이며, 두보杜甫 이후 최대의 시인이라는 상찬을 받았다.

화석정에서 멀리 바라보다 임진강을 건너며

花石亭遠眺渡臨津[1]

갓 채양에 아침 햇살 붉은 빛 어리었고	朝暉紅盪帽簷霞
울타리 나직나직 한 두 집이 늘어섰네.	籬子低低一二家
율곡栗谷[2] 선생 일찍이 정자를 지으셨고	老李先生曾築室
중국 사신[3] 예전에 수레를 멈추었지.	皇華使者昔停車
옷 환함은 나무 끝의 달이 강에 비침이요	衣明樹末江成月
신 따스함은 성 밑 꽃밭 걸어가기 때문이라.	鞋暖城根逕入花
질탕하게 마시고 노 젓기 천천히 해	轟飮故令搖櫓緩
동파점[4] 밖 까마귀 깃듦을 좇으려네.	東坡店外趁捿鴉

격조格調가 노련하다.
格老 _潘庭筠

1 [自註] "亭在坡州牧臨津江東, 栗谷李先生, 嘗講學於此亭. 亭壁揭明朝使臣黃洪憲王敬民詩."

2 율곡 : 원문은 노이선생老李先生. 율곡 이이李珥가 이곳에 화석정을 짓고 강학講學했다.

3 중국사신 : 원문은 황화사자皇華使者. 명明나라 사신이었던 황홍헌黃洪憲과 왕경민王敬民을 말한다. 화석정에는 황홍헌과 왕경민의 시가 걸려 있다.

4 동파점 : 경기도 파주坡州에 있는 역 이름이다.

종구 대부 박준원이 나주로 놀러감에 삼가 이별하며

奉別從舅朴大夫浚源遊羅州[1]

하늘 가 길손으로 치관[2] 쓴 사나이요	天涯旅食豸冠郎
쓸쓸한 가을 겨울 한 필의 누런 말.	搖落秋冬一馬黃
관복 쾌히 전당 잡혀 술통을 손에 들고	快典朝衫提酒榼
상소 초고 태우고서[3] 시 주머니 실었다네.	閒焚諫草馱詩囊
대밭에 달 환하니 눈썹 수염 싸늘하고	筠田月素眉鬚冷
유자창에 연기 푸르니 담소는 향기롭네.	橘戶煙青笑語香
길손이여, 돌아오는 꿈 잦아도 시름 마오	遊子莫愁歸夢屢
반남현[4]이 어이해 고향과 다르겠나.	潘南縣豈別人鄉

---

1 [自註] "朴氏, 貫羅州潘南縣."

2 치관 : 법관法官으로서의 권위를 상징하기 위하여 해태[獬豸]의 형태를 부착한 감찰의 관을 말한다.

3 상소 초고 태우고서 : 원문은 분간초焚諫草. 두보杜甫의 「만출좌액晩出左掖」에 "남의 눈 피해 간한 초고 불태우고, 말에 오르니 닭이 깃들려 하누나. 避人焚諫草, 騎馬欲鷄棲."라고 했는데, 초고草稿를 불태웠다는 내용은 유송劉宋 때의 문신文臣 사홍미謝弘微, 당唐 나라 때의 문신 고사렴高士廉 등이 임금에게 표주表奏한 초고草稿를 즉시 태워 없애 남이 알지 못하게 함으로써 근밀謹密한 태도를 보였던 데서 온 말이다.

4 반남현 : 전라남도 나주시 반남면 일대를 말한다. 여기에서는 박준원이 가는 전라남도 나주를 말한다.

금사사

金沙寺[1]

물굽이 활과 같아 모래섬 보이잖고	水背如弓不見洲
장쾌한 유람에 길손 근심 사라지네.	壯遊吾且散羈愁
아득한 파도 소리 용이 몸을 터는 듯	群龍鬐戲潮音迥
떠 있는 지축은 불상 눈썹 찡그린 듯.	諸佛眉憂地軸浮
해당화 지천에 꽃을 피워 고운데	遍滿穠棠開亦艷
날아온 씨앗의 그 일 자못 기이해라.[2]	飛來芽荄事頗幽
해마다 초여름엔 중국배 정박하니	年年首夏唐船泊
승장[3]의 진영에는 해월루 높다랗네.	僧將營高海月樓

기구가 새롭다.
起句新 _ 李調元

수련首聯이 더욱 장대하고 드넓다.
一結尤壯闊 _ 潘庭筠

---

1 [自註] "寺在黃海道長淵府, 新羅時所創. 沙如糝粉, 四五月, 短叢海棠發於沙中, 有菜如天頭黃拳, 形與味, 無差麥. 自海中飛來, 有海月樓, 僧將鎭之. 每歲四月, 登萊人來泊采海鼠防風, 八月始還."

2 해당화 …… 기이해라 : 금사사는 황해도 장연부에 있는데, 중국의 등주登州와 내주萊州에서 해당화 씨앗이 날아와 이곳에서 꽃을 피웠다는 의미로 보인다.

3 승장 : 황해도 장연부에 성보城堡를 설치하고 승장僧將 1명을 두었다고 한다. 또한 그 곁에 해월루가 있었다고 한다.

만월대에서 금천으로 가는 연암 박지원과 영숙 백동수[1]와 헤어지며

滿月臺別朴燕巖白永叔東修之金川[2]

번화했던 옛 도읍엔 들풀만 무성하고	繁華只博草油油
손가락 튕기는 사이 오백년 흘러갔네.	彈指之間五百秋
깨진 기와 주우며 신발 소리 생각하고	閒拾剩磚韡響憶
무너진 주춧돌로 기둥 둘레 헤아리네.	細推崩礎柱圍求
구름 가고 물 흐르니 영웅의 기운이요	雲歸水逝英雄氣
꽃 지고 새 우니 나그네의 시름일세.	花落鳥啼旅客愁
흥망이 어이 나와 관계 있다 말하랴	豈謂興亡干我甚
이별 마음 때문에 눈물이 흐른 걸세.	離情仍惹淚潸流

1 백동수(白東修, 1743~1816) : 서얼로 이덕무의 처남이다.

2 [自註] "滿月臺, 高麗舊宮墟."

연광정에서 연등을 보며

練光亭觀燈[1]

옛 황주서 새벽에 작은 말 꼴 먹이고	棗騮晨秣古黃州
길 숲 헤쳐 나오니 대동강이 흐른다.	穿出脩林浿始流
살벌했던 전쟁[2]은 옛날의 꿈이었나	戰伐飛騰疇昔夢
어초 문답[3] 그런 일은 한가로운 시름일세.	漁樵問答等閒愁
강물 보며 너른 돌[4]에 고요히 앉았다가	觀潮靜坐平鋪石
달 맞으려 제일루[5]에 서둘러 올라갔지.	候月先登第一樓
내 발길이 때마침 초파일 저녁이라	巧值吾行初八夕
고운 빛 일천 연등 나그네 눈에 드네.	千燈發艷異鄉眸

1 [自註] "練光亭在大同江邊. 江中有石, 世傳東明王高朱蒙朝天處, 樓中揭第一江山. 國俗, 四月八日, 懸燈于竿."

2 살벌했던 전쟁 : 원문은 전벌비등戰伐飛騰. 고구려 때 수隋나라를 물리친 싸움이나 임진왜란 등 대동강에서 벌어진 큰 싸움을 의미한다.

3 어초 문답 : 낚시꾼과 나무꾼의 문답이란 뜻이다. 송宋나라 소옹邵雍은 어초의 문답 형식으로 『어초문답漁樵問答』 1권을 지었다. 그 중 나무꾼이 낚시꾼 곁을 지나다가 낚시꾼에게 "고기는 잡히는지요?"라 묻자, 낚시꾼이 "그렇소."라 대답했다는 구절이 있다. 이는 서로 등한시 한다는 의미다.

4 너른 돌 : 원문은 평포석平鋪石. 대동강 가운데 있는 돌로, 동명왕東明王 고주몽高朱蒙이 조천朝天하던 곳의 조천석朝天石을 가리키는 듯하다.

5 제일루 : 연광정을 가리킨다.

비로 인해 재선 박제가의 추실에 머물렀는데 밤이 되자 달과 별이 환하기에

滯雨朴在先齊家秋室 夜來星月朗然

짙게 깔린 어둠 속에 시냇가 누대 올라	暝色戎戎赴磵樓
비 그치자 달 비낀 가을 하늘 즐겨 보네.	雨歸欣覿月橫秋
맑은 물가 이르니 수염 눈썹 예스럽고	鬚眉忽古泓渟境
그윽한 유람에 입은 옷도 해맑구나.	巾服仍淸莽渺遊
굴원屈原[1] 얘기 나누니 속물은 아니요	譚到靈均非俗物
왕희지王羲之[2]를 생각하니 제 절로 명류로세.	想來逸少自名流
서늘해진 이후에 그대 처음 만나니	涼生以後初逢汝
풍미는 모름지기 술 속에서 구해야지.	風味須於酒裏求

붓을 일으킴이 원대하고 신묘하다.
起筆有遠神 _李調元

붓끝이 가볍고 맑은 멋진 사람이다.
筆端輕淸可人 _潘庭筠

중양절 다음 날[3] 누대에서 「초사」 읽으며	小重陽日楚辭樓
그윽한 한 계곡의 가을빛에 앉았노라.	坐擁幽脩一壑秋

---

1 굴원 : 원문은 영균靈均. '영균'은 굴원屈原의 자字다.

2 왕희지 : 원문은 일소逸少. 왕희지王羲之의 자字가 '일소'다.

3 중양절 다음 날 : 원문은 소중양小重陽. 중양절重陽節인 9월 9일의 다음날을 가리킨다.

경서 펴고 물어보는 동자 질문 즐겨 듣고	愛聽橫經童子問
촛불 잡고 노닐었던 옛 사람 생각하네.	回思秉燭古人遊
환한 별빛 땅에 비쳐 벌레 모두 요란하고	華星照地蟲皆動
많은 이슬 강에 내려 기러기떼 날아가네.	繁露滎河雁盡流
세월이 이처럼 흘러가 버리니	歲序堂堂如是逝
한 평생 본심만은 간직하시길 바라네.	百年長願素心求

처사 조연귀[1]에게 삼가 수창하다

奉酬趙處士衍龜[2]

맑은 강의 조의루[3]서 낙엽 소리 듣노라니	聞葉澄江趙倚樓
좋은 시절 이 내 몸 서늘한 가을 어이할까.	佳辰憶我奈涼秋
나옹 화상[4] 아득한데 물결은 탑 흔들고	懶翁縹緲波搖塔
신마는 우뚝한데 바위 물가 솟아났네.[5]	神馬嶙峋石出洲
거문고 연주 들으려 멀리 봄 고달픈데	爲聽瑤琴勞遠望
편지를 띄우려니 근심이 달라붙네.	欲貽芳翰惹新愁
지금처럼 갖가지 회포 풀기 어렵지만	如今種種懷難已
임군[6]이 온다는데 함께 놀지 못하겠나.	林子云來不共遊

---

1 조연귀(趙衍龜, 1726~ ?) : 본관은 배천白川, 자는 경구景九이다.

2 [自註] "黃驪江上神勒寺, 有神僧懶翁浮圖, 寺前有神馬積石. 三淵先生詩云, 績石波侵龍馬迹. 趙君曰, 與林友配垕遊神勒寺."

3 조의루 : 당唐나라 시인 조하趙嘏의 별칭이다. 그의 시 가운데 '장적일성인의루長笛一聲人倚樓'라는 구절을 두목杜牧이 너무도 좋아하여 '조의루'라고 불렀던 데에서 유래한 것이다.

4 나옹 화상 : 원문은 나옹懶翁. 고려 명승 혜근惠勤의 법호로, 여주 신륵사神勒寺에 살았다.

5 신마는 …… 솟아났네 : 신륵사 옆에 마암馬巖이 있는데, 전설에 여기에서 황마黃馬와 여마驪馬가 나왔다 한다.

6 임군 : 원문은 임자林子. 이 작품은 이덕무의 『청장관전서靑莊館全書』 권10에 「봉수조처사奉酬趙處士」란 제명으로 실려 있는데, 소주小註에 "경암이 이르기를 '날마다 벗 임배후林配垕와 같이 벽사甓寺에서 놀 제 율시 한 수를 지어 형암炯菴에게 부쳐 화답하기를 구하였다.'고 하였다. 敬菴曰, 與林友配垕遊甓寺, 拈一律, 寄炯菴求和云."란 기록이 있다. 위 작품에서 '임군'은 바로 '임배후'를 말한다.

소완정에서 봄날 날이 저물자

素玩亭春暮

안석[1]에는 책 향기 가득해 난만한데	書香燕几藹難收
심휴[2]는 병들어 허리 띠 헐렁했지.	帶孔新寬病沈休
새 소리 아름다워 모두 짝을 끼었고	艷羽聲嬌皆挾匹
여린 가지 꽃 무거워 함께 머리 숙였네.	柔條花重倂垂頭
너무도 좋은 경치 한 잠을 자려하니	九分芳景將成夢
연이어진 짙은 그늘 또한 시름 달래준다.	陸續濃陰且慰愁
정자 주인 한가롭게 자주 술잔 권하매	亭主蕭閒頻勸酌
솔 누각에 걸터앉아 고운 햇빛 아끼노라.	松棚坐惜麗暉流

1 안석 : 원문은 연궤燕几. 평소에 침실에 놓고 몸을 편하게 기대는 궤를 말한다.

2 심휴 : 양梁나라 학자 심약沈約을 가리킨다. 심약이 친하게 지내던 서면徐勉에게 "이번에 쾌차快差함이 전의 쾌차함만 못하고, 이번 병세가 전번보다 심하다. 백여 일 동안에 야위어 띠 구멍은 넓어지고, 팔목을 재보니 한 달 동안에 반 푼이나 줄었다."고 하였다. 늙고 병들어 몸이 야윔을 말한다.

묵계에서 용촌 임배후·성위 이희경·성흠 이희명·재선 박제가·순필 김용행과 모여 함께 짓다

墨溪會林龍村配垕李聖緯喜經李聖欽喜明朴在先齊家金舜弼龍行同賦[1]

외론 배서 어제는 푸른 옷을 빨았는데	孤舟昨浣綠蘿襟
물빛이 곱고 고와 지금까지 깨끗하네.	水色鮮鮮潔至今
명성 아래 헛됨 없음 옛말로 전하거니	名下無虛傳古語
와서 보니 예전처럼 내 마음 사로잡네.	見來如舊獲余心
담장의 접시꽃[2]엔 다정한 나비요	垣葵一丈多情蜨
이웃의 살구나무엔 마주 앉은 새로세.	隣杏東西對坐禽
시원한 비 내릴 즈음 쟁반에 수박 쪼개	盤副紅瓜涼雨際
주인이 환대하니 즐거이 함께 읊네.	主人歡意快供吟

1 [自註] "龍村, 字伯厚, 居於黃驪江上. 困窮讀書, 行義卓絶, 高士也."

2 접시꽃 : 원문은 규일장葵一丈. '규'는 접시꽃을 말하며, 접시꽃을 '일장홍一丈紅'이라고도 부른다.

숭인전을 배알하다

謁崇仁殿[1]

단군전 배알하고 공자 사당 바라보니	檀君殿謁孔宮瞻
신성한 이웃에 사당 더욱 엄숙해라.	神聖之隣廟更嚴
도道는 『서경』 의지해 탕탕함 진술했고[2]	道寄姬書陳蕩蕩
조선 시詩 처음 지어 무성함을 읊조렸지.[3]	詩開鮮雅詠蔪蔪
위급할 때 미친 듯 머리털 풀었으니[4]	危踪昔被佯狂髮
후손 중 누가 닮아 수염을 나부꼈나.[5]	遺裔誰飄克肖髥
주周의 봉함 받지 않고 스스로 오셨으니	不受周封元自到
반고班固가 「지志」 지어 본마음 집어냈지.[6]	孟堅爲志本心拈

---

1 [自註] "檀君祠曰, 崇靈殿. 箕子祠曰, 崇仁殿. 殿在檀祠孔廟之間. 麥秀歌爲朝鮮詩祖. 箕子之後, 鮮于氏必多髥. 前漢書謂箕子避地."

2 도는 …… 진술했고 : '희姬'는 주周 나라 성이므로 희서姬書는 주서周書를 말하는데, 즉 『서경書經』「홍범洪範」을 가리킨다. 「홍범」은 기자가 주나라 무왕武王에게 천하를 다스리는 도를 말한 「홍범구주」다. 여기에 "치우치거나 공정하지 않음이 없으면 왕도가 탕탕해진다. 無偏無黨, 王道蕩蕩."고 했는데, '탕탕'은 광원廣遠의 의미다.

3 조선 시 …… 읊조렸네 : 아雅는 시의 한 체體이니 '선아鮮雅'는 조선朝鮮의 아雅란 뜻이다. '점점蔪蔪'은 무성하다는 뜻이다. 기자는 뒤에 주나라에 가서 멸망한 은殷나라의 옛 도읍터에 벼와 보리가 무성함을 보고 슬퍼하여 「맥수가麥秀歌」를 지었는데, 이 노래가 우리나라의 아雅가 되며 최초의 노래라고 본 것이다.

4 위급할 …… 풀었으니 : 은殷나라의 임금인 주紂가 무도無道하자 기자는 간하였으나 듣지 않으니, 이에 미친 척하며 머리털을 풀어헤치고 종이 되었다.

5 후손 중 …… 나부꼈나 : 기자는 수염이 많았는데 그의 후손인 선우씨鮮于氏는 그를 닮아 수염이 많았다 한다.

6 주의 봉함 …… 집어냈지 : '맹견孟堅'은 『한서漢書』를 지은 반고班固의 자다. 사마천司馬遷

3,4구는 기자箕子를 송축한 것이 전중하여
유종원柳宗元의 「서기자묘비음書箕子廟碑陰」에 짝할 만하다.

二四頌箕聖典重 可匹柳州一碑 _ 李調元

의 『사기史記』에는 "주무왕周武王이 기자를 조선에 봉했다."고 했으며, 『한서』에는 "기자가 무리를 거느리고 동으로 왔다."라 했는데, 기자는 은나라의 종친이었으므로 의리상 무왕의 봉함을 받지 않았을 것이니, 반고가 기자의 마음을 참으로 알았다는 뜻이다.

소완정 겨울 밤의 작은 모임

素玩亭冬夜小集[1]

그윽한 사립문에 범조凡鳥[2] 씀을 어찌 보랴	詎看幽扉鳥寫凡
완적과 완함[3]처럼 명현으로 깨끗하네.	名賢瀟灑籍仍咸
서양의 거울 희니 눈동자는 어지럽고	西洋鏡白眸開眩
남국 냄비 붉으니 위는 식탐 짓누르네.	南國鍋紅胃鎭饞
동산 달 차갑게 누운 집을 엿보고	園月飛窺寒臥屋
서리 낀 다리에는 새벽 돌아오는 옷깃 소리.	橋霜鳴送曉歸衫
오늘 밤 마신 술에 내 마음 흡족하니	淋漓得意今宵酒
연북[4]에서 술잔을 기울이던 생각나네.	記取深杯硯北銜

---

1 [自註] "鍋如笠子, 燒肉爲煖爐會, 此俗從日本來."

2 범조 : 원문은 조사범鳥寫凡. 봉鳳자의 파자破字로 평범한 새라는 뜻이다. 진晉나라 여안呂安이 혜강嵇康을 찾아갔는데 혜강은 집에 없고 그의 형 혜희嵇喜가 나와 맞았다. 여안은 들어가지 않고 문 위에 새 봉鳳자를 쓰고 돌아왔다. 혜강에 비해 혜희는 보통 새에 지나지 않았다는 의미다.

3 완적과 완함 : 원문은 적잉함籍仍咸. 진晉 죽림 칠현竹林七賢 중 원적阮籍과 원함阮咸을 지칭하는데, 두 사람이 숙질叔姪간 이었기에 이렇게 말한 것이다.

4 연북 : 벼루 북쪽에 앉아 있다는 말로, 시문을 저작하는 것을 뜻한다.

칠석 이튿날 읍청정에서 노닐며

七夕翌日遊挹清亭五古

늦여름과 초가을 연이어 있어	夏尾秋頭接
산뜻하게 개인 날 겨우 며칠.	新晴才數日
홰나무의 매미 한 마리 고운데	一蟬涼槐多
시원스레 일곱 사람[1] 모이었구나.	倏然作者七

1 일곱 사람 : 이 작품은 이덕무의 『청장관전서青莊館全書』 권9에 「칠석익일서여오유연옥운옥혜보윤경지박재선동유삼청동읍청정七夕翌日徐汝五柳連玉運玉惠甫尹景止朴在先同遊三清洞挹清亭」이란 제명으로 실려 있다. '일곱 사람'이란 바로 서여오徐汝五 · 유연옥柳連玉 · 운옥運玉 · 혜보惠甫 · 윤경지尹景止 · 박재선朴在先을 가리킨다.

중양절 마포에서 재선 박제가와 함께 치천 박상홍의 물가 집에서 자며

九日麻浦同朴在先宿朴穉川相洪水舍

비에 무너진 담장은 뉘 집이런가	誰家雨壞垣
어린 단풍 야들야들 곱기도 해라.	穉楓姸膩膩
푸르름 속에 눈이 번쩍 뜨이니	眼醒蔥蒨中
새빨간 밀종이와 같아서이네.	爲似紅蠟紙
물결은 붉은 돌 언덕 뚫어버렸고	波穿赭石岸
푸른 물이 배 꼬리 감추는구나.	蒼蒼隱舟尾
저녁 강에 사람 소리 고요도 하니	夕江闃人聲
지느러미 비늘 제법 크기도 해라.	魚立鬐鱗偉

유종원柳宗元 유풍遺風이 있다.
柳州之遺 _ 李調元

담헌 홍대용의 원정에서

洪湛軒大容園亭[1]

높은 사람 깨끗한 절조 지녀　　高人秉潔操
숲 속 오두막서도 환히 빛나네.　　耿介中林廬
홀로 서양 거문고 연주를 하니　　獨彈歐邏琴
청아한 소리 하늘에 가득하여라.　　清商滿太虛
먼 생각 붙이려 함이 아니라　　匪直寄遐想
깊은 근심 없애기 위해서라네.　　幽憂自不除
그리운 벗 아득해 가지 못하고　　所思遙難卽
헛되이 절강 항주 편지[2] 만지네.　　漫把浙杭書
온온한 성품 지닌 철교 엄성은　　溫溫嚴夫子
평소 마음 우아하고 소탕하다네.　　素心雅而疏
우뚝하게 뛰어난 효렴 육비는　　磊砢陸孝廉
연과 오에 명성을 두루 떨쳤네.　　燕吳遍名譽
뛰어난 글재주의 향조 반정균　　文藻潘香祖
죽순처럼 그 기운 화려하다네.　　燦燦氣筍蔬
하늘 가의 벗 사귐 이루었는데　　天涯結知己

---

1 [自註] "湛軒, 字德保, 飭己讀書, 曉音律象數. 嘗從其叔父入北京, 遇浙江奇士陸篠飮飛, 字起潛, 嚴鐵橋誠, 字力闇, 潘蘭公庭筠, 字香祖, 托爲天涯知己, 歸東以後, 思之不能忘."

2 절강 항주 편지 : 원문은 절항서浙杭書. 홍대용이 중국에 가서 친애지기를 맺은 절강의 항주 사람 엄성嚴誠·반정균潘庭筠·육비陸飛의 편지를 말한다.

생사를 알지 못해 탄식 많다네.	存沒多悲噓
옆에서 한탄함을 내 들었으니	賤子側聽歎
그대의 허전함을 위로하리라.	慰君聊虛徐
동방에 한 선비 고상도 하니	東方一士高
다만 내 그대를 벗 삼으리라.	只可予友予

시인의 마음을 가려 뽑은 듯하다.

選意騷情 _ 李調元

1,2구는 담헌선생의 인물과 심성을 가장 잘 묘사했다. 담헌은 동방의 고사로 헤어진 지 10년이 되었는데, 종신토록 다시 철교 엄성을 보지 못했으며, 무덤의 묵은 풀도 이미 오래되었다. 이 시를 읽으매 얼마 지나지 않아 마음속으로부터 슬픔이 솟아나 스스로 눈물이 흐르는 지도 알지 못했다.

一結尤寫盡湛軒先生人品情事 湛軒東方高士 一別十年 終身不可再見鐵頭 宿草已久 讀此詩 數過悲從中 自不知淚涕之交流也 _ 潘庭筠

김홍도의 그림 부채에 쓰다

題金弘道畵扇

숲 푸르게 우거졌고 바위는 영롱한데	蔥蘢者樹石玲瓏
약란의 붉은 곁에 흰 학 홀로 서있네.	皓鶴孤峙藥欄紅
벚나무[1] 석류는 푸르고도 붉은데	頻婆海榴綠且朱
꽃무늬 돌 상에다 술상을 마련했네.	花斑石牀彝尊俱
청의동자 앙상한 지팡이[2] 손에 들고	癯癯綠杖青童手
힐끗 보며 한가롭게 뒤에 서서 시중드네.	眄睞蕭閒立侍後
도인은 엄숙히 화리[3] 안석 기대었고	道人肅倚花梨几
눈빛은 책 속을 꿰뚫듯 흐르누나.	眼光溜溜素書裏
책 속의 명리에 정신을 온통 쏟아	書中名理神湊泊
손가락 마디로는 불자拂子[4] 굳게 잡았도다.	五指爪勁麈堅握

그려낸 것이 맑으면서도 예스럽다.
寫得靜而古 _ 李調元

---

1 벚나무 : 원문은 빈파頻婆. 벚나무의 별칭이다.

2 지팡이 : 원문은 녹장綠杖. 녹옥지綠玉枝를 가리킨 것으로 지팡이를 말한다.

3 화리 : 종려나무[棕櫚]를 가리킨다.

4 불자 : 원문은 진麈. 원래 먼지를 털거나 파리를 잡기 위해 중이 가졌던 물건인데, 이후 은자들이 청담을 즐기며 손에 쥐던 물건을 말한다.

긴 노래 지어 초정 박제가에게 보내 홍주 보내온 것에 사례하며

長歌贈楚亭謝餽紅酒

두레박[1] 따라서 수고로이 부앙俯仰 않고　　不隨桔槔勤俯仰
거짓 시문 모방하길 부끄러워 한다오.　　贗詩贗文恥依樣
입만 열면 노자와 장자[2]의 말이요　　口口苦縣漆園語
마음마다 안탕과 용추[3]의 생각일세.　　心心鴈宕龍湫想
띳집에서 사흘 새벽 빗소리 듣노니　　茅閣三晨雨聲裏
배안에선 꼬르륵 배가 몹시 고프네.　　腸雷輥輥熾飢火
멍청하여 절반의 일도 알지 못하면서　　迂疏不曉半箇事
바보[4]라 자칭하고 꼿꼿이 앉아 배우네.　　自稱李顚學兀坐
빛바랜 모시도포 말총 탕건 쓰고서는　　壞色苧袍馬尾巾
그윽이 읊조리면 티끌[5]을 떨어 보네.　　幽吟永歗刋塵根

---

1 두레박 : 원문은 길고桔槔. 물을 퍼 올리는 기구인 두레박을 말한다. 여기에서는 세상에 변화에 오르내리지 않을 것이라는 의미다.

2 노자와 장자 : 원문은 고현칠원苦縣漆園. 노자老子와 장자莊子를 가리킨다. 노자는 고현苦縣 사람이고 장자는 일찍이 몽蒙 땅 칠원漆園의 아전이 되었기에 이렇게 지칭한다.

3 안탕 용추 : 안탕은 중국 절강성浙江省에 있는 수려한 산으로, 그 골짜기에 크고 작은 용추가 있는데, 수백 길이나 되는 폭포로서 경관이 매우 아름답다. 여기에서는 이덕무가 중국을 사모한다는 의미다.

4 바보 : 원문은 이전李顚. '이李'는 이덕무 자신을 지칭하고, '전顚'은 미치광이 바보라는 의미다.

5 티끌 : 원문은 진근塵根. 불가의 말로 육진六塵·육근六根을 말한다. 육진은 색色·성聲·향香·미味·촉觸·법法으로 육근을 통하여 의식을 일으키는 육경六境을 말하며, 육은은 안眼·이耳·비鼻·설舌·신身·의意의 여섯 가지 기관을 말한다.

이웃 밥 짓는 소리 담장 넘어 요란하고	隣鼎炊聲越墻殷
항아리 술의 향기 주렴 뚫고 풍겨온다.	里甕篘香透簾歕
군침 질질 무엇으로 요란한 위 달랠까	津津何以鎭吟脾
초정에서 편지 써서 술 한 병 달라했네.	裁書楚亭乞一瓶
붉은 술 빛 마치도 촉정에서 나온 듯[6]	赧如丹砂出蜀井
잔에 가득 따르니 너무도 기쁘구나.	滿注不任心熙怡

골격이 우뚝하다
骨格森然 _ 李調元

6 붉은 술 빛 …… 나온 듯 : 촉정蜀井은 중국 촉蜀나라에 있는 화정火井을 말한다. 여기에 불을 붙이면 우레와 같은 소리가 나며 10리까지 불빛이 비치는데, 그 불과 함께 단사라는 약이 나온다고 한다.

신묘년(1771) 11월 16일 밤 산인 조연귀[1]와 함께 앉아 있는데 우레가 치기에

辛卯仲冬十六日夜雷時趙山人衍龜在座

신묘년 동지[2] 되기 하루 전날인	辛卯南至前一日
달에 어둠 생기는 열엿새[3] 밤 열시 경	月哉生魄夜之乙
파서성[4]의 나그네 조연귀와 둘이서	婆娑城客趙夫子
글 읽으며 즐거이 무릎을 맞대었네.	共坐讀書歡促膝
깨달음이 있어서 마음 서로 맞았는데	方其悟時心俱適
돌연 비가 땅을 치고 우레 하늘 쪼개네.	雨忽地擣雷天劈
푸른빛 번쩍여 음화[5]가 눈빛 빼앗고	閃青陰火奪眸光
외론 등불 빛을 잃어 꺼질 듯 흔들리네.	孤燈色沮搖難赤
번쩍거려 영롱한 창구멍 볼 수 있고	玲瓏牕眼爍堪計
고래등 같은 지붕 쪼개져 열릴 듯.	綷綷屋脊劃欲啓
만 겹 구름 한 덩이 달 감싸서 숨기니	萬膜雲藏一顆月

---

1 조연귀(趙衍龜, 1726~ ?) : 본관은 배천白川, 자는 경구景九이다.

2 동지 : 원문은 남지南至. 태양이 남쪽 극점極點에 이르는 시기, 즉 동지冬至를 말한다.

3 달에 …… 열엿새 : 원문은 월재생백月哉生魄. 음력 열엿새를 가리킨다. '백魄'은 어둡다는 뜻으로 보름이 지나면 달이 점점 기울기 때문에 이른 말이다.

4 파사성 : 경기도 여주에 있다.

5 음화 : 『습유기拾遺記』에 "서해의 부옥산浮玉山에 큰 구멍이 있고 구멍 가운데 물이 있는데, 그 빛이 불과 같아 낮에는 밝지 않으나 밤에는 구멍 밖으로 불빛이 비치니, 이것을 '음화'라 한다."라 하였다. 여기에서는 번개 빛을 말한다.

하늘 빛 검고 누런 세상에서 꿈틀꿈틀.	天光蠕蠕黑黃界
아이 이불에 숨고 아내는 귀 막으며	稚兒竄衾婦掩聰
날 부르며 황급히 내 곁에 달라붙네.	喚我圍繞劇倥傯
이 같이 약한 내가 무엇을 알겠는가	蠛蠓微臣安所知
하늘 노한 천둥으로 내 몸을 돌아볼 뿐.	震慴天怒省其躬
우레 치는 음의 시절 펴지 않음 귀하니	雷當衆陰貴不攄
양 생김 기다리지 않으니 조급하네.[6]	未俟陽生太躁歟
진정하고 오행지를 편찬코자 하지만	驚定欲編五行志
무슨 상서祥瑞인지 몰라 감히 쓰지 못하네.	不知何祥不敢書

이 작품은 산곡山谷 황정견黃庭堅[7]의 시와 매우 유사하다.
此詩酷似山谷 _李調元

6 우레 …… 조급하네 : 음력 11월을 『주역』으로 따지면 지뢰복괘地雷復卦다. 음 5획이 위에 있고 맨 아래 양이 하나 있다. 음은 곤坤이므로 땅에 해당하며 우레는 동動하는 물건이므로 양에 해당하니 우레가 땅 속에 있는 형상이다. 그러므로 우선 땅 속에 잠복해 있다가, 양이 많아지는 4~5월에 천둥이 쳐야 하는데, 지금은 너무 이르다는 의미다.

7 황정견(黃庭堅, 1045~1105) : 자는 노직魯直, 호는 산곡山谷·부옹涪翁이다. 북송北宋의 시인으로, 강서시파江西詩派의 원조로 여겨진다.

혜보 유득공이 전에 「병치」란 시[1]를 지어 나를 위로했다. 지금 낙치가 되었기에, 그 운에 따라 지으며 스스로를 위로한다

柳惠甫得恭前作病齒詩慰我 今落矣 仍步其韻 以自唁

나의 이 깨끗하여 감석[2]에 견줄만해　　我齒淸比二泔淅
뿌리 굳어 번거롭게 돌로 닦을 것[3] 없네.　　根堅不煩厲以石
붉은 잇몸 나란하고 충치도 없으니　　紅矧如簷蠹不館
호랑이 수염 뽑아[4] 수고롭게 긁을쏘냐?　　寧拔虎髭勞剔索
이웃 계집 꾀다가 북에 맞은 욕[5] 없었고　　挑姫元無擲梭辱

---

1 「병치」란 시 : 『영재집泠齋集』 권5의 「형암거사치요장락시이위지炯菴居士齒搖將落詩以慰之」란 작품을 말한다. 유득공의 작품은 다음과 같다. "炯菴婢子米不淅, 大率三匙得一石. 無心嚼之驚捧頰, 口裏周旋舌能索. 出置盤中或如荳, 使婢自媿終不責. 齦齶之間半騷然, 一齒色青被傷劇. 舌驅而出唇驅入, 低耳自聞根聲砉. 軟如荳腐不能嚼, 黏餠塗涎送入膈. 此齒已同旣剪爪, 落地渾沙不復惜. 我看世人齒豁者, 笑時習以扇遮隔. 一語分爲三四音, 舌頭如櫻善投隙. 斷來菁根有連皮, 刮罷瓜肉見突脈. 非梭非斧缺胡爲, 還恐世人求其跡. 相無食肉莫投筆, 齒若編貝始獻策."

2 감석 : 쌀뜨물로 자신의 흰 이를 가리킨다.

3 돌로 닦을 것 : 원문은 여이석厲以石. 돌로 양치질하는 것으로, 진晉나라 손초孫楚와 관련된 고사다. 손초가 은거하려 하면서 벗 왕제王濟에게 '돌을 베고 물로 양치질 하겠다.'는 말을 잘못 '돌로 양치질하고 물을 베겠다.'라 했다. 이에 왕제는 "물을 어떻게 베며 돌로 어떻게 양치질하는가?"라 반문하자, 손초는 "물을 베는 것은 귀를 씻기 위함이고 돌로 양치질하는 것은 이를 닦기 위함이다."라고 둘러대었다고 한다. 여기에서는 자신의 이가 튼튼하다는 표현이다.

4 호랑이 수염을 뽑아 : 원문은 발호자拔虎髭. 신선인 정사원鄭思遠이 항상 호랑이를 타고 다녔는데, 수염 몇 개를 뽑아서 친구인 허은許隱에게 주어 치통齒痛을 치료했다고 한다. 여기에서는 정사원의 고사를 인용하면서 견고했던 자신의 이에 대해 외돌려 부연 설명한 대목이다.

5 이웃 계집 …… 맞은 욕 : 죽림칠현의 한 사람인 사곤謝鯤이 이웃집의 여자를 희롱하다가

임금이 도끼로 치는 책망[6] 있었던가?	抗主那有斧撞責
밥 모래가 해됨을 경계하지 못하여	不戒飯砂陰爲賊
왼쪽 아래 앞니가 심하게 상하였네.	左下門齒災偏劇
홍이포[7]가 성가퀴를 치는 것 같아서	譬似紅夷砲撞堞
둘 다 굳세 서로 치니 울리며 건들거리네.	兩堅相搏轟而舂
도지로도 못 막고 신서로도 못 때우니[8]	無補桃枝借神荼
어이해 소금 파는 교격[9]에게 부탁하리?	何賴鹽滓請膠鬲
넋이 놀라 털구멍서 오싹 땀이 흐르고	魄震毛孔汗爆迸
말문 막혀 애석타고 외칠 겨를 없구나.	噤唶不暇喚嗟惜
빠질 듯 빠지지 않고 흔들리고 흔들리어	欲落不落搖復搖
오래도록 혀 가까이 떠날 줄을 모르네.	久與舌狎無間隔
올 봄에야 내 잇몸서 홀연히 떠나가니	今春奄然辭我齦
이 사이로 말이 흘러 새내오니 부끄럽네.	且恥語音篩其隙
비록 늙고 쇠하여 빠진 이는 아니지만	此豁縱非緣衰老

날아온 북에 맞아 이 2개가 부러졌다고 한다.

6 임금이 …… 치는 책망 : 송宋나라 태조太祖가 후원에서 참새를 잡으려는데 신하들이 "급한 일로 뵙기를 청하는 사람이 있습니다."라 했다. 태조가 빨리 가서 보니 급한 일이 아니었다. 이에 크게 노하여 힐문하니 그 사람은 "새를 잡는 것보다는 급하지 않습니까?"라 하였다. 태조는 더욱 노하여 도끼자루로 그를 쳐서 이 2개가 부러졌다고 한다.

7 홍이포 : 성능이 우수한 대포를 말한다. 홍이紅夷는 안남安南의 서쪽에 있는 나라로 대포를 잘 만들었다.

8 도지신서 : '신서'는 악귀惡鬼를 물리치는 신神으로, 『산해경山海經』에 "창해滄海의 도삭산度朔山에 큰 복숭아나무가 있는데 동북쪽으로 뻗은 가지를 귀문鬼門이라 하여 모든 귀신들이 이곳으로 출입하며, 이 위에 신서神荼·울률鬱壘이라 하는 두 신이 있어 나쁜 귀신을 잡아서 호랑이에게 먹인다."라 하였다.

9 교격 : 문왕文王 때의 현인으로 일찍이 바다에서 소금과 고기를 팔았다.

한번 빠져 다시는 혈맥 온전치 못하네. 一缺那復完血脈
술 마실 땐 넘쳐나는 형세가 늘 두렵고 吸酒嘗恐汎濫勢
떡 먹으면 울뚝불뚝 잇자국 밉구나. 喫餠長惡嵲屼跡
파초 같은 골격으로 본래 약한 치아 骨節芭蕉元來脆
비바람 불때마다 우수수 울어대네. 一任風雨鳴策策

창려昌黎 한유韓愈에 정통하여 짝할 만하다.
昌黎擅長 此足配 _ 李調元

허공을 가로질러 경어硬語를 구사하니, 어려운 글자를
온당하게 놓는 힘은 오奡를 밀어낼 정도의 기세가 있다.[10]
有橫空盤硬 妥帖排奡之勢 _ 潘庭筠

10 허공을 …… 있다 : 한유韓愈의 「천사薦士」 "橫空盤硬語, 妥帖力排奡."란 구절을 그대로 인용한 대목이다.

봄날에 우연히 짓다

春日偶題

일 년의 봄빛은 온갖 나무 꽃피우고	一年春光花萬樹
빈 산의 시냇물은 얼굴 맑게 비춘다.	空山流水淨照面
가지런한 향기론 풀 나비는 분 남기고	芳草如剪蜨遺粉
선비는 마음 맑아 얽매임 바 없다네.	靜士心朗無所罥
아지랑이 언덕에 검은 암소 울어대며	煙坨烏牸牟然吼
본성에 내맡긴 채 발굽을 옮기누나.	自任其眞蹄自遣

청장관은 구절을 엮는 것이 견고하고 노련하며, 시격詩格을 세우는
일이 혼연히 이루어지고, 뜻을 따라 말을 펼쳐 놓되 거짓되거나
요염한 것이 없어 사가 중에 마땅히 노련한 작가라고 추대할 만하다.
서촉사람 우촌 이조원 평.

青莊館造句堅老 立格渾成 隨意排鋪而無僞艶 在四家中 當推老手
西蜀李調元雨村評

형암은 글자를 저울에 단 듯 정확히 하고 뜻을 가다듬으며 평범한
길을 쓸어버리고 별도로 남다른 새로운 경지를 열어,
만송과 만명 사이에 응당 한 자리를 차지할 것이다.
화제주火齊珠와 목난주木難珠와도 같이 눈에 띄는 작품마다
모두 기이한 보배이니, 예사롭게 감상할 종류는 아니다.
전당사람 덕원 반정균 발미.

烔庵鍾字鍊意 力掃凡谿 別開異境 晩宋晩明之間 應踞一石
又如火齊木難 觸目都是奇寶 非尋常近玩之比
錢塘潘庭筠德園跋尾

韓客巾衍集 二

柳得恭

字惠風號泠菴漢城府人貫黃海道文化縣戊辰生年今二十九著有歌商樓集

유득공

자는 혜풍, 호는 영재로 관향은 문화다. 무진년(1748)에 태어났으며, 지금 29세다. 저서로는 『가상루집』이 있다.

중성주인 오사빈의 벽 위에 쓰다
書中城主人吳士賓壁上[1]

그대 집 풀밭 사이 자리하여서	家在蕪城下
이따금 은대의 밭[2] 경작하누나.	時耕殷代田
길손과 사립문서 바라다보니	柴門共客望
저물녘 뽕나무 밭 무성하여라.	桑柘晩芊芊

2구의 다섯 글자는 고상하고 고풍스럽다.
五字高古 _潘庭筠

---

1 [自註] "平壤含毬門外, 有箕子井田宛然."

2 은대의 밭 : 원문은 은대전殷代田. 기자箕子의 유제遺制로 전해지는 정전井田으로, 평양의 함구문含毬門 밖에 있다.

10월 16일 동쪽 교외에서
十月十六日出東郊六言

희고도 붉은 것은 내려앉은 기러기 正白斜紅雁落
길고도 짧은 것은 나르는 오리라네. 前長後短鳧飛
벼 논의 맑은 물 거울처럼 넘치는데 稻田淸漲如鑑
봉우리 지고 구름 흘러 기묘하구나. 峰墮雲流絶奇

숲 까마귀 몇 점은 쓰다 남은 묵 林鴉數點殘墨
시냇가 짝져 나는 새는 부서진 은. 溪鳥羣飛碎銀
고요한 푸른 산의 옛 길에 寂寂靑山古道
살랑살랑 흰 나귀 누구인고. 翩翩白衛何人

단오

端陽雜詩

보릿가을[1] 새 술을 빚기 좋은 시절　　麥秋好釀新酒
초여름[2] 한가로이 옛 책을 읽노라.　　槐夏閒繙古書
한낮 햇살 창에 비춰 뜨거웁고　　日午窓光赫赤
석류꽃은 타는 듯 붉기도 하여라.　　海榴花發焚如

나무 사이 쌍쌍이 나비 뉘 보나　　樹間雙蝶誰見
풀 사이 그윽한 향기 홀로 맡네.　　艸際微香獨聞
낮잠을 깨우는 사람은 없는데　　午睡無人更喚
휘날리는 성긴 비 주렴에 비친다.　　映簾踈雨繽紛

어느덧 세월 흘러 5월 되어　　苒苒時當夏五
그네[3] 뛰는 모습이 보이누나.　　看看節迫秋千
해질녘 누대 앞 여인들 돌아가니　　樓前日暮人散
남기고 간 분 내음 그윽하여라.　　墜粉遺香黯然

---

1 보릿가을 : 원문은 맥추麥秋. 보리가 익는 계절로, 보통 음력 4,5월을 가리킨다.

2 초여름 : 원문은 괴하槐夏. 홰나무가 꽃을 피우는 시기로 보통 음력 4월을 가리킨다.

3 그네 : 원문은 천추秋千. 그네[鞦韆]를 말한다. 한漢 문제武帝 때 궁중에서 하던 놀이로, '천추千秋'라 하였는데, 후에 그네를 '추천秋千'이라 부르게 되었다.

세심재에서

洗心齋

뜨락에 비바람 섞어 치니	庭院雨淋風老
눈에 가득 푸른 풀만 끝없어라.	何限滿目青蕪
남색 물감 만곡을 풀어다가	全似揉藍萬斛
마음대로 이리저리 칠한 듯.	盡情東抹西塗
고운 풀엔 나비 짝져 날아들고	芳艸適來雙蝶
푸른 가지엔 매미들 깃들었구나.	翠柯仍領萬蟬
이것은 완연히 타향의 경물인데	宛是殊鄕景物
난간 기대어도 서글프지 않아라.	憑欄底不凄然
오늘 밤이 그 어느 밤이던가?	不知今夕何夕
술 무르익고 등불은 푸르구나.	端然酒闌燈青
풀숲 길로 가는 사람 멀지 않은지	芳逕人歸未遠
풀 사이 별빛마냥 등불이 반짝인다.	艸間殘炬如星

양화도에서

楊花渡七絶

강가 솟은 봉우리 푸르고 우뚝한데	江上峭峯碧兀兀
강 위에 자는 안개 희고도 자욱해라.	江間宿霧白濛濛
언덕의 버들에는 매미 소리 요란한데	亂蟬一帶垂楊岸
돌아오며 노 젓는 소리, 한 폭의 그림일세.	柔櫓鳴歸罨畫中
중국의 시인인 우전성은	中國詞人尤展成
죽지사로 이 강 이름을 말했었지.[1]	竹枝偏說此江名
밝은 모래 여린 풀이 가 없음 알았을까	明沙細艸知何限
양화의 나루터 서성임이 좋아라.	好是楊花渡口行

1 중국의 …… 말했었지 : 우전성尤展成은 청대 시인인 우통(尤侗, 1618~1704)으로, 그의 자가 '전성'이다. 우통이 지은 『외국죽지사外國竹枝詞』 100수 중, 조선 죽지사가 4수 있다. 그 중 "양화도 나루에는 살구꽃이 붉은데, 팔도의 노래는 동국의 풍속일세. 비경이란 여도사가 몹시도 생각나니, 광한궁에 올라서는 상량문을 지었다지. 楊花渡口杏花紅, 八道歌謠東國風. 最憶飛瓊女道士, 上樑曾到廣寒宮."란 작품에서 양화도를 언급한 바 있다. 3구의 '비경여도사飛瓊女道士'는 허난설헌을 가리킨다.

이유각에서 초가을 밤에

二酉閣初秋夜

이 좋은 밤 구슬피 창가에 기대어
흰 베옷에 오건[1] 쓰고 가을바람 쏘인다.
한 그루 오동나무엔 정교하게 달 새겨졌고
누대 앞 담 모퉁이 영롱하게 빛나누나.

良宵悲惻據窓櫳
白葛烏巾當陣風
一樹梧桐工鏤月
樓前墻角澹玲瓏

1 오건 : 옛날 은거하던 사람들이 즐겨 쓰던 검은 모자를 말한다.

여름밤

夏夜

개구리 소리 잦아들고 약풀 윤기 흐르는데	蛙黽聲沈藥艸肥
달빛 어린 뜰에 때로 옷 다리는 모습 뵈네.	月庭時見熨單衣
하늘 가득 이슬 내려 이처럼 시원한데	一天露氣凉如許
희디 흰 봉선화꽃 젖어서 날리잖네.	白鳳仙花濕不飛

비 온 뒤 동쪽 별장을 지나며

雨後過東莊

비에 젖은 잎새 속에 초가집 두어 채　　三兩茅茨雨葉中
온 산은 싸늘하고 밤나무 숲 텅 비었다.　　寒山一帶栗林空
추풍에 지는 잎이 제절로 가련한데　　秋風也自憐搖落
이끼[1]에는 푸른 빛 얼마나 남아던가.　　留得青青幾宛童

---

1 이끼 : 원문은 완동宛童. 여라女蘿로 소나무 등에 붙어사는 이끼를 말한다.

농가에서 한밤중 술 마시며

田舍夜飮

모닥불 다 타도록 불꽃 붉게 넘실대니	燒殘榾柮氣騰紅
한 밤중 농가는 왁자지껄 시끄럽네.	轟笑ᅟ讙談夜屋中
막걸리 석 잔에 호랑이도 무섭잖고	濁酒三盃衝虎去
숲 바람에 너울너울 삿갓이 춤을 추네.	婆娑笠子一林風

송경잡절

松京雜絶

늘어진 한 자의 댕기머리 어여뻐	愛儂雙綏尺來垂
밭에 있는 하이얀 해오라기 같구나.	洽過田中白鷺鷥
한식날 친정에 온 여인네[1] 삿갓 너무 작아	寒食歸寧簹笠小
들판의 성긴 비도 막지를 못하누나.	蕪城踈雨不禁吹[2]
자하동 골짜기엔 잡초만 무성하여	紫霞洞裏艸霏霏
말 타고 함께 놀던 궁녀는 보이잖네.	不見宮姬並馬歸
이곳은 신왕[3]이 노닐던 곳이라	爲是辛王行樂地
지금도 오히려 쌍쌍이 제비 나네.[4]	至今猶有燕雙飛[5]
수레 방울 딸랑딸랑 온 거리에 가득하고	郎當征鐸滿通衢

---

1 친정에 온 여인네 : 원문은 귀녕歸寧. 부인이 친정에 가서 문안 드리는 것을 말한다.

2 [自註] "松京女子, 皆戴簹笠髮綏特長."

3 신왕 : 고려 우왕禑王인 신우辛禑를 말한다. 고려왕 전顓이 아들이 없어서 총애하는 신하 신돈辛旽의 아들 우禑를 아들로 삼았다.

4 쌍쌍이 제비 나네 : 원문은 연쌍비燕雙飛. 신우辛禑가 총애하던 기생의 이름이다. 우왕은 연쌍비로 하여금 활을 차고 피리를 불고 용을 수놓은 옷을 입게 하고서는 항상 고삐를 나란히 한 채 유람 했다. 후에 명순옹주明順翁主가 되었다.

5 [自註] "燕雙飛, 辛禑寵妓名也. 按辛禑小字牟尼奴, 初封江寧大君洪武甲寅立在位十四年, 年二十五, 父旽靈山玉川寺奴爲僧法名遍照, 又按麗史忠穆王時, 辛裔用事姻親布刻時, 人目之曰, 辛王寵妓燕雙飛, 時常出遊與妓幷轡, 後封爲明順翁主."

객점의 새벽닭은 꼬끼오 울어댄다.	店舍晨鷄喔喔呼
오정문[6] 동편에는 등 그림자 어지럽고	午正門東燈影亂
장사치들 외치노라, “담파고[7] 사시오.”	市兒叫賣淡婆姑[8]
천만 가옥 모두 다 잿더미 되었고	門千戶萬揔成灰
남은 강산 봄만이 다시금 찾아왔네.	剩水殘山春又來
취적교[9] 주변으로 답청놀이 나가고	吹笛橋邊踏靑去
예성강 강가에서 고기 잡고 돌아온다.	禮成江上打魚回[10]
푸른 시내 구불구불 조약돌 울퉁불퉁	淸溪曲曲石嵯嵯
궁중의 그 옛날 빨래터임 알겠구나.	知道宮中舊浣紗
섬섬옥수 그 여인 떠나간 이후에	素手一雙人去後
새 물결 들 때마다 몇 번이나 울었던가.	幾番嗚咽換新波
황량한 스물 여덟 고려적의 왕릉에[11]	荒凉二十八王陵

---

6 오정문: 고려 적 개성의 외성문外城門 중 하나로 정서正西에 자리했다.

7 담파고 : 담배를 말한다.

8 [自註] “俗稱烟茶爲淡婆姑. 按本出於呂宋國名南靈草, 始漳州人自海外携來種於閩中, 故謂之南草. 姚旅露書呂宋國, 有艸名淡巴菰, 一名金絲. 薰烟氣從管中入喉, 能令人醉, 亦辟瘴氣, 搗汁以毒頭風.”

9 취적교 : 개성의 서쪽에 있는 다리로, 신선이 피리를 불던 곳이란 전설 때문에 붙여진 이름이다. 고려시대 인가人家가 빽빽했다.

10 [自註] “吹笛橋, 在開城府西, 古仙人吹笛處. 禮成江, 在開城府西三十里, 宋使船泊此, 謂其聘禮成也. 按吹笛橋猶今漢陽之廣通橋, 而俗傳高麗盛時人家稠密. 每守宰出官隸, 不知其家, 輒吹笛于此, 以通故名云, 禮成江, 源出谷山地云云.”

해마다 비바람 속 칠등[12]만이 어둑해라. 風雨年年暗漆燈
진봉산 가운데 붉디붉은 철쭉은 進鳳山中紅躑躅
봄 오면 그래도 층층이 절로 핀다. 春來猶自發層層

쓸쓸하고 애절하며 아름다워 천추의 절조이다.
어양漁洋 왕사정王士禎의 「진회잡절秦淮雜絶」에 결코 뒤지지 않는다.
여섯 작품 모두 그러하다.

凄迷哀艶 千秋絶調 王漁洋秦淮雜絶 不得擅美于前 六首俱是 _李調元

---

11 스물 여덟 고려적의 왕릉에 : 원문은 이십팔왕릉二十八王陵. 고려 태조 이하 이십팔릉二十八陵으로, 진봉산進鳳山, 봉명산鳳鳴山 등 여러 곳에 있다.

12 칠등 : 무덤 앞에 켜 놓는 등을 말한다. 귀인貴人의 무덤 앞에는 커다란 쇠 동이를 놓고 그 안에 생옻[生漆] 두어 말을 담은 다음, 그 가운데에다 심지를 꽂아 불을 켜 놓는데, 심지 불이 푸르게 빛나며 꺼지지 않는다. 칠등장명漆燈長明이라고도 한다. 여기에서는 이십팔왕릉二十八王陵을 가리킨다.

양천 가는 길에

陽川道中

해오라기 물새는 말 앞에 날아들고
길가 갈대 비 지나자 한층 더 자랐구나.
돛단배 아래에서 길을 뚫고 가는 듯
물길을 사라지고 숲 안고 돌아간다.

鵁鶄鸂鶒馬前飛
一路蒹葭過雨肥
帆態低回穿陸去
河身滅沒抱林歸

서경별곡

西京雜絶

<table>
<tr><td>쪽진 머리 여인들 채련곡 노래하며</td><td>采蓮歌曲綠鬟低</td></tr>
<tr><td>출렁출렁 관선은 큰 둑방을 지나가네.</td><td>蕩漾官船過大堤</td></tr>
<tr><td>절문에 도착하여 나비처럼 흩어지니</td><td>纔到寺門如蝶散</td></tr>
<tr><td>꽃 앞의 버들 너머 한 순간 아찔해라.</td><td>花前柳外一時迷</td></tr>
<tr><td></td><td></td></tr>
<tr><td>을밀대 서편으로 봄 햇살 기우는데</td><td>乙密臺西春日曛</td></tr>
<tr><td>선연동의 풀들은 치맛자락 같구나.</td><td>嬋娟洞裏艸如裙</td></tr>
<tr><td>가련구나, 서쪽에서 노니는 길손이여</td><td>可憐今日西游客</td></tr>
<tr><td>또 다시 소소[1]의 무덤에서 애 태우네.</td><td>又斷情膓蘇小墳[2]</td></tr>
<tr><td></td><td></td></tr>
<tr><td>배가 깃발 펄럭이며 성 아래 모여드니</td><td>船旗獵獵聚城根</td></tr>
<tr><td>마치도 강남의 어느 마을인 듯 해라.</td><td>此似江南何處村</td></tr>
<tr><td>가을 지나 십리 길 연꽃 없어 서글픈데</td><td>秋後恨無荷十里</td></tr>
<tr><td>대동문 이곳이 용금문[3]이로구나.</td><td>大同門是湧金門</td></tr>
</table>

---

1 소소 : 중국 진晉나라 적 전당錢塘의 이름난 기생이다. 여기에서는 선연동에 묻힌 기생들을 가리킨다.

2 [自註] "乙密古仙人也. 臺在永明寺南. 嬋娟洞在臺之西北, 纍纍皆府妓斜, 按嬋娟洞在七星門外, 妓死皆葬于此."

3 용금문 : 중국 서호西湖에 있는데, 서호의 십리에는 연꽃이 난만하다고 한다.

연광정은 대동가 물가에 있는데 練光亭子浿江邊
강물은 서편으로 세월 가듯 흘러간다. 浿水西流似逝年
재자가인 고개 돌려 돌아보는 곳이라 才子佳人回首地
석양에 자리 깔고 가무를 즐긴다오. 忽忽歌舞夕陽筵

청류벽[4]에 석양빛 감돌아 붉어 오니 清流壁紫夕陽旋
전금문[5] 동편의 길손 배에 기대 있네. 轉錦門東客倚舷
짝지어 가는 행인 숲 속에서 노래하니 兩兩行人歌樹裏
실 같은 한 줄 길은 성천으로 뻗어 있네. 如絲一路走成川

백마 타고 조회턴 일[6] 천년 세월 지났으나 朝周白馬已千秋
양복[7]의 나루터는 물가에 여태 있네. 楊僕樓船尙有洲
대동강 물 밤낮으로 넘실넘실 흐르건만 浿水湯湯流日夜
헌우초[8] 풀빛이 수심겹게 하누라. 軒芋艸色使人愁[9]

---

4 청류벽 : 연광정을 돌아 북쪽으로 가면 청류벽清流壁이 있다. 청류벽이 끝난 곳에 부벽루가 있는데 영명사永明寺의 동쪽이다

5 전금문 : 평양성 북성의 남문으로 북성의 북문인 현무문玄武門의 반대쪽, 대동강에 면해 있는 성문이다. 경사가 급한 대지에 자리하고 있으며, 한쪽으로 모란봉을 끼고 대동강을 바라보는 위치에 자리하고 있다.

6 조회턴 일 : 원문은 주조朝周. 기자箕子가 백마를 타고 주周나라에 조회한 일을 말한다.

7 양복 : 한漢 무제武帝 때의 장수다. 한 무제가 위만조선을 침략할 때, 누선장군樓船將軍 양복楊僕이 5만의 군사를 거느리고 산동山東을 떠나 발해渤海를 건너 대동강을 거슬러 올라와 왕검성을 직공直攻했다. 『사기史記』 「조선열전朝鮮列傳」에 보인다.

8 헌우초 : 원문은 헌우軒芋. 『요사遼史』에 헌우초가 패수浿水 가에 자란다고 기록되어 있다.

9 [自註] "遼史軒芋草生浿江上."

성당인의 풍격이 있다.

有盛唐人風格 _李調元

당음에 핍진해서 영탄함을 그칠 수 없다. 반드시 전해질 것이다.
여섯 수 모두 그러하다.

逼眞唐音咏歎不已 必傳 六首俱是 _潘庭筠

소완정 거사가 동쪽 골짜기로 돌아가기에, 늦가을 방문할 것을 약속하며

素玩亭居士歸東峽 約秋晩相訪

동봉 아래 작은 집엔 다북쑥 자라겠지만	東峯丙舍長蒿萊
거친 길 날 위해[1] 응당 열어 두었으리.	荒徑應須二仲開
몸 보살펴[2] 가을 산 나뭇잎 휘날릴 때	珍重秋山飛葉裡
누런 소 타고 오면 나인 줄 아시게나.	瘦黃犢背認吾來

그림으로 그릴만 하다.
可作畵圖 _李調元

1 나를 위해 : 원문은 이중二仲. 한漢나라 적 은사隱士인 양중羊仲과 구중求仲을 말한다. 장후蔣詡가 연주자사兗州刺史를 지냈는데 청렴하고 곧은 것으로 이름이 있었다. 왕망王莽이 섭정攝政하자 벼슬을 그만두고 향리에 돌아와 대밭에 세 갈래 오솔길을 내고 은사 구중·양중과 교유하였다. 『몽구蒙求』「장후삼경蔣詡三逕」에 보인다.

2 몸 보살펴 : 원문은 진중珍重. 서간문의 용어로 자중자애自重自愛하라는 말이다.

웅주회고

熊州懷古[1]

문주왕이 나라 연 지 천년 세월 흘러	文周開國已千年
공자산[2] 푸름 속에 두견이만 우는구나.	公字山青哭杜鵑
젓대를 불면서 고란사로 떠나가니	吹笛皐蘭寺裏去
남부여[3] 숲 해질녘 뱃머리에 걸렸어라.	南扶餘樹暮帆前

1 [自註] "百濟文周王都熊州, 後徙扶餘."

2 공자산 : 원문은 공자公字. 공주 북쪽 2리 지점에 있는 진산鎭山인 공산公山을 말한다. 산 모습이 '공公'자와 비슷해서 붙여진 이름이다.

3 남부여 : 백제 성왕聖王이 538년 지금의 부여로 도읍을 옮기고 국호를 '남부여'라 하였다.

윤회매

輪回梅[1]

매화꽃 어여쁘게 남은 봄빛 뽐내니 蠟花姸淨媚餘春
영석이 예쁘지만 이부인은 아니라오.[2] 英石輕盈恐未眞
한 무제와 임포는 미친 듯 빠져들어 漢武林逋癡絶想
매화를 아내 삼고[3] 이부인 만들었지. 梅夫人比李夫人

오묘한 생각이 미묘한 경지에 들었다.
妙思入微 _李調元

영롱하여 수정인이라 불러야 마땅하고 玲瓏合喚水晶人
지금의 저 몸에 지난 봄 서려 있네. 現在身憑過去春

---

1 [自註] "友人李懋官鎔蠟爲梅花, 其言曰蜂採花爲蜜, 蜜生蠟, 蠟復爲花, 此輪回梅也."

2 영석이 …… 아니라오 : '영석英石'은 전설 속에 나오는 해석海石이다. 한漢 무제武帝가 사랑하는 이부인李夫人을 잃은 뒤에 몹시 그리워하다가 방술사인 이소군李少君에게 이부인의 혼을 불러오게 하자, 이소군이 "멀리서 볼 수는 있지만, 장막 속에 함께 있을 수 없습니다. 흑해의 물 속에 잠영석潛英石이 있는데, 그 색은 푸르고 깃털처럼 가벼우며, 추위가 닥쳐도 온기를 품고 있고 무더위 속에서도 차가우니, 이에 사람의 형상을 새기면 진짜 사람과 똑 같습니다. 이 석상을 세우면 부인이 올 것입니다. 可遙見, 不可同於帷幄. 暗海有潛英之石, 其色青, 輕如毛羽, 寒盛則石溫, 暑盛則石冷, 刻之爲人像, 神悟不異眞人. 使此石像往, 則夫人至矣."라 말했다. 이에 석상을 세우고 기다리자 이부인이 장막 안에 앉아 있다가 천천히 걸어 나갔다. 한 무제가 그녀를 만나고 싶어 했지만, 이소군이 막았고 다시 돌아보는 순간 사라졌다고 한다. 왕가王嘉의 『습유기拾遺記』「전한상前漢上」에 보인다.

3 매화를 아내 삼고 : 원문은 매부인梅夫人. 임포林逋가 서호西湖에 은거하면서 일생을 처자 없이 보내면서 매화를 아내 삼고 학을 자식 삼았다[梅妻鶴子]고 한 데서 유래한 말이다.

진랍[4]과 회회[5]가 어이해 좁을손가 眞蠟回回何陋有
오래 살며 저승 인연 맺기를 바라노라. 多生願結往生因

화병에 새로 꽂은 몇 가지 시든 꽃 膽甁新揷數枝蔫
달 지고 별 비끼니 이것이 후천이네. 月落參橫是後天
옛 벌이 꿀을 따려 윙윙대며 지나가니 舊蜂掠過嚶嚶語
한 순간 꽃잎에서 서늘함 느꼈겠지. 一時低瓣悟泠然

막고야산[6] 봄빛에 선경仙境이 깃들었고 藐姑春色返仙家
얼음 자태 간직한 채 등불[7] 저편 피어있네. 靜護氷姿隔絳紗
운치 향기 사라지고 껍데기만 남았지만 韻歇香消糠粃在
빚어서 다시금 꽃[8] 활짝 피었어라.[9] 敢言陶鑄是重華
긴긴밤 촛불 눈물 언덕을 이루어 燭淚成堆芳夜長
누런 빛 만 가닥 산호처럼 드리웠네. 倒珊瑚凍萬條黃

---

4 진랍 : 본래 부남扶南의 속국屬國으로 고랍古臘이라 하는데, 지금의 캄보디아다.

5 회회 : 아라비아를 말한다.

6 막고야산 : 원문은 막고藐姑. 막고야산藐姑射山으로 『장자莊子』「소요유逍遙遊」에 보인다. 이 산에는 신선이 살고 있는 그 피부는 눈과 얼음처럼 하얗고 몸매는 처녀같이 부드럽다고 한다. 여기에서는 윤회매를 막고야산의 신선에 견주었다.

7 등불 : 원문은 강사絳紗. 붉은 비단으로 만든 등롱燈籠을 말한다.

8 다시금 꽃 : 원문은 중화重華. 순舜이 요堯를 이어 다시금 문명의 꽃을 피웠기에 '중화'라 한다. 여기에서는 이덕무가 다시 매화꽃을 만든 일을 견주어 표현한 것이다.

9 활짝 피었어라 : 원문은 강비도주糠粃陶鑄. 『장자莊子』「소요유逍遙遊」에 "먼지나 때, 쭉정이와 겨로도 요나 순을 만들 수가 있는데, 무엇 때문에 천하를 위해 수고하려 하겠나. 是其塵垢粃糠, 將猶陶鑄堯舜者也, 孰肯以物爲事."에 보인다.

왕가의 자제[10]들은 재간이 없었던가 王家子弟無才思
매화를 만들잖고 봉황만 빚었으니. 不鑄梅花鑄鳳凰

이 작품은 납매의 절창이다.
此首爲蠟梅絶唱 _ 潘庭筠

10 왕가의 자제 : 원문은 왕가자제王家子弟. 남북조 시대의 왕승건王僧虔을 가리킨다. 왕승건이 어려서 촛농으로 봉황을 주조했다고 한다. 『남사南史』 「왕승건전王僧虔傳」에 보인다.

헤어진 뒤

別後

만나고 헤어짐이 눈앞에 지나가
나그네 눈물 흘리니 때마침 가을이라.
오늘 밤 빈 집에는 달빛도 환한데
귀뚜라미 소리만 예전처럼 시끄럽네.

過眼逢場與別筵
行人彈淚又秋天
今宵練練虛堂月
蟋蟀聲高似去年

수표교

水標橋

두 줄기 버들은 예전부터 가이 없어	兩行絲柳舊無邊
해질녘 돌아오는 길목이 어둑하네.	日暮人歸祗黯然
효경교 다리 너머 구슬피 바라보니	愁殺孝經橋外望
어디쯤서 연기와 하나가 되었는가.	不知何際是和煙
하늘 가득 화창한 봄바람 불어와	澹蕩東風來滿天
청령교 다리 가의 버들 빛은 곱구나.	蜻蛉橋外柳嬋娟
가련구나, 버들개지 이 같이 휘날리어	可憐如此悠揚絮
두둥실 반쯤은 부평초[1] 되었으니.	半化浮萍泛泛然
저물녘 뿌연 안개 담담히 사라질 쯤	向昏烟色澹將消
무지개 같은 제오교 희미하게 보이누나.	微辨如虹第五橋
다리 위의 행인들을 비록 알지 못하나	橋上行人雖未識
다시금 고개 돌려 아득히 바라본다.	更堪回首望遙遙
환한 모래 여린 풀 조그마한 물가에	明沙細艸小汀洲
한 굽이 담담하게 푸른 물 고여 있네.	一曲湛湛貯綠油

---

1 반쯤은 부평초 : 원문은 반화부평半化浮萍. 버들개지가 바람에 날려 휘날리다가 못에 내려 앉아 부평초처럼 떠다닌다는 의미다.

턱 괴고 한참 봐도 이해하기 쉽잖으니	半刻支頤難理會
동으로 흐르는 물 서쪽으로 흐르는 듯.[2]	東流水亦似西流

선리禪理를 깨달을 만하다.
可悟禪可悟理 _李調元

2 동으로 …… 흐르는 듯 : 원문은 동류서류東流西流. 당唐나라 승려 일행一行이 천대국청사에 이르러 문 앞에 물이 흐르고 있었다. 일행이 문틈 사이로 경내를 바라보니, 한 스님이 정원에서 포산하면서, 제자들에게 말하길, "오늘 내 산법을 배우러 오는 제자가 있을 터, 이미 문에 도착했을 텐데, 어찌 들어오는 사람이 없는가?"라 하였다. 곧바로 산대 하나를 치우면서 말하길, "문앞에 물이 모여 서편으로 흘러가니 제자가 마땅히 올 것이다." 라 하였다. 일행이 이 말을 받들어 들어가 머리를 조아리고 산법을 청하여 그 술법을 모두 전수 받았다. 이에 문 앞의 예전 동으로 흐르던 물이 홀연 바뀌어 서쪽으로 흐르고 있었다. 嘗至天台國淸寺, 見一院, 古松數十步, 門有流水. 一行立於門屛間, 聞院中僧於庭布算, 其聲蔌蔌. 旣而謂其徒曰, 今日當有弟子求吾算法, 已合到門, 豈無人導達耶. 卽除一算. 又謂曰, 門前水合却西流, 弟子當至. 一行承言而入, 稽首請法, 盡授其術焉. 而門水舊東流, 忽改爲西流矣. 당唐나라 이준李濬의 『송창잡록松窓雜錄』에 보인다.

소완정에서 학이 우물에 빠져 죽다
素玩亭鶴墜井

평원군[1]의 골목길 쑥대만이 무성하니	平原門巷長蓬蒿
아마도 신선[2] 무리 떠나지 않을걸세.	不去惟應羽客曹
우물 가 오동잎에 깜짝 놀라 깨어나서	驚起梧桐金井畔
바람결에 야인 모수毛遂[3] 통곡을 하노라.	臨風痛哭野人毛
구름 노을 집안이라 구고[4]를 떠올리고	家世雲霞憶九皐
태선[5]을 수선[6]의 호방함에 견줘보네.	胎仙強比水仙豪
그대는 물결 위 비단 버선[7] 하나 없이	料君無一淩波襪

---

1 평원군 : 원문은 평원平原. 전국戰國시대 조趙나라의 공자公子로 전국사군戰國四君의 하나인 평원군平原君인데, 여기에서는 소완정素玩亭 이서구李書九를 말한다.

2 신선 : 원문은 우객羽客. 도사道士 담자소譚紫霄가 민閩땅에서 오자, 금문우객金門羽客이라 사호賜號했다. 여기에서는 도사나 신선을 말한다.

3 야인 모수 : 원문은 야인모野人毛. 조趙나라 야인野人 모수毛遂는 평원군平原君의 상객上客인 모수毛遂와 성명이 같지만 우물에 빠져 죽었다.

4 구고 : 『시경』「학명鶴鳴」, "학이 구고에서 우는 소리가 하늘에 들린다. 鶴鳴于九皐, 聲聞于天."란 구절이 있다. 여기에서는 학을 말하는데, 학을 '구고군九皐君'이라고 칭했던 것은 으슥한 못가에 숨어 살지만 그 소리가 하늘 높이 퍼지는 것이 마치 군자의 기풍을 닮았다는 데서 연유한다.

5 태선 : 학의 별칭이다. 『상학경相鶴經』에 의하면, 학은 160년이 지나면 암수가 서로 만나 바라만 보아도 새끼를 잉태한다고 한다. 여기에서 기인하여 학을 '태선'이라 한다.

6 수선 : 굴원屈原을 가리킨다. 굴원이 멱라수에 빠져 죽었는데, 사람들이 이를 사모하여 '수선'이라 불렀다. 왕가王嘉의 『습유기拾遺記』「동정산洞庭山」에 보인다. 여기에서는 물에 빠져 죽은 학을 굴원에 견주었다.

평생도록 발 높이 걸음을 옮겼으리.[8] 已慮平生擧趾高

7 물결 위 비단 버선 : 원문은 능파말凌波襪. 수선화의 자태를 예찬한 말로, 복희씨伏羲氏의 딸 복비宓妃가 낙수洛水에서 익사하여 수신水神이 되었다는 전설에 의거해 조식曹植이 지은 「낙신부洛神賦」 "물결 헤치며 사뿐사뿐 거닐면 비단 버선에 안개 먼지가 일도다. 凌波微步, 羅襪生塵."에 보인다. 여기에서는 학의 고고한 자태를 말한다.

8 발 들어 …… 옮겼으리 : 원문은 거지고擧趾高. 발을 높이 들고 다닌다는 말로, 초楚나라 무왕武王이 아들 굴하屈瑕에게 나羅나라를 치라고 명했는데, 초나라 대부 투백비鬪伯比가 굴하를 전송하고 돌아와서 말하길 "굴하는 반드시 패전할 것이다. 그가 발을 높이 들어 걸음을 걸으니 마음이 견고하지 못하다는 증거이다. 莫敖必敗, 擧趾高, 心不固矣."라 하였다. 『춘추좌전春秋左傳』 환공桓公 13년조에 보인다. 여기에서는 학의 고고한 자태를 두고 한 말이다.

가을 뜨락에서

秋園卽日

아침 오자 울타리에 서리 기운 맺혔는데	朝來籬落有新霜
곱디 고운 접시꽃 땅에 져 누렇구나.	的歷葵花委地黃
이리저리 날고 있는 나비 한 쌍 보이는데	尙見飄零雙蝶在
날개 분 떨구면서 가을 향기 좇누나.	强垂粉翅趁秋香
높은 나무 서리 내려 지붕 위 환하더니	酣霜高樹屋頭明
해 지자 성긴 뜨락 참새소리 요란하다.	日落荒園鳥雀聲
잎 지자 무리 따라 급히 날아 흩어지나	病葉强隨驚翼散
붉으락 지는 해는 도리어 무정한 듯.	翻紅閃紫却無情

물고기 구경
觀魚

못 위서 물고기를 바라다보며	潭上觀魚處
때로 발자국 소리도 조심하누나.	時時不敢跫
새끼들 한 마리씩 몰려들더니	忽來兒一一
쌍쌍이 짝을 지어 어디로 가나.	何去婢雙雙
우연히 부딪쳐 서로 의아한 듯	偶觸如相恠
기뻐하는 듯 하다 금방 놀라는 듯.	方嬉却自雙
호량[1]의 일 조금은 즐길 만 하고	濠梁差可樂
장한[2]은 가을 강 생각 질펀했다오.	張翰謾秋江
너를 보니 지느러미 조그만 한데	見君鱗鬣小
어느 날에 우레를 불러 올거나.[3]	何日挾風雷
가냘픈 몸맵시[4]의 여인 같으며	若女嬌無力

---

1 호량 : 장자莊子가 혜자惠子와 만나 호량濠梁 위에서 뛰노는 물고기의 즐거움에 대해 문답한 일이 있다. 『장자莊子』「추수秋水」에 보인다.

2 장한 : 진晉나라 때 장한은 낙양에서 벼슬살이 하다가 가을바람이 불어오자 고향인 오중吳中의 순채국과 농어회가 간절하게 생각나, 벼슬을 버리고 고향으로 돌아가 버렸다. 『진서晉書』「장한전張翰傳」에 보인다.

3 너를 …… 불러 올거나 : 원문은 어변성룡魚變成龍. 어화룡魚化龍이란 말이 있는데, 이는 물고기가 용으로 변한다는 등용문 관련 고사에서 비롯되었다. 용은 우레를 몰고 다닌다고 한다.

4 가냘픈 몸맵시 : 원문은 교무력嬌無力. 백거이白居易의 「장한가長恨歌」에 "시녀들의 부축

멋지고 수염 많은[5] 남정네 같네.　如人美且偲
교룡이 데리고서 떠나가려나[6]　蛟龍擬率去
방어가 편지를 부쳐 왔는가.[7]　魴鱮寄書來
시든 연꽃 옆에서 꼬리 치다가　潑剌枯荷畔
머리 숙여 다시금 거슬러 가네.　低頭更溯洄

필법이 두보杜甫의 기법처럼 원세遠勢를 얻었다.
落筆得遠勢似老杜起法 _ 潘庭筠

활발하게 노는 걸 가만히 보네　靜觀多活潑
네모난 연못에서, 난간 가에서.　方沼更欄邊
팔딱팔딱 뛰는 놈, 당당한 녀석　策策堂堂者
힘차게 가는 녀석, 우물거리는 놈.　洋洋圉圉然
둥둥 뜬 마음 멀리 갈 줄 알겠고　泛情知縹緲
깊이 잠긴 모습은 어여쁘구나.　沈態徒嬋娟
처지 바뀌면 외려 무엇 같을까　易地還何似

받은 가냘픈 몸맵시 侍兒扶起嬌無力"란 구절이 있는데, 이는 양귀비의 자태를 묘사한 대목이다.

5 멋지고 수염 많은 : 원문은 인미차시人美且偲. 『시경』 「노령盧令」에 "그 사람 아름답고 수염도 많아라. 其人美且偲"란 구절이 보인다.

6 교룡이 …… 떠나가려나 : 『설문說文』 "못에 물고기가 삼천육백 마리 가득 차면 교룡이 와서 우두머리가 되어 인솔하면 물고기가 날아 올라간다. 池魚滿三千六百, 蛟來爲之長, 能率魚飛."에 보인다.

7 방어가 …… 부쳐왔는가 : 중국 「고악부古樂府」에 "마른 고기 물가 지나며 우는데, 후회해도 돌이킬 수 없네. 방어떼에게 편지를 보내서 출입을 삼가라 하였다네. 枯魚過河泣, 何時悔復及, 作書與魴鱮, 相敎愼出入."에 보인다.

하늘에는 훨훨 나는 소리개 있네.　雲天有戾鳶

못 가운데 무엇을 심어 두었나　池中何所種
물고기 연꽃보다 훨씬 많구나.　魚子多於蓮
여위었구나, 몸 구부린 선어[8]　瘁矣鞠躬鱔
튼실하구나, 목 움추린 방어.[9]　强哉縮項鯿
물에 뜨면 그림자 너울거리고　泛時和影挾
번드치면 몸들이 섞이는구나.　翻處混身偏
미끼를 아직 던지지 않았는데　未便投香餌
물가에 까맣게 모여들었네.　磯頭一黯然

그대 사는 푸른 옥의 못에는　君家碧玉沼
연꽃과 마름도 솟아 있구나.　荷芰更亭亭
서남북을 두루 돌며 헤엄을 치니　游匝西南北
몸은 을병정[10] 모두 갖추었구나.　身兼乙丙丁
붕어의 목마름[11]을 해소시킬 뿐　所須沾鮒涸

---

8 몸 구부린 선어 : 원문은 국궁선鞠躬鱔. 명明나라 주예周豫가 일찍이 미꾸라지[鱔]를 삶아 먹는데, 몸을 위로 구부리고 머리와 꼬리가 먼저 끓는 물에 들어가는 놈이 있자, 배를 갈라 보니 그 속에 알이 있었다. 그래서 몸을 구부리며 끓는 물을 피하려하는 것은 자식을 사랑하기 때문이라는 것을 알게 되었다고 한다.

9 목 움추린 방어 : 원문은 축항편縮項鯿. 『양양기구전襄陽耆舊傳』에 "현산峴山 아래 한수漢水에서 편어鯿魚가 생산되어 살찌고 아름다우므로, 사람의 포획을 금하기 위하여 사목槎木으로써 물을 끊어 놓았다. 그래서 '사두축항편槎頭縮項鯿'이라 이른다."란 기록이 보인다.

10 을병정 : 『이아爾雅』에 "물고기 머리뼈를 '정', 내장을 '을', 꼬리를 '병'이라 한다. 魚枕謂之丁, 魚腹謂之乙, 魚尾謂之丙."라 보인다.

어이해 북명北溟의 곤을 따라가리오.　何意擊鯤溟
반찬으로 만든다 말들 하노니　側聽加餐飯
미천한 몸이 감히 고기 아끼랴.　微軀敢惜腥

기묘하다.
奇句 _ 李調元

11 붕어의 목마름 : 원문은 부학鮒涸. 수레바퀴 자국에 붕어 있어서 장자가 붕어에게 "무슨 일이냐?"고 묻자, 붕어는 "동해의 소신小臣인데 약간의 물로 나를 살릴 수 있다."고 하였다. 이에 장자는 "촉강蜀江을 물을 밀어 보내서 너에게 주겠다."고 하자, 붕어는 불끈 성을 내며, "나는 늘 함께 있었던 물을 잃었기 때문에 이곳에 있기에, 한 되나 한 말의 물이면 충분하오. 그런데 당신이 그렇게 말하니 차라리 건어물 가게에서 나를 찾는 게 나을 거요."라 하였다. 『장자莊子』 「외물外物」에 보인다.

중목이 매미를 읊은 시에 화답하다

和仲牧詠蟬

지난 해 듣던 소리 그대로인데	聲聲似往歲
나무마다 노을이 비껴있구나.	樹樹有餘暉
오래 앉아 다 울지 못하고서는	未肯音終坐
오는 손이 두려워 날아가누나.	先愁手到飛
장차 무슨 잎으로 가릴 것인가[1]	自將何葉翳
옛 가지로 돌아감 그리워하는 듯.	如慕舊枝歸
본래 굼벵이로 살아가다가	本是蝤蠐質
가을 오자 내 곁에 네가 있구나.	秋來脅有機

거미줄에 걸릴까 걱정을 하고	蛛絲搶亦困
사마귀[2] 벗어나려 근심한다네.	蜋臂奮堪愁
잠깐 앉았다 선연히 날아가면서	少坐仙然擧

1 잎으로 가릴 것인가 : 원문은 엽예葉翳. "고개지顧愷之의 자는 장강長康인데, 작은 속임수도 바보처럼 잘 믿었다. 환현桓玄이 한번은 버들잎 하나로 그를 속여 말하길, '이것은 매미가 (자신의 모습을) 가리는 잎이니, 이것으로 자신을 가리면 남들이 자기를 보지 못하게 되오.' 라고 했다. 고개지가 그 잎을 들어 자신을 가리자 환현은 얼른 숨어버렸다. 고개지는 정말로 보이지 않는다고 믿고 그것을 매우 귀중하게 여겼다. 顧愷之字長康, 癡信小術. 桓玄嘗以一葉柳紿之曰, 此蟬翳葉也. 以自蔽, 人不見己. 愷之引葉自蔽, 玄就溺焉. 愷之信不見, 以珍重之." 『사문유취藝文類聚』 「양류楊柳」에 보인다.

2 사마귀 : 원문은 낭蜋. 『역통괘험易通卦驗』에 "사마귀는 매미를 잡아먹는다. 螳螂捕蟬"란 기록이 보인다.

울음소리 유장한 듯 사라지누나.	餘音引以收
나무 가지에 오른 뜻 쓸쓸도 하고	攀枝意寂寞
숲 뚫고 가는 자취 바람 소린 듯.	穿樹跡颼飀
지하 물 마시는 것[3]보다 나은지	更勝黃泉飮
오직 흰 이슬만을 구하는구려.	惟知白露求

3 지하물 마시는 것 : 원문은 황천음黃泉飮. 『대대례大戴禮』에 "지렁이는 날카로운 이빨도 없으며, 근력도 좋지 못해 위로는 흙을 먹고 아래로는 지하수를 마신다. 蚓, 無瓜牙之利筋力之强, 上食埃土, 下飮黃泉."란 구절이 보인다. 여기에서는 매미가 애벌레 상태로 있는 것을 말한다.

귀뚜라미

蟋蟀

곤충을 내 즐겨 좋아하노니	昆蟲入愛玩
사물로 인해 기심 못 잊겠는가?	於物未忘機
구멍 두드리고[1] 수염 쳐 울어대다가	控穴搖鬚語
사람 오면 도리어 조용해지네.[2]	羞人轉腦歸
행랑의 그늘에서 신 끄는 소리	廊陰颯曳履
이끼 빛 옷자락에 비추는구나.	苔色映摳衣
여기저기 비슷한 소리 들리니	到處聞相似
멀고도 가까운 듯, 많고도 적은 듯.	遠稠還近稀
또렷한 울음소리 애절도 하여	的的聲逾切
가만히 한 밤중까지 듣고 있다네.	潛聽到夜分
사람들 귀뚤귀뚤 운다 말하나	人雖謂喞喞
마음속의 무언가를 말하려 한 듯.	情必有云云
부르고 화답함은 이미 알거니	已識相求應
원망하지 않음을 어찌 알거나.	安知不怨羣

1 구멍 두드리고 : 원문은 공혈控穴. 구멍을 두드린다는 의미로, 귀뚜라미는 보통 초원이나 정원의 돌 밑에서 서식한다.

2 다시금 조용해지네 : 원문은 전뇌귀轉腦歸. 전뇌귀정轉腦歸正의 준말로, 크게 깨닫고 바름으로 돌아가는 것을 말한다. 여기에서는 우는 것을 멈춘다는 의미다.

처량하게 내 곁에 다가오나니	凄凉近我戶
무슨 일로 듣기가 힘들단 말고.	何事不堪聞

표현이 세밀하여 두보杜甫가 사물을 그린 공교로움을 얻었다.
네 작품 모두 그러하다.
摹寫入細得工部詠物之工 四首俱是 _李調元

가을바람에 다리는 더 부산하고	凄風助腿激
찬 이슬로 마른 목을 적시는구나.	酸露苟喉乾
소나무 시렁 틈에서 목청 돋우고[3]	唱喏松棚隔
약 절구 아래에서 편히 머무네.	依歸藥臼安
게으른 아낙네는 마음 놀라고[4]	驚心偏婦懶
시정詩情은 시인[5]을 괴롭혔구나.	流韻劇郊寒
밤새도록 너의 소리 들었었는데	竟夜音徒爾
아침 오자 너희들 사라졌구나.	朝來屬者殘

수염 다리 모두 가을 전령이라	鬚腿皆秋使

3 목청 돋우고 : 원문은 창야唱喏. 소리 내어 대답하는 것, 혹은 옛 사람이 서로 만나 읍揖을 할 때 입으로 송축頌祝하는 소리다.

4 게으른…… 놀라고 : 게으른 아낙네가 귀뚜라미의 울음소리를 듣고 놀란다는 것인데, 귀뚜라미의 울음소리가 '촉직促織', 즉 베를 짜라는 의미를 담고 있기에 나온 말이다.『시소詩疏』"귀뚜라미 울어대니 게으른 아낙 놀라누나. 促織鳴懶婦驚"에 보인다.

5 시인 : 원문은 교한郊寒. 당唐나라 때 시인인 맹교孟郊가 불우하여 생활이 곤궁했던 것을 말한다. 소식蘇軾이 일찍이 맹교, 가도賈島, 원진元稹, 백거이白居易의 시를 평하여 "맹교는 한빈하고, 가도는 수척하고, 원진은 가볍고, 백거이는 속되다. 郊寒島瘦, 元輕白俗."라고 했던 데서 온 말이다.

우는 소리[6] 끝없이 이어지누나. 軋鴉自不禁
싸움[7]은 본래 의지 응당 아니고 鬪應非素志
농[8] 안에선 참 소리 어찌 내리오. 籠豈有眞音
젖은 돌 틈에 몸을 의지하고선 石隙依來潤
이끼 빛 짙푸른 곳서 뛰어노누나. 苔光躍處深
한 해가 저물어 가니 시인은 詩人歲暮意
뒷짐 쥐고 마당을 거닐어보네. 負手行堂襟

---

6 우는 소리 : 원문은 알아軋鴉. 노젓는 소리인데, 여기에서는 귀뚜라미가 우는 소리를 말한다.

7 싸움 : 원문은 투鬪. 중국 오吳나라는 귀뚜라미가 싸움을 좋아하기에, 이를 이용하여 도박을 한 풍속이 있었다. 요복姚福의 『경기편庚己編』 "吳俗喜鬪蟋蟀, 多以決賭財物."에 보인다.

8 농 : 귀뚜라미를 잡아 담아 둔 금롱金籠을 말한다. 개원開元 연간에 궁중 여인들은 귀뚜라미를 잡아 농 안에 넣어 베개머리에 두고 밤새도록 그 소리를 들었다고 한다. 왕인유王仁裕의 『개원천보유사開元天寶遺事』 "每至秋時, 宮中妃妾輩, 皆以小金籠捉蟋蟀, 閉於籠中, 置之枕函畔, 夜聽其聲, 庶民之家皆效之也."에 보인다.

이시숙이 남쪽으로 돌아가기에 전송하며

送李時叔南歸

해질녘 풀빛은 하늘 닿으니　連天艸色晩
이별하는 마음 가눌 길 없네.　離別欲依依
천리 남쪽으로 길손 돌아가노니　千里南歸客
삼한 땅 이름 없는 한 선비라네.　三韓一布衣
봄 구름에 기러기는 까마득하고　春雲鴻雁杳
호수에 잉어는 살이 쪘구나.　湖水鯉魚肥
하이얀 배꽃은 땅 가득하나　滿地梨花白
그대 떠나고 나면 죄다 날리리.　皆君去後飛

격조가 노련하다.
格老 _李調元

세모에 산중의 나그네

歲暮山中客

해 저물어 산언저리 어두워지나	向夕山根黝
산봉우리엔 노을 아직 비껴있누나.	東峯未斂暉
누대 올라 한 길손 앉아 있는데	樓開一客坐
기운 담장 저편 나무꾼 돌아온다.	牆缺數樵歸
나무에는 까마귀 깨끗도 하고	全樹霜鴉澹
가지엔 앉은 참새 살이 쪘구나.	單枝雪雀肥
마음속에 구슬픈 생각뿐이라	含情端惻愴
고개 돌려 다시금 아쉬워하네.	回首更依依

싸늘한 산속에 하얀 집 한 채	寒山一白屋
숨어 사는 군자의 거처라 하네.	云是隱君居
벼슬과 녹봉 모두 없이 여기며	爵祿都輕夕
의관만은 처음처럼 성대하다네.	衣冠甚偉初
싸늘한 은빛 화로[1] 옆에 두고서	冷燃銀色葉
주림 속에 「초사」[2]를 읽고 있구나.	飢讀楚聲書
그 누가 그리움 전해 올거나	孰寄長相憶

---

1 은빛 화로 : 원문은 은엽銀葉. 은빛 화로를 말한다.

2 초사 : 원문은 초성楚聲. 굴원屈原과 송옥宋玉의 시에 엿보이는 애상조哀傷調의 노래를 말한다.

못 속에는 잉어[3] 짝지어 논다. 池中雙鯉魚

동쪽 봉우리 아직 푸른빛이요 東峰碧未已
싸늘한 날 한가롭게 지내는 마음. 寒日燕居情
안개 낀 집에선 시상詩想 담백도 하고 烟屋淡詩意
비속 누대 글소리에 잠기었구나. 雨樓沈讀聲
샘물은 흙 헤치며 솟아오르고 暗泉吹壤出
작은 돌다리 이끼가 비끼었구나. 微磴冒苔橫
앞길을 서성거림 그만뒀으니 前路徘徊罷
벗 한 사람 만나기 참 어렵구나. 難逢一友生

3,4구는 백번 단련한 구절이다.
百鍊之句 _李調元

산중에 사는 세모의 나그네는 歲暮山中客
외론 맘 계수 가지에 의탁하누나. 孤懷托桂枝
어둑한 빗속에도 산 푸르르고 峯青雨黑際
횃불 밝히니 어옹 머리 하얗네. 漁白樵紅時
밭 사이서 마음껏 술을 마시고 痛飮田間酒
말 위에서 시를 읊조리노라.[4] 微吟馬上詩

---

3 잉어 : 원문은 쌍리어雙鯉魚. 서신書信을 말한다. 진晉나라 육기陸機의 「음마장성굴행飮馬長城窟行」이라는 악부시樂府詩에 "멀리서 온 손님, 잉어 두 마리 전해 주네. 아이 불러 요리하라 부탁했더니, 그 속에서 나온 한 자 비단 글. 客從遠方來, 遺我雙鯉魚. 呼兒烹鯉魚, 中有尺素書."이란 구절이 있다.

거친 들판을 홀로 걸어가노니 獨行荒野外
내가 누구인지 분명하구나. 端的我爲誰

아득히 안개 속에 날 저무는데 望望烟光暮
찬 산에서 젓대를 손에 들었네. 山寒一笛拈
지친 닭은 횃대를 눈 흘겨보고 倦雞斜睨架
저녁 참새 처마 보고 날아드노라. 昏雀仰飛簷
글 읽던 곳에 책 쌓아두고서 讀處黃堆卷
땔감 하러 흰 낫 허리에 찼네. 薪時白帶鎌
나무꾼 속에서도 오히려 却於樵子裏
시상詩想은 눈썹까지 올라오누나. 詩意上眉纖

4 말 위에서 …… 읊조리노라 : 당唐나라의 장문잠張文潛의 「문주한요지왕재원원음文周翰邀至王才元園飮」이란 작품 중에 "세월은 말 위에서 다 보내고, 시서는 상자 속에 쟁여 두었다. 日月馬上過, 詩書篋中藏."란 구절이 있다.

호수의 밤

湖夜

장삿배는 남포로 내려가는데	賈舶下南浦
작은 돛 나비처럼 가벼웁구나.	片帆如蜨輕
큰 강물 끊임없이 흘러가는데	大江流不息
푸른 산은 예부터 비끼어 있네.	青山終古橫
젓대[1]를 부는 이 그 누구 인고	鐵笛何人發
강에 비친 달 아직 둥글지 않네.	江月未能盈
두어 등불 여전히 환히 비추고	數燈猶耿耿
사방이 고요하니 시름만 겹네.	愁絶無喧聲

1 젓대 : 원문은 철적鐵笛. 흔히 은자隱者나 고사高士가 불던 젓대라고 전해온다. 주희朱熹의 「철적정서鐵笛亭序」에 의하면, "무이산중의 은자인 유군은 철적을 잘 불어서, 구름을 뚫고 돌을 찢는 소리가 난다. 武夷山中隱者劉君, 善吹鐵笛, 有穿雲裂石之聲."고 하였다.

금강의 배 위에서 잠자리를 읊다

錦江舟中賦蜻蜓

잠자리 또 한 마리 잠자리가	蜻蜓復蜻蜓
비단결 물가에 날아드누나.	飛來錦水渟
푸른 강물에 파란 눈 비치어들고	滄江映碧眼
맑은 햇살 금빛 깃에 어리었구나.	晴日纈金翎
떼 지어 몰려가는 물고기 같고	態逼羣魚逝
내려앉은 제비와 한가지라네.	情同片燕停
나그네 마음은 머물 곳 없어	客心無住着
너를 좇아 우두커니 서 있노라.	應逐爾亭亭

만월대에서 옛 일을 생각하며
滿月臺懷古[1]

동강난 꽃 벽돌[2]로 옛 궁궐임 알겠는데	破碎花甎認故宮
선인교 저 너머엔 버들만이 자옥하네.	仙人橋外柳曚曨
타향의 세월은 시름 속에 훌쩍 가고	異鄉節候催愁裏
전조前朝[3]의 풍경은 꿈속과 한가지네.	勝國風烟似夢中
좋은 물 높은 산은 그 옛날 그대론데	麗水高山徒歷歷
지는 꽃 우는 새는 한층 더 바쁘구나.	落花啼鳥更悤悤
우리 집안 문정공 유경[4]을 그리노니	緬憶吾家文正相
가죽신 신고서 이 섬돌을 지났으리.	鞾聲礫礫此墀彤

1 [自註] "滿月臺卽高麗古宮, 墟在開城松嶽山下, 取山高水麗之義爲國號. 先祖文正公諱璥, 高麗名臣, 事載高麗史列傳."

2 꽃 벽돌 : 원문은 화전花甎. 꽃무늬를 놓아 만든 벽돌로, 옛날 대궐 안 섬돌에 이 벽돌을 깔았다.

3 전조 : 원문은 승국勝國. 망한 나라로, 여기에서는 고려를 가리킨다.

4 문정공 유경 : 원문은 문정상文正相. 고려 고종高宗때의 명신인 유경柳璥을 말한다. 『고려사열전高麗史列傳』에 보인다.

웅주의 객사에서 세모에

熊州館歲暮吟[1]

길손 마음 쓸쓸한데 덩달아 한 해 가니 客意蕭條與歲窮
황급히 고향으로 보낼 편지 쓴다오. 鄉書一紙寫怱怱
세금[2]에 문 앞의 기러기처럼 괴로웁고 宿逋惱殺門前雁
행랑[3]에서 밥을 먹는 길손 신세 비통하네. 旅食悲哉廡下鴻
세길 넘는 눈 사이로 북곽인[4] 돌아가고 北郭人歸三丈雪
서호의 매화에는 봄바람이 불어온다. 西湖梅信一番風
가련구나, 이 밤에 반딧불 가물대듯 可憐此夜如螢燭
천리 먼 곳 그리움에 두 등불 붉으니. 千里相思兩點紅

왕찬의 「등루부」[5]는 참으로 걸작이니 仲宣詞賦豈粗才
세모에 누대 올라 돌아갈 맘 재촉하네. 歲暮登樓歸思催

---

1 [自註] "熊州館, 公州客舍名, 卽古號也."

2 세금 : 원문은 숙포宿逋. 오래 밀린 세금을 말한다.

3 행랑 : 원문은 무하홍廡下鴻. 행랑 아래의 양홍梁鴻이란 의미이다. 양홍은 한漢나라 적 사람으로, 집이 몹시 가난하였는데도 학문을 좋아하여 벼슬하기를 구하지 않은 채 그의 부인인 맹광孟光과 함께 패릉산覇陵山 속으로 들어가 살았다. 남의 삯방아를 찧으며 어렵게 살았는데, 언제나 집으로 돌아오면 아내가 식사를 준비했다가 상을 눈썹 높이로 받들고 들어왔다. 『후한서後漢書』 「양홍열전梁鴻列傳」에 보인다.

4 북곽인 : 성의 북쪽이나 북쪽 교외에 사는 은자를 말한다.

5 왕찬의 등루부 : 원문은 중선사부仲宣詞賦. '중선'은 한漢나라 왕찬王粲의 자字로, 난을 피해 형주荊州에 있으면서 누각에 올라 고향을 그리워하며 자신의 신세를 한탄한 내용을 담은 「등루부登樓賦」를 지었다.

옷 자욱한 티끌 먼저 훤초[6]를 원망하고　　衣上多塵萱艸怨
시 구절에 맺힌 눈물 죽지[7]도 애달퍼라.　　詩中有淚竹枝哀
마음은 편지 따라 아득히 떠나가니　　心懸一札亭亭去
꿈속에선 천산 넘어 서둘러 돌아가네.　　夢拂千山忽忽廻
타향에서 술자리 베풀어 위로하나　　却慰他鄕排酒席
도소주[8]도 오히려 젊은이 잔이로세.　　屠蘇猶是少年盃

붉은 매화 섣달 되자 반 남짓 시들하고　　紅梅迎臘半凋殘
차령고개 남녘엔 추위 차츰 물러가네.　　車嶺以南不甚寒
백마강 물소리에 백제를 떠올리고　　白馬江聲通百濟
옛 웅주 길 삼한 땅을 껴안고 있구나.　　古熊州路拱三韓
당나라가 웅진 도독부[9]를 설치했고　　舊開幕府唐都督
이제는 선정관善政官[10] 송판관을 맞이했네.　　新迓絃歌宋判官

---

6 훤초 : 이 풀을 먹으면 모든 근심을 잊는다고 하여 일명 망우초忘憂艸라 한다.

7 죽지 : 당唐 유우석劉禹錫이 새로 지은 죽지사竹枝辭인데, 상대방의 시가 강개하고 처절하다는 의미다.

8 도소주 : 원문은 도소屠蘇. 설날 아침에 마시는 도소주屠蘇酒를 말한다. 이 술을 마실 때는 노인과 젊은이가 모두 의관을 정제하고 젊은이가 노인께 절을 올린 다음 함께 앉아 서로 축하하면서 가장 젊은 사람이 먼저 마시고 노인이 뒤에 마신다. 도소란 한 해 동안 재앙이 없기를 기원하는 의미다.

9 웅진도독부 : 원문은 당도독唐都督. 백제를 멸망시킨 당은 백제 옛 땅을 다스리기 위해 백제 지역을 나누어 웅진熊津·마한馬韓·동명東明·금련金蓮·덕안德安 등 5개의 도독부都督府를 설치하고, 그 밑에 주현州縣을 예속시킨 후, 당은 백제 귀족들 가운데서 도독 자사 현령을 임명하여 다스리게 하였다. 웅진도독부도 그 중 하나다.

10 선정관 : 원문은 현가絃歌. 유능한 선정관善政官을 말한다. 공자의 제자 자유子游가 무성武城의 읍재邑宰가 되어 예악禮樂을 가르쳤기 때문에 고을 사람들이 모두 현악絃樂에 맞추어 노래를 불렀다는 고사에서 비롯된 것으로, 『논어』「양화陽貨」에 보인다.

좋구나, 공은 태평무사하여　　可笑蓋公無一事
날마다 푸줏간에서 돼지 간[11] 보내오니.　　廚傳日日費猪肝

그 누가 강을 향해 피리를 부는가　　何人吹笛向江關
남쪽에 온 선비는 돌아가지 못했는데.　　南國布衣殊未還
판잣집의 저녁연기 눈 위로 피어나고　　板屋人烟連雪外
붉은 정자 난간은 구름에 가리었다.　　紅亭雉堞半雲間
슬픔이 가득하여 할 말을 잃었고　　悲含口裏斯何闕
고향으로 돌아갈 생각만 되뇌이네.[12]　　念結刀頭只是環
공북루[13] 올라서 둘러보니 흐뭇해라　　拱北樓中回首好
푸르른 산들이 고향 산과 비슷해서.　　青靑有似故鄕山

칠언율시의 풍격이 두보杜甫와 매우 핍진하다.
七律氣格直逼老杜 _李調元

강촌에서 세월만 보내니 서글픈데　　坐歎江鄕歲月闌
북풍이 눈 몰아와 해는 어둑하다.　　北風吹雪日漫漫

---

11 돼지 간 : 원문은 저간猪肝. 고을 수령으로부터 음식물을 대접받는 것을 비유한 말이다. 후한後漢 때의 절사節士 민공閔貢이 안읍현安邑縣에 있을 때에 늙고 병이 든 데가 집이 가난하여 고기를 사먹을 수 없으므로, 날마다 푸줏간에 가서 돼지 간[猪肝] 한 점씩만을 사먹었는데, 푸줏간 주인이 잘 팔려고 하지 않았다. 안읍의 현령이 이 사실을 듣고는 하리下吏를 시켜 항상 돼지 간을 그에게 공급하게 했던 고사에서 온 말이다. 『후한서後漢書』 「주섭황헌등전서周燮黃憲等傳序」에 보인다.

12 고향으로 …… 되뇌이네 : 칼 머리[刀頭]에 고리[環]가 달렸는데, 환環은 환還과 음이 같으므로 귀환歸還한다는 은어隱語로 쓴다.

13 공북루 : 공주 공산성의 북문이다.

부유한[14] 사람들 자주 좇아 어울리고	多從肥馬輕裘客
재주 있는[15] 벗들과 홍겹게 노닌다네.	聊與髥參短簿歡
촛불 밝혀 노닐면서 한 해를 보내며[16]	秉燭逍遙逢小除
술잔 들고 구슬피 장안을 그리노라.	停盃悄悵憶長安
이 몸은 볕 좇는 기러기[17] 신세라	此身已約隨陽雁
봄바람 불어오면 곧바로 돌아가리.	卽見春風次第還

---

14 부유한 : 원문은 비마경구肥馬輕裘. 살진 말을 타고 가벼운 옷을 입은 사람이란 뜻으로, 생활이 호화스럽고 부유한 자를 말한다. 『논어』「옹야雍也」 "적이 제나라에 갈 적에 살진 말을 타고 가벼운 옷을 입었다. 赤之適齊也, 乘肥馬, 衣輕裘."에 보인다.

15 재주 있는 : 원문은 염참단부髥參短簿. 진晉나라의 왕순王珣과 치조郗超와 관련된 고사이다. 『세설신어世說新語』「총례寵禮」 "왕순과 치조는 모두 훌륭한 재능을 갖고 있었기에 발탁되었는데, 왕순은 주부主簿가 되었고 치초는 기실참군記室參軍이 되었다. 치초는 수염이 많았고 왕순은 모습이 왜소했다. 그래서 당시 사람들은 '털보 참군, 땅딸보 주부. 공公 기쁘게 할 수도 있고 공을 화나게 할 수도 있다네.'라고 했다. 王珣郗超竝有奇才, 爲大司馬所眷拔. 珣爲主簿, 超爲記室參軍. 超爲人多須, 珣狀短小. 于時荊州爲之語曰, 髥參軍, 短主簿. 能令公喜, 能令公怒."에 보인다.

16 한 해를 보내며 : 원문은 소제小除. 소제석小除夕으로 섣달그믐 하루 전날을 말한다.

17 볕 좇는 기러기 : 원문은 수양안隨陽雁. 따뜻한 곳을 찾아다니는 기러기의 습성을 말한다. 두보杜甫의 「동제공등자은사탑同諸公登慈恩寺塔」 "양지를 좇는 기러기 그대 보았나, 각기 도량을 구하는 꾀 있다네. 君看隨陽雁, 各有稻粱謀."에 그 용례가 보인다.

부용산에서 옛 얘기 하다가 회포를 적다

芙蓉山中話舊述懷

동소문 동편에서 다시 동쪽 향하니	東小門東更向東
신흥사 옛 절[1]은 그 터에 그대로네.	新興蕭寺舊棲同
헤어진 지 며칠 만에 그대 오하[2] 아니고	別來幾日非吳下
화답하는 이 없으니 이 또한 영중[3]일세.	和者無人又郢中
서럽게 울며 살아가는 새[4]와도 같고	還似寒號得過鳥
기생하는 게[5]와도 같아서 애달프다.	偏憐瑣蛣寄居蟲

---

1 절 : 원문은 소사蕭寺. 절을 지칭한다. 양梁 무제武帝가 제일 절을 많이 지었는데, 양 무제의 성이 소씨蕭氏이므로 절을 '소사'라 한다.

2 오하 : 오吳나라인데, 꽉 막혀 융통성이 없는 무식자라는 뜻이다. 오나라 여몽呂蒙이 처음에 무식하였으므로, 손권孫權이 그에게 "국사를 하려면 학문을 해야 한다."고 충고했는데, 그 후로 그는 열심히 공부를 하여 학식이 높아졌다. 그리하여 뒤에 노숙魯肅이 그의 등을 쓰다듬으면서 "지금은 학식이 해박하여 그 옛날 오하의 여몽이 아니구나."라고 하자, 여몽이 "선비란 서로 헤어진 지 사흘만 되어도 학식이 몰라보게 달라진다. 士別三日, 刮目相對."고 했다. 『삼국지三國志』「여몽전呂蒙傳」에 보인다.

3 영중 : 초楚나라의 수도이다. 『문선文選』「송옥대초왕문宋玉對楚王問」에 "영중郢中에서 노래하는 나그네가 맨 처음 하리곡下里曲·파인곡巴人曲을 노래했을 때는 국중國中에서 그것을 이어 화답하는 자가 수천인이요, 양아곡陽阿曲·해로곡薤露曲을 노래했을 때는 국중國中에서 그것을 이어 화답하는 자가 수백 인이요, 양춘곡陽春曲·백설곡白雪曲을 노래했을 때는 국중國中에서 그것을 이어 화답하는 자가 수십 인에 불과했으니, 이것은 곧 곡조가 고상할수록 화답하는 자가 더욱 적기 때문이다."라 하였다.

4 서럽게 …… 새 : 원문은 한호寒號. 전설 속의 새로, 오령산五靈山에 사는데 형상은 작은 닭과 같으나 네 발에 육시肉翅가 있다. 여름에는 깃털이 오색五色이며 그 울음소리가 마치 '봉황은 나만 못해. 鳳凰不如我'라고 하는 듯하나 동지冬至에는 털이 빠지고 앙상하여 겨울의 추위를 참고 괴로워하며 '그럭저럭 되어 가는 대로 산다. 得過且過'고 우는 듯하다. 명明 도종의陶宗儀의 『철경록輟耕錄』「한호충寒號蟲」에 보인다.

찬 산의 피리 소리 이 밤에 서러운데　　寒山蘲管悲今夜
집 주위 내린 서리에 붉은 잎 들썩인다.　　繞屋霜鳴橴橴紅

붓끝의 변화무상함이 구름과 용 같다.
筆頭變幻如雲如龍 _ 李調元

대를 이룬 것이 생동한 맛이 있다.
屬對生動 _ 潘庭筠

된서리에 시든 계수나무 함께 부여잡고　　玄霜桂老共攀株
구슬피 등고하니 어찌 대부라 할까.[6]　　怊悵登高何大夫
그물에서 물고기는 팔딱팔딱 헤엄치고　　策策魚來淸檻響
해질녘 사립 아래에서 꼬끼오 닭 운다.　　朱朱鷄下晩扉呼
등불 아래 『주역』 읽는 사람 옥과 같고　　燈靑讀易人如玉
푸른 연잎 가을 되자 이슬 구슬 맺혀있네.　　荷綠經秋露有珠
옛 노님 딴 세상일이라 말 하노니　　閒說舊游如隔世
부용봉의 작은 달도 한 순간이어라.　　芙蓉峰小月須臾

책상을 흰 눈과 반딧불이 비쳐주니　　書床照雪嗣秋螢
지는 잎 소리 듣고 정자에 기대인다.　　落木聲殘見倚亭
원지가 오늘 날엔 소초가 아니고[7]　　遠志如今非小艸

5 기생하는 게 : 원문은 쇄길瑣蛣. 게[蟹]와 비슷한데, 조개의 뱃속에 붙어산다.

6 등고하니 …… 할까 : 원문은 등고대부登高大夫. 대부가 갖추어야할 9가지 재능 중 하나로, 높은 곳에 올라 시를 짓는 재능을 말한다.

7 원지소초 : 모두 풀 이름이다. 동진東晉 때에 사안謝安이 동산東山에 은거하다가 대사마大司

소미성[8]은 예로부터 차가운 별이었지.　　少微終古是寒星
용과 범의 오르내림 말한 것은 『참동계』[9]며　　龍升虎降參同註
충어의 주소를 낸 것은 『이아』[10]일세.　　蟲疏魚箋爾雅經
뒷날에 함께 숨은 곳을 누가 전해줄까　　後日誰傳偕隱處
양주[11] 땅 동북의 온 산이 푸르구나.　　見州東北萬峰青

고사[12]가 부는 듯한 젓대 소리 들고서　　忽聞吹笛似南州
누대에 기대이니 옛 누대 기댐 아닐세.　　今倚樓非昔倚樓
누런 잎이 나그네 마음을 흔드노니　　黃葉偏能紛客緖
훤초[13]가 시름을 잊게 한다 말 마시게.　　碧萱休說療人愁

馬 환온桓溫의 부름을 받고 처음으로 나갔을 적에 마침 어떤 이가 환온에게 원지를 보내왔다. 환온이 사안에게 "이 약초의 일명은 소초小草이니, 어찌하여 한 약초를 두 가지로 부르는가?" 하고 물으니, 사안이 즉시 대답하지 못했다. 이때 곁에 있던 학륭郝隆이 곧바로 대답하기를 "이것은 매우 알기 쉽습니다. 산에 그대로 있을 때는 원지遠志이고 산을 나가면 소초小草가 되는 것입니다." 하자, 사안이 매우 부끄러워했다는 고사에서 온 말이다. 은자가 다시 세상에 나가 벼슬하는 것을 비유하는 말이다. 『세설신어世說新語』「배조排調」에 보인다.

8 소미성 : 원문은 소미少微. 처사處士를 상징하는 별자리다.

9 참동계 : 원문은 참동參同. 위백양魏伯陽이 지은 『참동계參同契』로 그 내용은 『주역』을 토대로 수화水火·용호龍虎·연홍鉛汞 등 도가道家의 수련 방법을 기록한 책이다.

10 이아 : 가장 오래 된 자서字書로, 천문天文·지리地理·음악音樂·기재器材·초목草木·금수鳥獸·충어虫魚 등에 관한 고금의 문자文字를 설명한 책이다.

11 양주 : 원문은 견주見州. 지금의 경기도 양주楊州의 옛 명칭이다.

12 고사 : 원문은 남주南州. 후한後漢의 서치徐穉로 벼슬에 응하지 않아 남주南州의 고사高士로 칭송되었다. 곽림종郭林宗의 모친이 죽자, 서치가 조문하러 갔다가 집 앞에 생추生芻 한 다발을 놔 두고 떠났다. 사람들이 괴이하게 여기자, 곽종림은 "이는 남주의 고사인 서치이다. 此必南州高士徐孺子也."라 했던 일이 있다. 『후한서後漢書』「서치전徐穉傳」에 보인다.

13 훤초 : 원문은 벽훤碧萱. 훤초萱草로, 이 풀을 먹으면 모든 근심을 잊는다고 하여 일명

꿈속의 연꽃 계수 서호[14]의 길이요　　夢中荷桂西湖路
달빛 아래 갈대꽃 이슬 내린 가을일세.　　月下蒹葭白露秋
등불 아래 한 평생 애환哀歡을 떠올리니　　小劫悲歡殘燭夜
십년 세월 동학으로 더불어 노닐었지.　　十年同學話同遊

직하[15]에서 일찍이 학문[16]을 배웠는데　　早學雕龍稷下林
서리 맞은 연잎 주름 옛 선비[17] 같구나.　　霜荷皺似舊青衿
갓 쓰고 신 끌면서 상송을 노래하고[18]　　整冠納履猶商頌

망우초忘憂艸라 한다.

14 서호 : 중국의 서호의 십리에는 연꽃이 난만하다고 한다.

15 직하 : 전국시대戰國時代 제齊나라 도성의 직문稷門에 있던 땅 이름이다. 제齊 선왕宣王이 학사와 유세하는 선비를 좋아하여 직문에 학관學館을 지어놓고 추연騶衍·순우곤淳于髡·전변田騈·접자接子·신도愼到·환연環淵 등 76인을 초빙하여 집을 주고 상대부上大夫로 삼아 직무는 없이 토론만 하게 했다. 이후 직문 아래[稷下]는 선비들이 모여 공부하는 곳을 의미하게 되었다. 『사기史記』「맹자순경열전孟子荀卿列傳」에 보인다.

16 학문 : 원문은 조룡雕龍. 뛰어난 학문을 의미한다. 전국 시대 추석騶奭이 글을 잘 수식하며 지었으므로 '용 무늬를 새기는 듯한 추석[雕龍奭]'이라는 별명을 얻었다. 『사기史記』「맹자순경열전孟子荀卿列傳」에 보인다.

17 선비 : 원문은 청금青衿. 유생儒生을 일컫는 말로, 『시경』「자금子衿」"푸른 옷깃의 그대여. 青青子衿"에 보인다.

18 갓 쓰고 …… 노래하고 : 증자曾子가 어려운 형편 속에서도 자신의 뜻을 굽히지 않았다는 고사와 관련 있다. 『장자莊子』「양왕讓王」에 "증자가 위衛나라에 살 때 솜옷은 껍데기가 없고 얼굴은 부어서 종기가 터졌으며, 손발은 트고 갈려졌다. 사흘 동안 불을 때지 못했고 십년 동안 옷을 만들지 못했으며, 갓을 똑바로 쓰려 해도 갓끈이 끊어지고 옷깃을 여미려 하면 팔꿈치가 나오며, 신을 신으면 뒤꿈치가 터져 버렸다. 그러나 발을 끌며 상송商頌을 노래하자 그 소리가 천지에 가득하여 금석에서 나오는 것 같았다. 천자도 신하로 삼지 못했고 제후도 벗으로 사귀지 못했다. 그러므로 뜻을 기르는 자는 형상을 잊어야 하며, 형상을 기르는 자는 이욕을 잊으며, 도를 터득한 자는 마음을 잊는다. 曾子居衛, 縕袍無表, 顔色腫噲, 手足胼胝, 三日不擧火. 十年不製衣. 正冠而纓絶, 捉衿而肘見, 納屨而踵決. 曳縱而歌

삿갓 쓰고 수레 타도 월인 기원 읊조리세.[19]	戴笠乘車更越吟
쓸쓸히 책상에서 『태현경』[20]을 지으리니	寂寂書牀玄尙白
떠도는 길손 굴뚝 이제야 그을리네.[21]	棲棲客堗墨初黔
주인이 물가에 지은 집이 많은 것은	主人亭館多臨水
물고기 나와서 거문고 소리 들으라고.[22]	定使寒魚出聽琴

商頌, 聲滿天地, 若出金石. 天子不得臣, 諸侯不得友. 故養志者忘形, 養形者忘利, 致道者忘心矣."란 구절이 보인다. 여기에서는 비록 빈한한 처지이지만 현실에 굴복하지 않는다는 의미다.

19 삿갓 쓰고 …… 읊조리세 : 부귀로 인해 빈천할 때의 사귐을 잊지 않는다는 의미로, 진晉나라 주처周處의 『풍토기風土記』 "옛날 월나라 사람은 진솔하여 교분을 맺음에 예의를 갖추어 단을 쌓고 닭과 개를 제물로 바치며 다음과 같이 기도했다. '그대가 수레를 타고, 내가 삿갓을 쓴다 해도 뒷날 서로 만나거든 수레에서 내려와 읍을 하고, 내가 걷고 그대가 말을 타고 다니더라도 훗날 서로 만나거든 그대는 말에서 내려오시게.' 古時越人性率樸, 與人結交有禮儀, 封土壇, 祭以雞犬, 祝曰, 卿雖乘車, 我戴笠, 後日相逢下車揖. 我步行, 君乘馬, 後日相逢君當下."에 보인다. 여기에서는 귀하거나 천하거나 길이 서로 사귀자는 의미다.

20 태현경 : 원문은 현상백玄尙白. 시류時流에 영합하지 않고 담백한 생활을 영위하면서 문필 작업에 열정을 쏟겠다는 뜻이다. 한漢나라 양웅揚雄이 『태현경太玄經』을 집필하면서 담백한 생활을 고수하고 있었는데, 권세에 아부하여 출세한 자들이 "아직도 완전히 검어지지 않고 흰 부분이 있어서 출세하지 못한다. 玄尙白"고 조롱하자, 「해조解嘲」를 지어 스스로 해명했다고 한다. 『한서漢書』 「양웅전揚雄傳」에 보인다.

21 굴뚝 그을리네 : 원문은 돌묵堗墨. 춘추春秋시대 묵적墨翟이 도를 행하려고 사방을 바삐 분주하느라 굴뚝이 검어질 겨를이 없었다는 고사이다. 반고班固의 「답빈희答賓戲」에 "공자의 앉은 자리는 다스울 겨를이 없었고, 묵적의 굴뚝은 검어질 겨를이 없었다. 孔席不暖, 墨突不黔."란 구절이 보인다.

22 물고기도 …… 들으라고 : 원문은 어출청금魚出聽琴. 유어출청遊魚出聽이라고도 하는데, 거문고 소리가 하도 묘하여 물고기가 떠올라와 듣는다는 뜻이다. 『순자荀子』 「권학勸學」 "호파가 슬을 타면 물속에 잠겨 있던 물고기도 나와 들었다. 瓠巴鼓瑟而游魚出聽"에 보인다.

혈구나루[1]에 배를 대며

穴口津舟泊[2]

갓 개인 혈구나루 길손 배를 대노니	穴口新晴倚客篷
푸른 숲 사이로 이궁이 보이노라.	葱青玉樹望離宮
돛대는 조강[3]의 비에 반 남짓 젖었고	帆身半濕祖江雨
깃발은 손돌바람[4]에 완전히 기울었네.	幡脚全斜孫石風
바다 가의 누대에서 어부는 피리 불고	漁笛樓臺滄海上
구름 사이 성곽에는 술집 깃발 휘날리네.	酒旗城郭白雲中
노래하며[5] 저물녘 포구로 돌아오니	菱歌極浦歸來晩
저녁 해 물 위에 한 줄로 붉어라.	西日平沈一線紅

공교롭다.

工巧至此 _ 李調元

---

1 혈구나루 : 원문은 혈구진穴口津. 통진에서 강화도로 가는 나루터다.

2 [自註] "孫石, 穴口梢工名也. 死爲惡風, 死日必寒, 俗謂孫石寒."

3 조강 : 한강漢江과 임진강臨津江이 합류하는 곳을 조강이라 한다.

4 손돌바람 : 원문은 손돌풍孫石風. 고려 고종이 조정을 이끌고 개경을 떠나, 사공 손돌[孫石]의 배를 타고 강화도로 가고 있었다. 손돌이가 험한 물길을 가다가 의심을 받고 억울하게 죽었다. 손돌은 죽으면서도 임금의 안정을 위해 바가지를 물에 띄우고 그것을 따라가면 뱃길이 트일 것이라고 아뢴 후 참수되었다. 이후 바가지를 좇아 험한 물길을 무사히 빠져나왔다. 왕은 비로소 잘못을 뉘우치고 손돌을 후히 장사지내주고 그 넋을 위로하기 위해 사당도 세웠다. 이 뱃길목을 지금도 손돌의 목을 벤 곳이라 하여 '손돌목'이라 부르며, 기일인 음력 10월 20일 쯤이면 손돌의 원혼이 바람을 일으킨다고 한다. 이 때에 거센 바람을 '손돌이바람', 이 무렵의 추위를 '손돌이추위'라 전한다.

5 노래하며 : 원문은 능가菱歌. 연밥을 따는 노래를 말한다.

대동강 배 안에서 비를 만났는데, 김우문이 술을 가지고 왔기에
大同江舟中遇雨 金又門携酒至

작은 배 출렁이며 강 언덕서 멀어지니	漾漾輕舟與岸違
빨래하는 여인은 양귀비[1]와 비슷해라.	浣紗女似玉環妃
고향을 쉽사리 떠나온 것 아니지만	故鄕不是眞輕別
이곳에선 돌아감을 잊을 만하구나.	此地還堪澹忘歸
버들개지 절집 길에 날리며 떨어지고	零落柳花飛寺路
몰려오는 비 기운은 옷깃에 비추누나.	飄蕭雨色映人衣
배를 탄 이들은 모두 친한 벗이니	舟中太半皆親友
어이해 산천이 눈에 들어오겠는가.	其奈山川滿目非

1 양귀비 : 원문은 옥환비玉環妃. 양귀비의 어릴 적 이름이 '옥환'이었다.

다대포 이첨사에게 보내다

寄李多大浦僉使

금성의 봄날에 옛 노님 많았는데	舊游多說錦城春
꿈속의 물가에는 흰 마름 어지럽네.	夢落汀洲迷白蘋
배를 타고 바다로 단 한 번 떠나가서	一去樓船滄海上
무계의 물가에서 옥피리 불리라.[1]	應吹玉笛武溪濱
관아에선 한가로움[2] 얻기가 어려웁고	難聞畵戟清香句
오랜 이별 가벼운 옷 허리띠만 헐렁하네.	久別輕裘緩帶人
예전보다 추위는 한 층 더 심한데	煩報酸寒非昔日
동봉의 눈 덮인 집에서 편히 사네.	東峯雪屋穩棲身

1 무계의 …… 불리라 : 원문은 옥적무계玉笛武溪. '무계'는 강 이름으로, 한漢나라 마원馬援이 남쪽 오랑캐를 이곳에서 격파했다. 마원이 남정南征할 때 "가도 가도 끝없는 무계 골짜기, 새도 날지 못하고 짐승도 살지 못하는 곳, 아! 장독瘴毒만이 가득한 무계 골짜기여. 滔滔武溪一何深, 鳥飛不度, 獸不能臨, 嗟哉武溪多毒淫."란 「무계심武溪深」을 짓고서 마원의 문생門生으로 피리를 잘 불었던 원기생爰寄生에게 명하여 피리를 불어 화창하게 하였다. 『고금주古今注』 「음악音樂」에 보인다.

2 관아에선 한가로움 : 원문은 화극청향畵戟淸香. '화극'은 채색한 창을 말하는데, 의장용으로 쓰인다. 위응물韋應物의 「군재우중여제문사연집郡齋雨中與諸文士燕集」에 "호위병에겐 아로새긴 창 삼엄하고, 연침에는 맑은 향기가 어리었네. 兵衛森畫戟, 宴寢凝清香."란 구절이 있는데, 관아官衙의 한가로움을 의미한다.

우장군 이공에게 주다

贈李右將軍

엄성에 해 저물어 북 두 번 울리니	日落嚴城鼓二撾
푸른 깁의 등불이 이리저리 지나가네.	碧紗籠燭恣經過
가벼운 옷 느슨한 띠[1] 풍류 있는 장군의	輕裘緩帶風流將
긴 눈썹을 삼가 보니 참으로 곱구나.	曼睩脩眉宛轉娥
실컷 술잔 기울이며 마음대로 춤을 추고	狂把水晶如意舞
취하면 흰 옥 치며 타호[2] 노래 읊조리네.	醉敲白玉唾壺歌
우리 같은 사람들은 정 때문에 살아가니[3]	鍾情自古如吾輩
어이해 서로를 찾는지 묻지 마소.	莫問無端喚奈何
하사 중에 지금 그대 만한 이 없는데	下士無如今使君

---

1 가벼운 옷 느슨한 띠 : 원문은 경구완대輕裘緩帶. 가벼운 옷차림과 느슨하게 찬 허리띠를 말한다. 진晉나라 양호羊祜가 군중軍中에서 늘 가벼운 옷차림에 허리띠도 느슨하게 한 채[在軍常輕裘緩帶] 갑옷도 입지 않았다고 한다. 『진서晉書』「양호전羊祜傳」에 보인다. 편안하게 지내며 관대한 정사를 베풀었다는 의미다.

2 타호 : 침그릇이다. 진晉나라 때 완돈王敦이 술이 거나할 때마다 조조曹操의 "늙은 준마는 마판에 엎드려 있어도 뜻은 천 리 밖에 있고, 열사는 늘그막에도 장대한 마음은 그치지 않는다. 老驥伏櫪, 志在千里. 烈士暮年, 壯心不已."라는 시구를 하염없이 읊조리면서 철여의鐵如意로 타호를 두드려 절주節奏를 맞추다가 마침내 타호의 주둥이가 다 부서졌다 한다. 『세설신어世說新語』「호상豪爽」에 보인다. 여기에서는 홍취를 만끽했다는 의미다.

3 정 때문에 살아가니 : 원문은 종정鍾情. 정 때문에 산다는 뜻이다. 왕융王戎이 자식을 잃자, 산간山簡이 조문을 가 슬피 우는 연유를 묻자, 왕융은 "성인은 정을 잊을 수 있지만, 우리들은 정 때문에 산다."고 답했다. 『세설신어世說新語』「상서傷逝」에 보인다.

시 지음에 있어서도 우장군 우뚝해라.	敦詩獨有右將軍
가라앉은 꿀 기운 감귤은 삼촌이며	淹沈蜜氣柑三寸
사르는 유향은 고기가 백근이네.	薰灼油香肉百斤
말 위의 호걸을 서생이 맞이하여	馬上麤豪迎白面
술자리의 시문에 기녀까지 끼었구나.[4]	飮中文字近紅裙
대통교[5] 밖으로 돌아가는 길목에	大通橋外歸時路
희미한 달빛이 술 취한 이 비쳐주네.	低月微黃照半醺

4 술자리의 …… 끼었구나 : '음중문자飮中文字'는 술을 마시면서 시詩를 읊고 문文을 논하는 것이고 '홍군紅裙'은 미인이나 기녀를 가리킨다. 한유韓愈가 장안의 부호집 자식들을 조롱하면서, "문자음 할 줄은 알지 못하고서 연분홍 치마폭에서 취하는 게 고작이지. 不解文字飮, 惟能醉紅裙."라 한 것이 『문슬신화捫蝨新話』에 보인다.

5 대통교 : 공주에 있는 다리다.

연암 박지원·형암 이덕무와 함께 마포에서 노닐며

同燕巖烔菴游麻浦[1]

용산의 산 아래 길손 배 비껴 대고	龍山山下客橫舟
구슬피 강 위의 정자를 바라본다.	怊悵相望江上樓
사신[2]은 오지 않고 섬엔 구름 깔리었고	韓使不歸島雲白
고운 공주[3] 떠나가니 고개 꽃도 수심겹네.	蒙姬一去峴花愁
석양빛은 아득히 외론 배에 내리고	夕陽杳杳孤帆下
한강 물은 출렁이며 천리를 흘러간다.	洌水洋洋千里流
가없는 서호에서 옛 땅을 그리노니	無限西湖懷古地
해마다 방초만이 물가에 가득해라.	年年芳艸滿汀洲

당음이다.
唐音 _潘庭筠

---

1 [自註] "麻浦之南, 有小島, 名栗島. 高麗名臣金澍遺墟也. 澍麗末, 使中國, 還至鴨綠江邊, 聞本國鼎革, 仍上書中朝, 願居中國而不返. 龍山有高麗行宮墟. 元朝公主薨于此. 龍山西麓, 有花峴. 洌水, 漢江卽麻浦上流也."

2 사신 : 원문은 한사韓使. 고려의 명신名臣인 김주金澍를 가리킨다. 마포의 남쪽에 밤섬[栗島]이 있는데, 김주의 유허지이다. 김주는 고려 말에 중국으로 사신을 갔다가 돌아오면서 압록강에 이르렀을 때 고려가 이미 혁명하였다는 소리를 듣고 3일을 통곡하다가 인편에 조의朝衣를 집안사람에게 보내어 초혼招魂하여 장례를 지내도록 하였다. 그리고는 마침내 중국으로 들어가 늙어 죽을 때까지 돌아오지 않았다.

3 고운 공주 : 원문은 몽희蒙姬. 원元나라 공주를 가리킨다. 용산龍山에는 고려의 행터行宮터가 있는데, 원나라 공주가 이곳에서 죽었다고 한다. 용산의 서쪽 기슭에 화현花峴이 있다.

일표정에서 옛 일에 느꺼움이 있어

一瓢亭感舊

저물녘 시내 길의 초부樵夫 피리 수심겹고	溪路樵歸晩笛愁
천지에 마른 연잎 구슬피 가을 가네.	枯荷極目黯經秋
붉은 나무 흰 구름에 정사는 산뜻하고	白雲紅樹新精舍
해질녘 푸른 산은 옛적의 양주[1]로세.	落日青山故見州
사안이 기녀[2]들과 놀던 길 이끼 끼었고	苔暗謝公携妓徑
손초가 글 읽던 누대[3]에는 잎 날린다.	葉飛孫楚讀書樓
일표정 저편에는 강물이 넘실대니	一瓢亭外洋洋水
모두 다 윤옹[4] 떠난 이후의 흐름일세.	摠是崙翁去後流

고담하고 웅혼하다. 高渾 _ 李調元

성정이 모두 아름답고 감개함이 뛰어나다. 聲情并美 善於感慨 _ 潘庭筠

---

1 양주 : 원문은 견주見州. 지금의 경기도 양주楊州의 옛 명칭이다.

2 사안이 기녀 : 원문은 사공기謝公妓. 사공謝公은 동진東晉의 명신名臣 사안謝安을 말한다. 그는 벼슬하지 않고 회계會稽의 동산東山에 은거할 적에 항상 기생을 끌고 산에 올라 노닐었다. 『세설신어世說新語』「지감識鑑」 "사안이 동산에서 기녀들과 생활하자, 간문제가 '사안은 반드시 산에서 나올 것이다. 이미 사람들과 즐기고 있으니 또한 사람들과 함께 근심하지 않을 수 없을 것이다.라 하였다. 謝公在東山畜妓, 簡文曰, 安石必出, 旣與人同樂, 亦不得不與人同憂."에 보인다.

3 손초가 …… 누대 : 원문은 손초루孫楚樓. 손초는 진晉나라 사람으로 글재주가 탁월했으나, 자부심이 과하여 명예를 얻지 못하다가 나이 40에 비로소 석포石苞의 군사가 되었다. 『진서晉書』「손초전孫楚傳」에 보인다.

4 윤옹 : 최창대崔昌大의 아버지 최석정崔錫鼎으로 보인다. 최성대의 「일표정기一瓢亭記」(『곤륜집昆侖集』 권6)에 일표정을 자신의 선군先君인 최석정이 지었다고 언급했다.

정릉[1] 서쪽에서의 밤 모임
貞西夜集

시 읊기 고달파서 허리가 야위었는데	只緣吟苦帶圍纖
반 접힌 두건[2]의 옛 친구[3] 모였구나.	半墊烏巾舊雨沾
퇴근하고 붉은 휘장[4] 안에서 글 읽고	公退讀書方絳帳
손님 와서 달 보니 주렴 달빛 어렸네.	客來看月又緗簾
봄 맞은 짧은 버들 실처럼 가늘고	春前短柳無端細
눈 온 뒤 먼 봉우리 한 층 더 뾰족하네.	雪後遙岑極意尖
진창이 미끄러워[5] 나아가지 못하고	泥滑滑時行不得

---

1 정릉 : 한성부漢城府 서부西部 황화방(皇華坊, 현 서울특별시 중구 정동)에 대정릉동大貞陵洞과 소정릉동小貞陵洞이 있다.

2 반 접힌 두건 : 원문은 반점오건半墊烏巾. 반 접힌 두건으로, 점건墊巾, 점각건墊角巾이라 한다. 후한後漢의 곽태郭泰는 자字가 임종林宗으로 학문이 대단하고 제자가 수천 명에 달했는데, 언젠가 비를 만나 그가 쓴 두건 한 쪽 귀가 꺾여 있었다. 그를 본 당시 사람들이 일부러 모두 그렇게 한 쪽 귀를 접어서 쓰면서 그 두건을 일러 '임종건林宗巾'이라고 하였다. 『후한서後漢書』 「곽태전郭泰傳」에 보인다. 이후 고상한 아치를 모방한다는 의미로 쓰였다.

3 옛 친구 : 원문은 구우舊雨. 두보杜甫가 장안의 여관에서 병이 나서, "옛 친구는 찾아오는데, 새로 사귄 친구는 오지 않누나. 舊雨來, 今雨不來."라고 한탄한 데서 유래했다. '구우'는 옛 친구를, '금우'는 새 친구를 뜻한다.

4 붉은 휘장 : 원문은 강장絳帳. 붉은 휘장으로, 학궁學宮이나 강좌講座를 가리킨다. 후한後漢의 마융馬融이 호사스러움을 좋아하여 언제나 높은 당상에 앉아 진홍색 비단으로 된 휘장[絳帳]을 쳐두고 앞에서는 학생들을 가르치고 뒤에는 음악 하는 여자를 배열해 놓았다고 한다. 『후한서後漢書』 「마융전馬融傳」에 보인다.

5 진창이 미끄러워 : 원문은 니활활泥滑滑. 진흙이 너무 미끄러워 걸을 수가 없다는 뜻으로, 뜸부기의 울음소리를 형용한 말이다.

두 새[6]의 울음 속에 객수만 짙어간다. 二禽言裏客愁添

매우 새롭다.

新極 _李調元

6 두 새 : 원문은 이금二禽. 최귀催歸와 환기喚起를 말한다. 한유韓愈의 「증동유贈同游」 시에 "일어나라 깨우니 창은 완전히 밝았고, 돌아가길 재촉해나 해는 지기 전일세. 무심한 꽃 속의 새들은, 다시 서로 정을 다해 우는구나. 喚起窓全曙, 催歸日未西. 無心花裏鳥, 更與盡情啼."라고 한 데서 온 말이다. 황정견黃庭堅은 이 시의 '환기'와 '최귀'를 모두 새 이름으로 보았다. 환기는 '환기조喚起鳥', '춘환春喚'이라는 봄새이고, '최귀'는 두견杜鵑이다.

율촌 이절도사의 원정에서
栗村李節度園亭五古

나귀 타고 언덕길 넘어가노니	驅驢越陂陀
집 앞 울타리가 먼저 보이네.	有屋先見籬
나뭇잎 어지러이 휘날리는데	樹葉吐霏霏
산 버들은 휘영청 늘어졌구나.	山柳亦能垂
모래밭 골짜기 밖까지 흰빛 이었고	沙連洞外白
풀은 강의 눈썹인양 펼쳐져 있네.	艸爲江之眉
지나는 배 홀연 다른 빛깔인데도	度帆忽異色
어떻게 석양 빛 띠고 있는가.	何抱夕陽欹

동봉정사에서 송지포와 함께 글을 읽으며
東峯精舍與芝圃宋子伴讀

분분한 한양을 떠나가서는	謝彼京洛紛
찬 산 모퉁이에서 살아가누나.	得棲寒山隅
구양수[1]의 문장을 즐겨 읽으며	文讀歐陽子
범성대[2]의 시작품을 애호한다네.	詩愛范石湖
진실로 관각의 재주 아니니	亮非館閣才
군자의 선비됨을 우러러본다.	仰暫君子儒
즐거이 재사才士들과 함께 어울려	欣與才彥共
주자朱子와 정자程子만 말을 한다네.	所說皆程朱
드높은 식견으로 껄껄 웃으며	超悟泠然笑
말씀으로 몽매한 이 깨닫게 하네.	擧言開蒙夫
장년의 나이 진실로 아낄 만하니	壯年端可惜
뜰 나무 잎새 소리 애달프구나.	哀葉響庭株

---

1 구양수 : 원문은 구양자歐陽子. 송대의 구양수歐陽脩를 말한다. 당나라의 한유를 모범으로 하는 시문을 지었고 당송팔대가唐宋八大家의 한 사람이다. 「취옹정기醉翁亭記」·「육일거사전六一居士傳」 등은 산수 간에서 유유자적 살아가는 정경을 담은 작품이다.

2 범성대 : 원문은 범석호范石湖. 송대의 시인 범성대范成大로, 그의 자가 석호石湖다. 만년에 「사시전원잡흥四時田園雜興」을 지었는데, 전원생활의 정경과 풍치를 잘 묘사한 작품으로 후대에 널리 암송되었다.

밭둑길 따라서 길손 와서는	客從田間至
공손히 말하길 “보잘 것 없소	跪言不足珍
떡은 농가에서 만든 것이고	餅是農家爲
병아리라 대접 못해 미안하군요.	雞小恨未陳
그대의 글 읽는 소리 듣고서	聞子讀書聲
이것만을 가지고 왔습니다.”	持以慰玆辰
부끄럽다, 덕 쌓지 못하였는데	自慙非宿德
후한 음식 야인에게 보내왔으니.	厚饋來野人
성인의 글 거칠게 읽은 것인데	粗讀聖人書
마을의 새벽 닭[3] 잡을 뻔 했네.	荒村缺司晨
농사일은 예로부터 권장했지만	力田古所奬
배움은 진실로 고달프구나.	游學良苦辛

도연명陶淵明처럼 고담하다.[4]
古淡如淵明 _ 李調元

---

3 새벽 닭 : 원문은 사신司晨. 새벽을 맡아 우는 것으로 수탉을 가리킨다.

4 유득공의 이 작품은 도잠陶潛의 「음주飮酒」(9)와 전개과정 및 내용이 유사하다. 도잠의 작품은 다음과 같다. “淸晨聞叩門, 倒裳往自開. 問子爲誰與, 田父有好懷. 壺漿遠見候, 疑我與時乖. 襤縷茅簷下, 未足爲高栖. 一世皆尙同, 願君汨其泥. 深感父老言, 稟氣寡所諧. 紆轡誠可學, 違己詎非迷. 且共歡此飮, 吾駕不可回.”

초봄에 송기주 형제와 봉황산에 올라서 쑥을 먹고 즐거이 술 마시며

早春同宋記注昆季 登眺鳳凰山 鬻艾酣飮

해 차츰 길어지는 한가한 마을	閒衙日稍永
풍경 소리 동쪽 집은 고요하여라.	鈴索靜東齋
고니 같은 이들[1]과 나란히 했고	鵠峙諸郎竝
벼슬아치[2]도 두 분 함께 하였네.	蟬聯二客偕
복건 쓰고 골목 사이 지나고	幅巾穿委巷
편한 옷으로 거리 걸어가노라.	便服越通街
꽃길은 온통 붉게 물들어있고	芳徑導朱隷
먼 숲은 초록빛을 띠고 있구나.	遙林帶綠娃
세속 벗어난 마음 절벽 앞서고	逸情先絶巘
그윽한 뜻은 푸른 벼랑에 있네.	幽意獨緣崖
힘에 겨워 땀 흘림도 부끄러운데	委頓慙珠汗
약한 몸으로 이리저리 흔들거리네.	輕盈强嫩骸
산들 바람에 장막 흔들거리고	凌風綃幕擧
풀들은 비단 자리 깔아 놓은 듯.	班艸繡筵排
산 기운은 소매에 스미어들고	嵐氣凋紅袖

---

1 고니 같은 이들 : 원문은 곡치鵠峙. 본래는 현사賢士가 벼슬자리에 있음을 뜻하는 말이나, 여기에서는 함께 모인 이들의 인품이 모두 훌륭하다는 말이다.

2 벼슬아치 : 원문은 선연蟬聯. 문사文詞가 뛰어난 문관文官을 말한다.

아침 햇살 머리끝에 비치어든다.　朝暉爛翠釵
늦게서야 실버들에 기대이노니　晩鶯依細柳
푸른 홰나무 사이 누각 희미하구나.　遙閣隱蒼槐
웅진熊津 나루 연기에 잠기어 있고　熊渡孤烟覆
계룡산鷄龍山 봉우리는 눈 덮혔구나.　雞岑薄雪埋
돗자리엔 구름 그늘 시원도하고　雲陰淡半席
기러기 그림자는 빈신에 지네.　鴈影落空鞋
붉은 쌀로 점심밥을 지으며　午飯蒸紅粒
나물 뿌리로 봄 국을 끓이는도다.　春羹糝白荄
예쁜 돌로 들판 부엌 만들어 놓고　露廚支錦石
나무 가지 주워 밝은 불을 지핀다.　清爨拾香柴
우아한 홍취에 달게 술을 마시고　雅致看酣飮
정겨웁게 농담을 속삭이누나.　微詞屬善諧
어느 사이 먼 곳을 바라다보니　於焉寄遠眺
다시금 외로운 회포 생기는구나.　聊復寫孤懷
모략가謀略家인 유인원 유인궤[3] 생각이 나고　威畧思願軌
충성스런 성충 계백[4] 조문하누나.　貞忠弔成階
공자산公字山 주변에는 산이 푸르고　青山公字外
금강에는 강물이 흘러가누나.　流水錦之涯
백제 땅은 황량하게 터만 남았고　百濟荒墟已

---

3 유인원 유인궤 : 원문은 원궤願軌. 백제를 멸망시킨 당唐나라 장수인 유인원劉仁願과 유인궤劉仁軌를 말한다.

4 성충 계백 : 원문은 성계成階. 백제의 충신인 성충成忠과 계백階伯을 말한다.

삼한 땅엔 저녁 햇살 가득하여라.	三韓落照皆
산하가 이렇듯 적막도 한데	山河已寂寞
바람 햇살 부질없이 맑고 곱구나.	風日謾淸佳
천 년이 지난 후에 누가 다시금	誰復千秋後
이곳에서 놀던 우리 얘기할런지.	玆游說我儕

옛 사람도 뒤 사람도 이보다 나을 수 없다.
천지의 막막함을 어르고 홀로 슬퍼하며 눈물 떨군다.
前無古人 後無來者 撫天地之茫茫 獨悵然而泣下 _ 李調元

금벽정에서 저물녘 돌아오며

錦壁亭暮歸[1]

금성은 어찌 그리 높고 높은지　　錦城何兀兀
금강 물은 어이해 넘실거리나.　　錦水何洋洋
그대와 약속한 곳 그 어디멘고　　與子期何所
그대는 아득히 저 멀리 있네.　　伊人在彼央
쌍 피리 비껴 불며 지나가는데　　橫吹雙笛去
가랑비에 반돛이 펼쳐져 있다.　　疎雨半帆張
마점馬店은 그림인양 아득히 멀고　　馬店遙堪畫
아담娥潭의 상강湘江마냥 푸르르구나.　　娥潭綠比湘
머뭇대며 풀 사이 떠나가서는　　逡巡離艸際
서성이며 기러기 곁에 이르렀다네.　　飄蕩到鷗旁
저녁 물결 꽃잎 잠겨 붉은빛이요　　晩浪涵花紫
봄 강엔 달이 솟아 금빛이로세.　　春江湧月黃
얼큰하게 취한 손님 배 가득하고　　滿船眠醉客
예쁜 여인도 자리를 함께 했구나.　　分席坐紅娘
춤추는 소매 휘돌며 얼굴 스치고　　舞袖廻吹面
노랫가락 구절마다 가슴 녹이네.　　歌聲句引腸
날 추워 비취빛 옷을 두르고　　天寒蒙翠被

---

1 [自註] "今稱翰林亭, 爲伸氏所古."

바람 심해 치맛자락 부여잡누나. 風急攬仙裳
강남의 즐거움이라 할 만 하지만 可道江南樂
어이해 고향 생각 일지 않으랴. 那禁憶故鄉

11,12구의 열 글자는 길이 빛날 것이다.
十字不朽 _ 李調元

배율은 매우 치밀하여 한 치의 느슨함도 없다.
此君排律精整無懈毫 _ 潘庭筠

쌍수성[1] 20운을 지어 이덕무와 이서구에서 부치다

雙樹城二十韻 寄懋官玩亭

비단 물결 이름처럼 곱기도 하며	錦水因名麗
공자산은 글자마냥 푸르르구나.	公山作字青
동정東征한 설인귀薛仁貴는 군대 펼쳤고	東征開薛府
남쪽 여행한 신흠申欽 비명碑銘 썼다오.	南勒申狩銘
비바람 섞어 치는 구월 구일에	風雨重陽日
강호에 나그네 홀로 섰구나.	江湖一客星
물가에는 초가집 많기도 하고	滄洲多白屋
가을 숲 사이 붉은 누각 보이네.	秋樹露紅亭
개공蓋公[2] 초빙할 기이한 계책 없지만	迎蓋無奇策
유표劉表[3]에게 기대 소년 탄식 하누나.	依劉歎妙齡
샛방[4]에서 경전을 탐독하면서	橫經於子舍

---

1 쌍수성 : 공주의 공산성公山城을 말한다. 쌍수산雙樹山에 지어졌기 때문에 붙여진 이름이다.

2 개공 : 원문은 개蓋. 한漢나라 때의 인물로 도가를 숭상했다. 한漢나라 혜제惠帝 때 제齊나라 조참曹參이 백성들을 안집安集시키고자 도가의 학설에 밝다는 개공蓋公을 초빙하니, 개공이 "치도治道란 청정淸靜함을 귀하게 여기는 법이며, 그렇게 하면 백성들이 저절로 안정된다." 고 하므로, 그의 말을 따라 나라를 다스린 결과 나라가 안집되어 어진 승상이라는 칭찬이 자자했다고 한다. 『사기史記』「조상국세가曹相國世家」에 보인다.

3 유표 : 원문은 유劉. 후한後漢의 유표劉表에게 기댄다는 의미로, 권세 있는 자에게 의지하는 것을 말한다. 왕찬王粲이 열일곱의 어린 나이에 황문시랑黃門侍郎에 제수되자 서경西京이 소란하여 마침내 나가지 아니하고 형주荊州로 가서 유표에 의탁한 일[乃之荊州依劉表]에서 유래했다. 『삼국지三國志』「왕찬전王粲傳」에 보인다. 여기에서는 유득공이 이덕무에게 기댄다는 말로, 이때 유득공의 나이가 열일곱이었다.

그대[5]들과 함께 한 일 기억나누나. 爲記與丞廳
진번陳蕃[6]의 걸상에 둘러앉았고 暖擁陳蕃榻
만분滿奮의 옛 병풍[7]은 싸늘하였지. 寒棲滿舊屛
못난 내가[8] 무슨 재주 있으랴 解元豈才子
이때의 경전 공부 특별했구나. 時義異窮經
고을 수령 만나는 일[9]은 많지만 郡宰多傾盖
친한 벗은 반나마 떠돌이 신세. 親朋半會萍

---

4 샛방 : 원문은 자사子舍. 자제들이 기거하는 방을 말한다. 한漢나라 만석군萬石君 석분石奮의 장자長者인 석건石健은 효성이 대단했다. 석건이 낭중령郎中令이 되어 닷새마다 휴가를 얻으면 집에 돌아와서 어버이에게 문안을 드렸다. 그리고는 자제子弟들이 기거하는 방[子舍]에 들어가서 시자侍者에게 몰래 물어 어버이의 속옷과 대소변 담는 그릇을 가져다가 직접 깨끗이 씻은 뒤에 다시 시자에게 돌려주며 감히 만석군이 알지 못하도록 하였는데, 이 일을 늘 그렇게 했다고 한다. 『사기史記』「만석장숙열전萬石張叔列傳」에 보인다.

5 그대 : 원문은 승청丞廳. 낮은 벼슬아치를 말한다. 한유韓愈의 「남전현승청벽기藍田縣丞廳壁記」에 "속담에 법도가 허술하면 언필칭 승丞이라고 하면서, 서로 흉보며 중얼거리는 지경에까지 이르렀다. 諺數慢必曰丞, 至以相訾謷."는 말이 나온다. 여기에서는 이덕무와 이서구를 지칭하는 말로 보인다.

6 진번 : 후한後漢 때 태수太守 진번陳蕃이 다른 사람의 면회는 일체 거절하고, 서치徐穉가 올 때에만 상탑床榻을 내려놓고 환담하다가 그가 가면 다시 올려놓았다는 고사에서 유래한 것이다. 『후한서後漢書』「서치전徐穉傳」에 보인다.

7 만분의 옛 병풍 : 원문은 만구병滿舊屛. 만분滿奮의 옛 병풍이란 의미인데, 사는 곳에 초라함을 의미한다. 『세설신어世說新語』「언어言語」"진晉나라 만분滿奮은 바람을 무척 겁내었다. 진晉 무제武帝옆에 앉아 있을 때, 북측창이 유리 병풍으로 되어 있어 실제로는 빈틈이 없었지만 투명하게 보였으므로 만분은 난처한 표정을 짓고 있어, 무제가 보고 웃자, 만분이 아뢰길, '신은 오나라 소가 달을 보고도 헐떡이는 것과 같습니다.'라 하였다. 滿奮畏風, 在晉武帝坐, 北窓作琉璃屛. 實密似疎. 奮有難色, 帝笑之. 奮答曰. 臣猶吳牛. 見月而喘."에 보인다.

8 못난 내가 : 원문은 해원解元. 장원壯元한 것을 의미하는데, 이 해에 유득공이 예조해禮曹解가 되었다. 여기에서는 겸사이다.

9 만나는 일 : 원문은 경개傾盖. 수레를 멈추고 일산日傘을 기울인다는 뜻으로, 길에서 잠깐 만난 것을 말한다.

옛 성에서 고삐 놓고 한가로운데　古城閒縱轡
남포의 뱃놀이는 아득하여라.　南浦杳揚舲
옛 절을 단풍이 붉게 물들였으며　楓烘殘僧寺
기러기 앉은 물가에 갈대 환하네.　蘆明落雁汀
벗 생각에 달빛 내린 정자 오르고　遲朋臨月榭
기녀 데리고 바람 난간 기댄다.　携妓倚風欞
가을 물을 거슬러 올라갔지만　秋水伊人溯
외론 구름 고향에 머무른다오.　孤雲故國停
들판의 학 아래서 퉁소를 부니　簫牽野鶴下
물속의 물고기가 노래 듣누나.[10]　歌許渚魚聽
저물녘 물가에 배를 대노니　帆落芳洲晚
어둔 대숲 길로 나무꾼 돌아오누나.　樵歸竹路暝
호탕하게 시름을 날려버리고　散懷一浩浩
술기운이 올라와 시원하여라.　乘醉更泠泠
진탕 술 마시면서 시름 달래니　愁緒理狼籍
시 생각이 더욱 간절하다오.[11]　詩思入鯽令
옛 벗은 하늘 저 끝에 있노니　故人天末隔
이 노래 그 누가 들어 줄 건가.　曼詠孰令聆

3,4구의 열 글자는 단아하고 중후하다.
十字典重 _潘庭筠

10 물속의 …… 듣누나 : 거문고 소리가 하도 묘하여 물고기가 떠올라와 듣는다는 뜻이다. 『순자荀子』「권학勸學」 "호파가 슬을 타면 물속에 잠겨 있던 물고기도 나와 들었다. 瓠巴鼓瑟而游魚出聽"에 보인다.

11 간절하다오 : 원문은 즉령鯽令. 반절어半切語로 '정精'의 의미다.

마포에서의 고기잡이 노래
麻浦打魚篇

봄 하늘 바람 없이 고요도 한데	春天澹無風
봄 강물은 기름인양 매끈하구나.	春江膩如油
너울너울 나비는 물결 위 날고	帖帖橫波蝶
이리저리 물오리 물결 가르네.	交交劈浪鳧
고기잡이 작은 배 쌍 노 젓어서	漁舠使雙槳
중류로 나는 듯이 나아가누나.	飛舞於中流
그물 치고 거듭 그물 치노니	沈網復沈網
노련한 거미의 지혜 같구나.	意智同老蛛
유유히 저편 언덕 바라다보며	悠悠望彼岸
어느새 옛 물가로 돌아왔구나.	於焉返故洲
배에서 내려 그물 손에 쥐고서	下船網在手
서로 맞서 다시금 일을 하누나.	復事相支吾
떼를 지어 게처럼 옆으로 걷고	隊隊橫行蟹
사람들 노새처럼 좌로 도누나.	人人左旋驢
한 조각의 빈 밝은 그물 속에는	一片空明裏
물고기가 얼마나 잡혀 있을지.	何心繫有無
물빛은 성난 듯 팔딱거리고	波光似拂鬱
그물 가엔 뛰쳐나온 놈도 있구나.	網邊有勇魚
물고기에는 좋은 일[1]이지만은	於魚實得計

사람들은 놀라서 소리 지르네.	爲人且驚呼
살찐 고기 잡을 생각 있지만	心雖蘄得雋
죄 없이 잡혀서 불쌍도 하이.	志亦矜無辜
걱정했지, 빈 그물 걷어 올려서	翻恐持空網
사람들의 비웃음 사게 될까봐.	頗爲人揶揄
물 줄고 물소리 잠잠해지니	水淺瀉聲盡
비늘이 그물에 듬성 비치네.	窮鱗映網疎
사람들은 옷을 걷어 부치고	羣夫脫却袴
물에 들어가 멋대로 움켜잡는데	入水恣探拏
무례한 사람 입으로 깨물어 먹고	驕者嚼殺之
남은 놈 산 채로 모두 잡았네.	餘盡生致諸
작은 고기 팔딱팔딱 뛰어오르니	小魚猶跳躑
모래가 온 몸에 뒤범벅됐네.	沙土被肌膚
큰 고기는 어찌할 수 없었는지	大魚無奈何
가로 누운 채 숨만 들이키누나.	橫臥但唏嘘
복어는 노여움을 견디지 못해	河豚不勝怒
제강帝江[2]처럼 그 배가 커다랗구나.	腹大帝江如
차례차례 쑥대에 매달고 보니	取次懸蓬際
잠깐 사이 즐거움 가득하여라.	暫時充玩娛

---

1 좋은 일 : 원문은 득계得計. 물고기가 물을 잊은 것과 같은 삶을 보내게 된다는 의미로, 『장자莊子』「서무귀徐无鬼」"於魚得計"가 보인다.

2 제강 : 고대 전설 중에 춤과 노래를 즐기는 신조神鳥이다. 이 새는 포대처럼 생겼고 여섯 개의 다리와 네 개의 날개가 달려 있는데, 면목面目도 없이 두리뭉실하게 생겼다고 한다. 『산해경山海經』「서산경西山經」에 보인다.

식탐 있는 이는 회로 먹을 것이니　饞士不棄膾
다시 살아날 가망 없어 보이네.　無望復成軀
지느러미 예전처럼 힘은 있어서　鱗鬣有舊勢
솥 안에서 헤엄을 치고 있구나.　猶向鼎裏遊
강호에서 노는 것과 솥서 끓는 것이　江湖與湯鑊
홀연히 잠깐 사이에 달려 있어라.　忽焉在須臾
고기야, 내가 너를 먹을 테이니　魚兮我食汝
너는 죽어도 나를 원망[3] 말아라.　汝死勿怨尤
복희씨伏犧氏[4]가 그물을 만들었었고　庖犧旣結網
주周나라는 고기 잡는 벼슬 있었지.　周官更置𩺰
공자는 크나큰 성인이지만　仲尼大聖人
가늘게 썬 회[5]를 바랬었다지.　惟細膾是求
맹자 또한 좋아하는 것이었지만　孟氏云所欲
촘촘한 그물[6]만은 경계했다오.　咨嗟但數罟
물고기야 멀리까지 도망갔다면　魚兮若遠引
어이해 나에게 잡히었겠냐.　胡爲我禽乎

---

3 원망 : 원문은 원우怨尤. 『논어』「헌문憲問」에 "하늘을 원망하지 않고 남을 탓하지 않는다. 不怨天, 不尤人."는 말에서 인용한 것이다.

4 복희씨 : 원문은 포희庖犧. 복희씨는 노끈으로 맺어 그물을 만들고서 짐승을 사냥하고 물고기를 어획하게 만들었다고 한다.

5 가늘게 썬 회 : 원문은 세회細膾. 가늘게 썬 회를 말한다. 『논어』「향당鄕黨」"밥은 곱게 찧은 것을 싫어하지 않았고 가늘게 썬 날고기를 싫어하지 않았다. 食不厭精, 膾不厭細."에 보인다.

6 촘촘한 그물 : 촉고數罟. 촘촘한 그물을 말한다. 『맹자』「양혜왕梁惠王」"촘촘한 그물을 못에 넣지 않으면, 물고기를 이루 다 먹을 수 없다. 數罟不入洿池, 魚鼈不可勝食也."에 보인다.

방어처럼 조심하지 못하고서는 鲂鱮自不愼
마른 고기처럼 편지 보내질 마오.[7] 枯魚莫寄書

잠깐 사이에 지은 것이지만 한 순간에 이치를 다 말했으니,
다른 작품과는 견줄 수 없다.

須臾搆出 一番道理 此詩之所以不徒作也 _ 李調元

한유韓愈처럼 재주가 뛰어나며, 말이 이치에 가까워 속인의
입에서 나올 수 있는 것이 아니다.

才大似昌黎 語亦近理 不可使饕餮人藉口 _ 潘庭筠

7 방어처럼…… 보내질 마오 : 출입을 항상 조심해야 한다는 의미다. 중국 「고악부古樂府」에 "마른 고기 물가 지나며 우는데, 후회해도 돌이킬 수 없네. 방어떼에게 편지를 보내서 출입을 삼가라 하였다네. 枯魚過河泣, 何時悔復及. 作書與鲂鱮, 相敎愼出入."란 구절에서 연유했다.

연암 박지원의 <춘강낙범도>에 쓰다

題朴燕巖春江落帆圖

길손 돛대 버들 위로 높이 솟았고	客檣高出柳
갈대 울타리 그물보다 엉성하구나.	荻籬疎於網
어떤 사람이 이처럼 고상하리오	何者是高人
집집마다 육구몽[1] 같은 사람들일세.	家家陸魯望

1 육구몽 : 원문은 육노망陸魯望. 당唐나라 시인 육구몽陸龜蒙으로, 자가 노망魯望이다. 젊어서 고상하고 호방하여 강호에서 노닐기를 좋아해 조정에서 고사高士로 초빙했으나 응하지 않았다. 벼슬을 하지 않고 차를 심고 낚시를 하면서 일생을 마쳤다.

몽답정

夢踏亭

높은 곳의 연 잎은 기우뚱하니	荷葉高時傾
연꽃이 떨어진 곳 바라다보네.	荷花落處仰
연못에 실바람이 불지 않아도	微風不滿塘
연꽃 물방울 도르르 떨어지누나.	荷珠正跳蕩
그윽한 새 연잎 속에 날아와서는	幽鳥入荷裏
매달려 비스듬히 마주 하누나.	倒挂斜相向

육각봉 아래 이습독의 정자에서

六角峯下李習讀園亭

뜰 앞의 모래는 분보다 흰데	庭沙皓於粉
함께 앉으니 봄날은 길기도 해라.	並坐春日永
꽃 그림자 꼼짝도 하지 않는데	花影儼不動
움직이는 건 한 쌍의 나비 그림자.	動是雙蝭影
나비 날아 동쪽 담 넘어가는데	蝭飛過東墻
꽃은 지고 띳집은 고요하여라.	花落茅茨靜

농부의 집

田家

찬 산은 한 줄로 비끼어서는	寒山一以橫
거친 들판과 연이어 맞닿아 있네.	荒原與之接
서리 내린 숲 또렷이 색다른데	歷歷霜林別
저문 집들 희미하게 포개어있다.	依依暮屋疊
외론 연기 밝고 맑게 자리 잡았고	明澹孤烟在
돌아가는 새는 급히 사라지누나.	滅沒歸翼急
서글퍼라, 농가의 사람들이여	惻愴農家子
아득한 들녘에 서서 시간 보내니.	移時遙野立
된서리 내리는 시월 즈음엔	繁霜十月交
농부들 생각할 겨를도 없네.	農夫念靡及
첫새벽에 일어나 새벽밥 먹고	淸晨起蓐食
밤새도록 방아 찧는 소리 듣누나.	終夜聞舂粒
장작은 마련해서 서울에 팔고	伐薪賣京國
산골 부엌에선 누런 잎을 땐다네.	山廚足黃葉
밤길 가는 것도 싫다지 않고	宵征不敢憚
새벽 별 해진 삿갓 비추어준다.	殘星照半笠
벼슬아치가 되지 못하였기에	不得爲君子
진실로 이런 고생 감수하누나.	辛苦良所習

낫 들고 들판에 나가노라면	操鎌在中野
북풍이 칼날처럼 불어 닥치네.	朔風來蕭颯
백로처럼 한 사람 멀리 섰는데	人遠一鷺峙
밭두둑 환해 거울 포개 놓은 듯.	畦明萬鑑疊
사립에는 아무도 찾는 이 없고	柴扉斷人蹤
울타리엔 잠자리만 앉아 있구나.	籬末蜻蜓立

위응물韋應物의 충담한 경지와 유사하지만 신영함은 더 낫다.
沖淡似韋蘇州而新穎過之 _ 李調元

화로에 둘러 앉아

圍爐五十韻

대단하구나, 시골 사는 젊은이　　快哉邊郡夫
활을 끼고 빙 둘러 사슴 잡노니.　　挾弓圍射鹿
곤륜산의 불[1]처럼 훨훨 타올라　　大擧崑岡火
진실로 구천 그루 나무[2] 뽑을 듯.　　眞拔九千木
재 사위어 돌 또한 드러났는데　　灰殘石亦出
큰 거북이 볕 쬐고 있는 듯 하네.　　有如穹龜曝
비단 찢듯 사슴 고기 손질하는데　　裂鹿如裂帛
푸르스름한 핏방울 날리는구나.　　血飛青淥淥
붉디붉어 열기熱氣가 남아 있으니　　赫赤有餘威
시꺼멓게 되도록 함께 있구나.　　與之相冒黷
그을림 푸른 숲에 진동을 하고　　焦殺震翠林
기름 냄새 붉은 산에 가득하여라.　　膏薌藹丹麓
뼈에 붙은 고기를 뜯어 먹다가　　連筋帶骨喫
한 순간에 집어 삼켜 버리네.　　雄呑不瞬目
번장사[3]를 우러러 껄껄 웃노니　　仰笑樊壯士

---

1 곤륜산의 불 : 원문은 곤강화崑岡火. 옥석玉石이 모두 타 버리는 곤륜산崑崙山의 불로서 선인·악인을 가리지 않고 주륙誅戮한다. 『서경』「윤정胤征」 "곤강에 불이 나면 옥이나 돌이 다 타버린다. 火炎崑岡, 玉石俱焚."에 보인다.

2 구천 그루 나무 : 원문은 구천목九千木. 『초사楚辭』「초혼招魂」 "한 사나이가 있어 머리는 아홉 개, 하루에 나무 구천 그루를 뽑아낼 것이로다. 一夫九首, 拔木九千些."에 보인다.

칼을 참은 참으로 못난 짓이네.	杖劍眞碌碌
못난 선비 이 일이 못내 그리워	腐儒慕此事
솥의 제도 도록圖錄을 넘어섰다네.	鼎制超圖錄
머리에 쓴 관은 철주관鐵柱冠[4]이나	冠是御史鐵
삿갓은 본래 병거[5] 쓰임 아니네.	笠非元戎轂
화로 위 테두리[6]는 평범하지만[7]	肉好囫圇面
옆면은 오목하고 볼록하여라.[8]	陰陽凹凸腹
허수아비 만든 사람[9] 누구이던가	作俑者誰歟

3 번장사 : 한漢 고조高祖의 무장 번쾌樊噲를 가리킨다. 항왕項王과 한 고조가 일찍이 홍문연鴻門宴에서 회합會合했을 때, 항왕 측에서 한 고조를 죽이려는 낌새가 있음을 한 고조 측이 알아차리고는 일단 한 고조를 도피시킨 다음, 번쾌가 머리털을 곤두세우고 눈을 부릅뜬 채로 항왕의 앞에 들어서자, 항왕이 번쾌의 모습을 보고 "장사로다, 술을 내려라. 돼지 어깨를 내려라."라고 명하여, 번쾌가 다 마시고 나자, 또 항왕이 말하기를, "장사는 더 마실 수 있겠는가?"하니, 번쾌가 대답하기를, "신은 죽음도 피하지 않은 터인데, 잔술이야 어찌 사양할 것이나 있겠습니까."라고 말했다는 일화가 있다. 『사기史記』「번쾌전樊噲傳」에 보인다.

4 철주관 : 원문은 철관鐵冠. 어사御史가 착용하는 철주鐵柱를 넣어서 만든 관을 말한다.

5 병거 : 원문은 입곡笠轂. 병거兵車 위에 귀인貴人의 시자侍者가 가지고서 한서寒暑를 막는 삿갓이다.

6 테두리 : 원문은 육호肉好. 갓의 테두리와 구멍을 말한다. 『이아爾雅』「석기釋器」에 "고리의 구멍이 가의 테두리보다 갑절이 되는 것을 원이라 하고, 테두리와 구멍이 같은 것을 환이라 한다. 好倍肉謂之瑗, 肉好若一謂之環."라고 보인다. 여기에서는 화로의 윗면을 말하는 것으로 보인다.

7 평범하지만 : 원문은 홀륜囫圇. 물건의 온전한 상태를 말하는데, 대추를 씹지 않고 통째로 삼키면 그 맛이 단지 쓴지 알 수 없듯이, 어떤 학설이나 학문을 받아들임에 있어 그 내용이 어떤 것인지를 분석 파악하지 않고 막연한 상태로 받아들이는 것을 '홀륜탐조囫圇呑棗'라 한다.

8 옆면은 …… 볼록하여라 : 여기에서는 화로의 옆면을 말하는 것으로 보이는데, 오목[凹]한 것은 음陰이고 볼록[凸]은 양陽이다.

어진 정치 어이해 두려워하나.[10]	仁政奈觳觫
전단은 소꼬리에 불을 놓았고[11]	咄哉夜縱單
이목은 소를 잡아 대접했다네.[12]	欣然日椎牧
사슴 고기 있는 일 흔치 않으며	軒鹿不多時
토끼 고기 마땅히 묵혀야 하네.	淹兎宜經宿
기름기는 널리까지 진동을 하고	浹洽油膩氣
산초의 향 내음은 자욱하여라.	黯澹椒葷馥
아침 시장에서 급히 더 구하였고[13]	朝市急求益

9 허수아비 만든 사람 : 원문은 작용자作俑者. 용俑은 장사葬事에 쓰는 나무로 만든 허수아비인데, 이는 좋지 못한 선례先例를 뜻한다. 『맹자』「양혜왕梁惠王」"중니가 말했다. '처음으로 용을 만든 자는 아마 후손이 없을 것이다.' 이는 사람을 본떠 사용했기 때문이다. 仲尼曰, 始作俑者, 其無後乎. 爲其象人而用之也."에 보인다.

10 두려워하나 : 원문은 곡속觳觫. 전국 시대 제齊나라 선왕宣王이 일찍이 당상堂上에 앉아 있다가, 새로 주조한 종鐘에 소의 피를 칠하기 위해 소를 끌고 당하堂下로 지나가는 자를 보고는, 그 소가 마치 죄 없이 죽으러 가는 것처럼 벌벌 떠는 것[觳觫]을 측은한 마음에 차마 보지 못하여 양羊으로 대신하게 했던 데서 온 말이다. 『맹자』「양혜왕梁惠王」에 보인다.

11 전단은 …… 놓았고 : 제齊나라 전단田單이 외로이 즉묵성卽墨城을 지키고 있다가, 천여 마리의 소에 붉은 옷을 입히고 뿔에 칼날을 매단 뒤, 소꼬리에 갈대를 묶어 불을 붙여서 성 밖으로 내몰아 연燕나라 군사를 크게 격파한 고사가 있다. 『사기史記』「전단전田單傳」에 보인다.

12 이목은 …… 대접했다네 : 전국시대 조나라의 명장 이목李牧과 관련된 고사이다. 이목은 흉노를 방비할 적에 저자의 조세를 모두 막부幕府로 들여 사졸들의 비용을 삼았고 날마다 소를 잡아 선비들을 대접했다고 한다. 『사기史記』「이목전李牧傳」에 보인다.

13 더 구하였고 : 원문은 구익求益. 더 요구한다는 의미이다. 엄광嚴光이 은거하며 벼슬하지 않자, 사도司徒인 후군방侯君房이 후자도侯子道를 보내 초빙했으나 거절했다. 후자도가 후군방에게 줄 서신을 요구하자, 손으로 쓸 수 없다고 하면서 입으로 불러주었다. 받아 적고 있던 후자도는 내용이 너무 짧다고 하자, 엄광이 "채소 사러 왔느냐? 더 달라고 하게. 買菜乎, 求益也."라 하였다. 『고사전高士傳』에 보인다.

「곡풍」에서 쌓아뒀다[14] 노래했다네.	谷風歌旨蓄
도라지의 뿌리를 삶아 내놓고	陳根瀹苦莄
무우의 새싹을 싹둑 자르네.	新芽剪蘿菔
버섯을 갈기갈기 찢어 놓고서	割獻大耳蕈
녹두를 뽑아서 준비한다네.	捽來小頭菽
물가에서 미나리 베어다 놓고	刈盡芹泮波
총령[15]의 파 가져와 다듬어 두네.	削到葱嶺禿
계란 때문에 구변 등용 안했고[16]	橫賦奪苟變
고사리는 백이 숙제 구해주웠지.	餓菜求夷叔
떡과 국수와 밥 이 세 가지는	餠麵飯三者
스님네[17]들도 능히 먹누나.	能辨一白足
초저녁까지 의관 정돈을 하니	整頓及初夜
눈 쌓인 집에는 등불 푸르네.	燈靑雪圍屋
주인이 따뜻하게 맞이해 주나	主人無冷意

---

14 쌓아뒀다 : 원문은 지축旨蓄. 맛있는 채소를 쌓아 두었다는 말이다. 『시경』「곡풍谷風」 "내겐 쌓아둔 채소 있으니, 또한 겨울을 지낼 수 있네. 我有旨蓄, 亦以御冬."에 보인다.

15 총령 : 서역에 있는 산 이름인데, 산이 높고 크며 파가 생산됨으로 '총령'이라 한다.

16 계란 …… 안했고 : 자사子思가 위衛나라에 있을 적에 구변苟變이란 사람을 임금에게 천거하면서 그가 장수가 될 만한 재목이라고 하자, 임금이 "나도 그가 장수의 재목이 되는 것은 알지만, 그가 일찍이 아전으로 있을 때 백성에게 세금을 거두는데, 남의 계란 두 개를 먹은 일이 있기 때문에 쓰지 않는다."고 말하였다. 『공총자孔叢子』「거위居衛」에 보인다. 여기에서는 요리를 위해 계란을 준비해 두었다는 의미다.

17 스님네 : 원문은 백족白足. 세속의 더러움에 오염되지 않은 청정한 수도승修道僧을 말한다. 위魏나라의 승려 담시曇始는 발이 얼굴보다도 깨끗했는데 흙탕물을 걸어가도 발이 전혀 더러워지지 않았으므로 '백족화상白足和尙'이라고 불렸다는 일화가 전해 온다. 『낭야대취편琅琊代醉篇』「백족白足」에 보인다.

오신 손님네 염치없어[18] 보이네. 來客似熱屬
진중자는 거위 아니라 생각했었고[19] 仲知非鶂鶂
자사는 번거로움 싫다 안했지.[20] 思不憚僕僕
밥상에 음식 가득 가져왔는데 闌干滿案來
목숙이 아니어서 정말 좋구나.[21] 喜甚非苜蓿
차례차례 자리에 올라서서는 登筵始秩秩
옹기종기 화로 둘레 모여들었네. 圍爐倏簇簇
활활 타오르는 종이[22]는 날듯 燀爆火蛾飛

---

18 염치없어 : 원문은 열속熱屬. 더위를 무릅쓰고 염치없이 남의 집에 손으로 가는 사람을 말한다. 진晉나라 때 정효程曉의 「조열객嘲熱客」 시에 "지금 삿갓 쓴 사람이, 더위를 무릅쓰고 남의 집을 찾아가니, 주인이 손님 왔다는 말을 듣고는, 이맛살 찡그리며 이 일을 어쩔꼬 하네. 只今褦襶子, 觸熱到人家. 主人聞客來, 嚬蹙奈此何.라고 한 데서 온 말이다.

19 진중자는 …… 생각했었고 : 전국시대 제齊나라의 청렴한 선비인 진중자陳仲子는 형 대戴가 합盍에서 받는 봉록이 의롭지 않다 하여 함께 살지 않고, 어머니를 떠나 오릉於陵에 살았다. 뒷날 집에 돌아가니 형에게 거위를 선물하는 이가 있었는데, 이를 보고 얼굴을 찡그리며 "이 '꽥꽥거리는 놈[鶂鶂者]'을 어디에 쓰겠는가."라 하였다. 얼마 뒤 어머니가 이것을 잡아주어 먹고 있었는데 형이 들어오며 "이건 꽥꽥거리던 거위 고기다."라고 하자 뛰어나가 모두 토해 버렸다. 『맹자』 「등문공滕文公」에 보인다. 여기에서는 진중자가 거위 고기인 줄 모르고 먹었다는 의미다.

20 자사는 …… 안했지 : 노魯나라 무공繆公이 자사子思를 존경하여 사람을 시켜서 자주 문안하게 하고 삶은 고기를 자주 보냈는데, 나중에는 자사가 불안해하면서 삶은 고기가 자기를 번거롭게 자주 절하게 하니[使己僕僕爾亟拜也], 군자를 봉양하는 예가 아니라고 생각하였다. 『맹자』 「만장萬章」에 보인다. 여기에서는 자사도 삶을 고기를 받고 번거롭게 여기지 않고 절을 했다는 것만을 차용했다.

21 밥상에 …… 좋구나 : '목숙苜蓿'은 한漢 무제武帝 때 장건張騫이 서역西域에서 가져 왔다는 말먹이 풀이름으로, 변변찮은 채소 반찬을 가리킨다. 당唐나라 때 설령지薛令之가 일찍이 동궁시독東宮侍讀으로 있을 적에 식생활이 하도 빈약하므로, 시를 지어 스스로 슬퍼하기를, "아침 해가 둥그렇게 돋아 올라서, 선생의 식탁을 비추어 보이누나. 쟁반에는 무엇이 담겼는고 하니, 난간에 자란 목숙 나물이로세. 朝日上團圓, 照見先生盤. 盤中何所有, 苜蓿長欄干."라고 한 데서 온 말이다.

번쩍이는 숯가루[23]는 엎드려 있네.	爗燦炭獸伏
젓가락 한 쌍을 빌려 들고서	箸捻借一雙
대 여섯 사람은 관도 벗었네.	冠礙免五六
모두들 탐욕스레 바라다보며	衆視耽耽然
먹고 싶은 욕심만 가득하여라.	羣意勿勿欲
자르는 사람 먹는 이[24] 나무라며	割龘誚執戟
진평陳平[25]처럼 고르게 나누어주네.	分均伩冠玉
사람들 모두 고기 든 이윤伊尹이요[26]	人皆割烹賢
누군들 제기祭器 든 신주神主[27] 아니겠는가.	孰非尊俎祝

---

22 종이 : 원문은 화아火蛾. 화아아火蛾兒를 말한다. 정월 15일에 부녀자들이 색종이로 풀벌레나 호랑나비 등의 장식[火蛾兒]을 만들어서 머리에 꽂던 풍속을 말한다. 『고사비古事比』 시서時序에 "정월 15일에는 화아아를 만들고, 기장떡을 먹는다. 造火蛾兒, 食玉粱糕."라는 말이 나온다. 여기에서는 종이를 불에 태운다는 의미다.

23 숯가루 : 원문은 탄수炭獸. 숯가루로 만들어 짐승 모양으로 뭉쳐 놓은 것이다. 양수羊琇가 숯가루로 짐승의 모양을 만들자, 도성의 호귀가豪貴家들이 이것을 가지고 술을 데워 마셨다는 고사가 전해 온다. 『진서晉書』「양수전羊琇傳」에 보인다.

24 먹는 이 : 원문은 집극執戟. 창을 잡는다는 것인데, 여기에서는 고기를 먹기 위해 젓가락을 사용한 사람을 가리킨다.

25 진평 : 원문은 관옥冠玉. 관에 장식한 옥으로, 한漢나라 진평陳平과 관련된 고사다. 진평은 고기를 나누는데 심히 균등하게 하기에 마을 사람들이 칭찬한 일이 있었다. 후에 벼슬아치가 되자, 진평을 참소한 이가 말하길 "진평은 비록 외모는 아름다운 남자이지만, 관에 장식한 옥과 같을 뿐이니, 실속이 있음은 기필할 수가 없다. 平雖美丈夫, 如冠玉耳, 其中未必有也."라고 한 일이 있다. 『사기史記』「진승상세가陳丞相世家」에 보인다.

26 사람들 …… 이윤이요 : '할팽割烹'은 잘라 삶은 고기를 말한다. 『맹자』「만장萬章」에 "이윤이 요순의 도를 가지고 탕왕에게 요구했다는 말은 들었지만, 음식 요리를 가지고 요구했다는 말은 듣지 못했다. 聞其以堯舜之道要湯, 未聞以割烹也."란 구절이 보인다. 여기에서는 사람들이 모두 고기를 먹고 있다는 의미다.

27 제기 든 신주 : 원문은 존조축尊俎祝. 제기祭器와 신주神主를 말하는데, 『장자莊子』「소요유逍遙遊」에 "포인庖人이 음식을 잘못 만든다고 시동尸童이나 신주神主가 술 단지와 고기

끓는 국에 손가락 데어[28] 놀라고	盛沸驚染指
솥 기울어 엎을까[29] 조심하누나.	微欹戒覆餗
귀하고 천한 것[30]을 어찌 논하랴	貴賤何論體
강한 자가 약한 자[31]의 고기 다투네.	强弱或爭肉
끝에서 가운데로 먹어가면서	泝洄及中央
주변 고기 깨끗이 싹쓸이하네.	熳熳修邊幅
조각조각 수고로이 말고 피면서	片片勞卷舒
가벼이 한 번에 뒤집어 먹네.	輕輕一反覆
부드럽고 거친 맛보고자 하면	欲知鬆軟味
응당 반쯤 익혀 먹어야 하네.	應在半生熟
그 모습은 서합噬嗑[32]과 한가지이며	其象爲噬嗑

그릇을 들고 그를 대신할 수는 없는 법이요. 庖人雖不治庖, 尸祝不越尊俎而代之矣."라고 보인다. 여기에서는 신주가 제기를 들고 있다는 것으로, 모두들 맛있게 먹고 있는 것을 의미한다.

28 손가락 데어 : 원문은 염지染指. 손가락을 국에 담궜다는 의미다. 초인楚人이 정령공鄭靈公에게 자라를 드리자, 자공子公의 식지食指가 움직이니, 자공이 말하기를, "다른 날에 내가 손가락이 이러하면 반드시 진미珍味를 먹게 된다."고 하였다. 이윽고 영공이 대부大夫들에게 자라를 나누어 먹이면서 자공에게는 주지 아니하니, 자공은 노하여 솥에 손가락을 담가 맛보고 나갔다. [染其指, 嘗之而出.] 『춘추좌전春秋左傳』 선공宣公 4년조에 보인다. 여기에서는 손가락이 끓는 국에 닿아 놀랐다는 의미다.

29 솥 기울어 엎을까 : 원문은 복속覆餗. 솥을 엎어버렸다는 의미다. 『주역』 「정괘鼎卦」에 "솥의 발이 부러져 공의 음식을 엎어버린 것이다. 鼎折覆公餗"이란 구절이 보인다.

30 귀하고 천한 것 : 원문은 귀천貴賤. 고기를 찢어놓은 모습에 대해 말한 것으로 보인다.

31 강한 자가 약한 자 : 원문은 강약强弱. 약육강식弱肉强食을 말한다. 한유韓愈의 「송부도문창사서送浮屠文暢師序」 "짐승들이 깊은 곳에 있으면서 드물게 나타나는 것은 다른 동물이 자신을 해칠까 두렵기 때문이다. 그런데도 거기에서 벗어나지 못하고 약한 자의 고기를 강한 자가 먹고 있다. 夫獸深居而簡出, 懼物之爲己害也, 猶且不脫焉. 弱之肉, 强之食."에서 유래했다.

그 점괘는 대축大畜[33]과 동일하다네.　其占得大畜
냄새로 주문[34]의 열기熱氣 깨닫고　臭覺朱門熱
배부름 황기[35]보다 훨씬 빠르네.　功比黃芪速
불거진 이마 채택蔡澤[36]도 기뻐했으며　魋顔喜躍取
제비턱인 반초班超[37]는 날아 고기 먹었네.　燕頷誇飛蹴
순의 음악[38] 이보다 어이 나을까　齊韶豈過此

---

32 서합 : 『주역』의 괘명으로, 이빨로 깨문다는 의미이다.

33 대축 : 『주역』의 괘명으로, "집에서 먹지 않아야 길하다. 不家食, 吉."의 주註에 "조정에서 봉록을 먹는다. 食祿於朝也."란 구절이 있다.

34 주문 : 주문취朱門臭인데, 부귀한 사람의 집에서 나는 악취라 의미로, 두보杜甫의 「진중음秦中吟」의 "부귀한 집에선 술과 고기 썩어 가는데 거리에선 얼어 죽은 시체 있구나. 朱門酒肉臭, 路有凍死骨."란 구절에서 차용하였다. 여기에서는 진동하는 고기 냄새로 그 광경을 상상해 볼 수 있다는 의미다.

35 황기 : 약초인 황기로 신체허약과 피로권태에 효과가 좋다고 한다.

36 불거진 이마 채택 : 원문은 퇴안魋顔. 툭 불거져 나온 이마를 말한다. 연燕나라 채택蔡澤과 관련된 고사가 있다. 관상가인 당거唐擧를 찾아가 관상을 보았는데, 당거가 "매부리코에 툭 튀어나온 이마, 쭈글어든 콧대와 휜 다리 先生曷鼻, 魋顔, 蹙齃, 膝攣."라고 했다. 수명을 묻자 "43년을 더 살 수 있다."는 대답을 듣고 스스로 말하길 "쌀밥과 고기반찬을 먹고 준마를 타고 다니며, 황금의 인을 차고 자색의 비단 띠를 매며 임금의 앞에서 절을 하고 고기를 먹으며 부귀하다면 43년도 충분하다. 吾持粱刺齒肥, 躍馬疾驅, 懷黃金之印, 結紫綬於要, 揖讓人主之典, 食肉富貴, 四十三年足矣."라 하였다. 『사기史記』「범휴채택열전范睢蔡澤列傳」에 보인다. 여기에서는 잘난 사람은 아니지만, 고기 먹는 것을 좋아했다는 의미다.

37 제비턱인 반초 : 원문은 연함燕頷. 제비턱으로 귀인의 골상骨相 중 하나다. 후한後漢의 반초班超가 서생書生으로 있을 적에 관상쟁이에게 가서 물었더니, 관상쟁이가 "생生은 제비턱에 범의 머리와 같은 모양으로 날아서 고기를 먹으니, 이는 먼 나라에 봉후封侯될 인상人相이다. 燕頷虎頭, 飛而食肉, 萬里侯相."라 하였다. 후에 정원후定遠侯에 봉해졌다. 『후한서後漢書』「반초열전班超列傳」에 보인다.

38 순의 음악 : 원문은 제소齊韶. 공자가 순舜임금의 음악인 소韶를 제나라에서 듣고서 삼개월 동안 고기 맛도 알지 못했다는 일화와 관련 있다. 『논어』「술이述而」"공자가 제나라에서 소음악을 듣고 3개월 동안 고기 맛을 알지 못하고선, '음악이 이러한 경지까지

노나라 계책[39] 누구에게 물어야 하나.	魯謀當問孰
다행이 반중시盤中詩 지은 여인네 있어	幸有盤中婦
양고기 천근에다 술이 또 천 말.[40]	千斤配百斛
추위 물리치는 나무[41] 어디에 쓰랴	何用辟寒犀
계곡에 불어대던 양률陽律[42] 같구나.	恰似吹律谷
굶주림 무리짓 듯[43] 함께 와서는	惄如猶旅進

이르게 할 줄 몰랐다.'라 하였다. 子在齊聞韶, 三月不知肉味, 曰, 不圖爲樂之至於斯也."에 보인다.

39 노나라 계책 : 원문은 노모魯謀. 노魯나라의 계책으로, 제齊나라가 노나라를 공격하자, 고귀曹劌가 "고기를 먹는 자는 비루하여, 원대한 계책을 낼 수 없다. 食肉者鄙, 不能遠謀."라 하며 알현하기를 청한 일이 있다. 『좌전左傳』 장공庄公 10년조에 보인다. 여기에서 '식육'은 고관을 말한다.

40 다행이 …… 천 말 : 한漢나라 때 소백옥蘇伯玉의 아내가 멀리 촉땅에 있는 남편을 그리며 빨리 오기를 바라는 마음을 담아 쟁반 가운데 시를 써서 보낸 것이 반중시盤中詩다. 그 일부는 "임의 성은 소씨요, 이름은 백옥. 재주도 많이 지녔고 지혜와 꾀도 충분하지요. 장안에 집 두고서 촉에 가 있어 말 달려 자주 못 옴 얼마나 애석하리. 양고기 천 근에다 술이 또 천 말, 보리 콩을 먹여서 말은 살졌네. 性爲蘇, 字伯玉, 人才多, 智謀足, 家居長安身在蜀, 何惜馬蹄歸不數, 羊肉千斤酒百斛, 令君馬肥麥與粟."인데, 이를 차용했다.

41 추위 물리치는 나무 : 원문은 벽한서辟寒犀. 추위를 물리친다는 나무다. 당唐 현종玄宗 초기에 교지국交趾國에서 황금빛의 서각 하나를 바쳐 왔는데, 그 시자使者의 청請에 따라 이것을 금반金盤에 담아 전중殿中에 놓아두자, 다스운 기운이 발산하므로, 상上이 그 까닭을 물으니, 사자가 대답하기를, "이것은 추위를 물리치는 서각입니다. 此辟寒犀也"라고 했다는 데서 온 말이다. 『개원유사開元遺事』에 보인다.

42 계곡에 불어대던 양률 : 원문은 취률곡吹律谷. 계곡에 율律을 불었다는 의미다. 제齊나라 추연鄒衍을 이르는데, 그가 연燕 혜왕惠王을 섬길 적에 혜왕이 다른 신하의 참소하는 말을 믿고 그를 하옥시키자 때 아닌 5월에 서리가 내렸고, 또 북방은 기후가 차서 오곡이 자라지 못했는데, 그가 양률陽律을 불어 기후를 다습게 하자 벼와 기장이 자랐다고 한 데서 온 말이다. 『열자列子』 「탕문湯問」에 보인다. 여기서는 고기를 먹으니 추위가 사라지고 온 몸에 양기가 솟는다는 의미다.

43 무리짓 듯 : 원문은 여진旅進. 특별한 주체성 없이 대중과 진퇴를 함께 하는 것을 말한다. 『국어國語』 「초어越語」의 "나는 필부의 용맹은 원치 않고 대중과 진퇴를 함께 하기를

배 불리 먹고서는 일어나누나.[44]	厭然方尸謖
고기 굽는 것[45]을 외려 꺼려하였고	執炙還可悶
남은 술[46]로 서로들 목 축이었네.	餘瀝宜相沃
국[47]은 비록 싱겁지만 손 초대하니	黿羹亂尙招
낭심[48]은 원망 또한 보답했다네.	狼瞫怨亦復
음식이 나와 식욕 대단했는데	食進氣已勝
탕 나오자 목욕할 듯 땀 흐리누나.	湯來汗如沐
귤을 갈라 목마름 해소를 하고	劈橘忙解渴

원한다. 吾不欲匹夫之勇也, 欲其旅進旅退."라는 말에서 파생되었다.

44 일어나누나 : 원문은 시속尸謖. '속謖'은 '기起'의 의미로 시동尸童이 일어났다는 말이다.

45 고기 굽는 것 : 원문은 집자執炙. 고기를 굽는다는 말이다. 『진서晉書』「고영전顧榮傳」에 "고영顧榮이 동료들과 술자리를 베풀었는데, 고기 굽는 사람을 보니 그 모습이 비범하지 않았고 고기를 먹고자하는 낯빛이 있었다. 이에 고영이 고기를 잘라 주었다. 자리에 있던 사람들이 그 이유를 묻자, '종일토록 고기를 구우면서 그 맛을 몰라서 되겠는가.'라 했다. 이후 조趙나라 왕 륜倫의 장사長史가 되었다. 윤이 패전하여 고영은 포로로 잡혀 죽게 되는데, 고기를 굽던 이가 독솔督率로 있었기에 마침내 죽음을 면할 수 있었다. 榮與同僚宴飮, 見執炙者貌狀不凡, 有欲炙之色, 榮割炙啖之. 坐者問其故, 榮曰, 豈有終日執之而不知其味. 及倫敗, 榮被執, 將誅, 而執炙者爲督率, 遂救之, 得免."는 일화가 보인다.

46 남은 술 : 원문은 여력餘瀝. 남은 술을 말한다. 『골계열전滑稽列傳』에 "만약 부친께서 귀한 손님이 계시면, 저는 소매를 걷고 몸을 구부리고 꿇어 앉아 앞에서 술 시중을 듭니다. 때로는 나머지 술을 받고 술잔을 받들어 장수를 빌면서 몸을 자주 일으키게 되면, 두 말을 못 마시고도 곧 취합니다. 若親有嚴客, 髡帣韝鞠跽, 侍酒於前. 時賜餘瀝, 奉觴上壽, 數起, 飮不過二斗徑醉矣."란 구절이 보인다.

47 국 : 원문은 원갱黿羹. 자라 국으로 앞선 염지染指의 주註에 보인다. 여기에서는 사슴 고기로 끓어 국을 말한다.

48 낭심 : 춘추春秋시대 진晉나라 사람이다. 자기의 윗사람인 선진先軫에게 무시를 당해 원망하는 마음을 지녔으면서도, "비록 나를 알아주지 않는다 하더라도 나라를 위해 죽는 것이 용맹이다."가 하고 소속 부대를 이끌고서 진秦나라 군대에 돌격하여 죽자, 진晉나라 군사가 그 뒤를 따라 격파한 고사가 있다. 『춘추좌전春秋左傳』 문공文公 2년조에 보인다.

차를 마시며 독기를 제기하였네.	啜茗更消毒
음식 절제하라 성인 경계하셨고	節食聖人戒
먹기만 하는 것 지사 부끄러워했네.	徒哺志士恧
안연顔淵이 즐길 바는 한 바가지 물	一瓢顔所樂
거친 밥과 팔뚝 베고 자는 거였지.	疏食肱亦曲
시를 지어 『내칙』을 보충하여서	爲詩補內則
영원토록 내 절로 권면하리라.	永言以自勖

기세가 우뚝하여 허공을 받칠 듯하다. 넓고 넘치는 듯한 위대한 작품이다.
힘껏 펼쳐서 끝내 바름으로 돌아갔으니, 이것이 시인의 뜻일 것이다.
氣勢突兀撑靑空 渾渾大篇 極力鋪張 而卒歸于正 此詩人之旨 _李調元

한유韓愈와 맹교孟郊의 연구聯句와 비슷하여 기이함을 다투는 듯,
마음과 재주를 다한 것이 또한 버금간다.
似韓孟聯句 爭奇炫異 極意纂才 亦足以副之 _潘庭筠

정월 보름 술에 취해 노래하다
上元醉歌七古

밝디 밝은 올해 들어 첫 번째 달에다가	皎皎今年第一月
하물며 대보름 명절 맞이 함에랴.	何況上元稱佳節
대보름 전후에는 봄기운 희미하여	上元前後春尙淺
봄바람도 차갑게 남은 눈 스치누나.	東風料峭吹餘雪
눈과 진흙 뒤엉킨 길 이제야 깨끗하고	和雪和泥踏初淨
먼저 하나 날지 않아 하늘은 해맑구나.	一塵不飛天街逈
종이연 분주히 허공에 날리고	紙鳶旁午飛來了
뽕나무와 버들가지 석양빛 내려앉네.	桑梢柳頭斜陽冒
돌난간 주변에서 모두들 달 보노니	石闌干邊齊望月
한 조각 검은 구름 모자처럼 멀리 있네.	一簇烏雲遠人帽
달 처음 솟을 때엔 누런빛 띠었는데	月初出時微帶黃
밤 깊자 싸늘히 온 집엔 서리 앉네.	夜久凄凄萬屋霜
청령교는 효경교와 연이어 맞닿았고	蜻蛉橋對孝經橋
자각봉 앞에선 퉁소 소리 들려온다.	紫閣峯前聞吹簫
지난 해 오늘 밤엔 남쪽 고을 있으면서	去年今夜在南州
고향 그려 술잔 들고 북쪽 누대 올랐었지.	携酒思鄕上北樓
인생에서 이별만이 고달픈 것 아니니	人生不獨難別離
근심과 질병을 어떻게 알 수 있나.	憂患疾病那可知
하늘에는 다시금 구름 한 점 없는데	天宇更無一點雲

어여쁜 달님만이 한 밤을 지새우네.	蟾兎娟娟度夜分
술 취해 노래하고 춤추지 아니하랴	狂歌醉舞無不可
돌아갈 때 누가 날 좀 부축해 주구려.	倩誰歸時扶着我

말이 오묘하다.

口角之妙 _ 李調元

솥이 적구나 자규는 '정소'라고도 하는데, 이 새가 울면 그 해에 풍년이 든다고 한다.

鼎小子規一名鼎小　鳴則年豊

솥이 적구나, 솥이 적어	鼎小鼎小
곡식은 많은데, 솥이 적어.	粟多鼎小
지어미 근심하는데	婦憂悄悄
지아비 와서 웃으며 하는 말	夫來笑謂婦
"아침저녁 두 번씩 밥을 짓구려."	朝朝夕夕兩炊喫了

아내 주고 비둘기

與我婦鳩也

아내 주고 與我婦
아내 주고 與我婦
내 아내 나처럼 졸렬하니 我婦如我拙
잘난 아내는 내 짝 아닐세. 巧婦非我偶
봄 되면 한빙처럼 제 짝 찾아 날아가리 春來解逐韓憑飛
청릉대 아래는 안개에 잠겨 있네.[1] 青陵臺下鎖烟莽

---

1 봄 되면 …… 잠겨 있네 : 전국시대戰國時代 송宋나라 강왕康王 밑에 있던 한빙韓憑의 아내 하씨何氏는 몹시 아름다웠다. 왕은 미모를 탐해 그의 아내를 빼앗았다. 이에 한빙이 자살하였다. 왕은 그의 아내를 데리고 청릉대青陵臺에 올랐다. 남편과 함께 묻어달라는 유서를 남긴 채 그녀도 대 아래로 뛰어내려 자살했다. 왕은 노해서 두 사람을 함께 묻지 않고 서로 바라보이는 곳에 묻게 했다. 그러자 무덤에서 큰 나무가 돋아나 열흘 만에 두 무덤 사이에 아치 모양으로 이어져 가지가 서로 엉켰다. 또 새 한 쌍이 늘 나무를 떠나지 않고 살면서 아침저녁 목을 서로 부비며 슬피 울었다. 사람들은 이 나무를 상사목相思木이라 불렀다.

비 와라 솔개

雨來鳶也

비 와라 비 와라	雨來雨來
홰나무 쳐다보며 시누이 중얼중얼.	小姑呢喃仰高槐
열흘 내리던 비 오늘에야 그쳤네	十日霪雨今日霽
낭군 비단 적삼 빨아 걸어놓았네.	洗郎羅衫張毰毸

김가네 보리밭에 말이 있네[1] 꾀꼬리

金家麥田有馬鶯也

김가네 보리밭에 말 있는데	金家麥田有馬
김가네 남정네 버들 아래 자누나.	金家丈人眠柳下
꼬리 치며 이리저리 머리 숙여 먹어대니	搖尾纚纚垂頭吃
안타깝다, 초록 물결 붉게 변해버렸네.	可憐綠浪行爲赭
아내 술 빚자 하고 아이는 떡 찾는데	婆言釀酒兒索餠
남정네는 구슬 눈물 주룩주룩 쏟누나.	丈人珠淚涓涓瀉

1 김가네 보리밭에 말이 있네 : 원문은 김가맥전유마金家麥田有馬. 혀를 굴리는 꾀꼬리의 울음소리를 차음한 것이다. 꾀꼬리는 보리 이삭이 패여 가는 늦봄에 높고 경쾌한 목소리로 노래를 한다. 여기에서는 꾀꼬리를 말에 비유하였다. 꾀꼬리가 요란스럽게 울면 흉년이 든다고 한다.

『가상루집』은 재기가 발랄하고 서권기가 풍부하여 마치 도회지의
시장에 들어선 듯 진귀하고 기이한 해산물이 없는 게 없다.
더욱이 타고난 자질이 뛰어난데다 수많은 연마를 통해 기발함을
이루었으니, 보는 사람의 눈을 핑 돌게 할 지경이다.
이 사람은 참으로 동국의 문봉이다.
나강사람 전운 이조원 평.

歌商樓集 才氣縱橫 富於書卷 如入五都之市 珍奇海錯 無物不有
加以天姿勝人 鍛鍊成奇 故足令觀者眩目 此眞東國之文鳳也
羅江李調元剪雲評

영재는 재주와 시정詩情이 풍부하며 격률도 뛰어나 때때로
푸른 바다 속에서 고래가 보이는 것과 같다.
회고시와 등임에 있어서는 더 걸작이 많다.
『기아』 가운데 있어 정말로 대가로 추대할 만하다.
항주사람 난공 반정균 발미.

泠齋才情富有 格律獨高 時露鯨魚碧海之觀 至於褱古登臨
尤多傑作 在箕雅中 定推大家
杭州潘庭筠蘭公跋尾

韓客巾衍集三

朴齊家

字在先號楚亭漢城府人貫慶尚道密陽府庚午生今年二十七著有明農初稿

박제가

자는 재선, 호는 초정으로 한성부 사람이다. 관향은 경상도 밀양부다. 경오년(1750)에 태어났으며, 지금 27세다. 저서로는 『명농초고』가 있다.

여극 조덕민의 소석산방에 부치다
寄贈趙汝克德敏小石山房

이웃 가려 집 사는[1] 뜻 알지 못하니	不識買隣義
밥 싸 가는[2] 어짊이야 어찌 알리오.	寧知裹飯仁
한평생 언제나 못 잊는 것은	平生不可忘
『논어』의 밭 갈던 그 사람[3]일세.	論語耦耕人
평지 마을 집은 트여 시원스럽고	村平屋不礙
시골 달은 서울보다 더욱 곱구나.	鄕月比京多
그림자 돌아보며 장난을 치니	顧影還相謔
장난하지 않고서 어이하리로.	其如不應何
깊이 감춘 도서를 꺼내 왔는데	圖史發深藏

1 이웃 가려 집 사는 : 원문은 매린買隣. 이웃을 산다는 것으로, 『남사南史』 「여승진전呂僧珍傳」에 보인다. 중국 남북조 시대에 송계아宋季雅가 여승진呂僧珍의 집 옆에 집을 사서 살았다. 승진이 집값을 물으니, 일천 일백만 냥을 주었는데, 집값은 일백만 냥이요 이웃이 일천만 냥이라고 대답했다고 한다.

2 밥 싸 가는 : 원문은 과반裹飯. 『장자莊子』 「대종사大宗師」에 보인다. 자여子輿와 자상子桑은 친구로 지내고 있었다. 그런데 장마가 열흘이나 계속되자 자여가 '자상은 가난해 굶주려 병이 났을지도 모르겠군.' 하고서는 밥을 싸 가지고 가서 먹이려 했다. 자상의 문 앞에 이르자 거문고를 뜯으며 읊조리는 소리가 들려 그 연유를 묻자, "자신을 가난하게 한 것은 운명일 것이다."고 대답했다.

3 밭 갈던 그 사람 : 원문은 우경인耦耕人. 『논어』 「미자微子」에 나오는 밭 갈던 장저長沮와 걸익桀溺을 가리키는 말이다.

곁에선 아내가 향을 사르네. 燒香傍細君
때때로 다시금 손님 같음은 時時還似客
오래도록 무리를 떠나서일세. 只是久離群

그대 위해 한 가지 생각을 했지 爲君設一想
그대 미쳐 구를 듯 기뻐할 일을. 令君狂欲顚
그대가 생각지도 못한 틈타서 乘君不意中
그대 문 앞 곧장 열고 들어감일세. 直入君門前

남을 위해 봉우리 꽃을 읊조리다

爲人賦嶺花

'붉다'는 하나의 글자 가지고	毋將一紅字
온갖 꽃 통 털어 말하지 말라.	泛稱滿眼花
꽃술엔 많고 적음 차이 있으니	花鬚有多少
세심하게 하나하나 보아야 하리.	細心一看過

9월 9일

九日六言

먼 마을 석양빛에 물들어가고	遠村斜陽出沒
빈숲엔 국화 그림자 듬성듬성.	空林菊影蕭疎
제비 가고 기러기 오는 슬픈 계절	燕去鴻來怊悵
산수를 오르내리며 서성이누나.	登山臨水躊躇

봄노래, 중초 왕건[1]을 흉내 내어
春詞倣王仲初

그넷줄 능청능청 허공을 휘젓는데	嫏去秋千一頓空
바람 안은 두 소매 활등과 같구나.	飽風雙袖似開弓
높이만 오르려다 치맛자락 벌어져	爭高不覺裙中綻
분홍빛 수놓은 버선목이 드러났네.	倂出鞋頭繡眼紅

1 왕건 : 당唐나라 시인인 왕건王建으로, 그의 자字가 중초仲初다.

자다 깨어 분하 곽집환[1]의 『회성원집』을 읽고
睡起讀汾河郭封圭執桓繪聲園集

빈 주렴의 물결무늬 미풍이 지나가고 虛簾浪影度微風
찬비에 복사꽃은 붉은 꽃 피잖았네. 雨冷桃花不放紅
몸은 여기 있으면서 생각은 하늘가에 思入天涯身在此
닫아건 문 가운데 연산[2]은 푸르리라. 硏山蒼翠閉門中

사물을 완상하고 뜻을 기탁한 것이 자못 오묘한 경지에 이르렀다.
玩物寄情 頗臻妙境 _ 潘庭筠

---

1 곽집환(郭執桓, 1746~1775) : 자는 봉규封圭 · 근정勤庭, 호는 반오半迂 · 동산東山 · 회성원繪聲園이다. 시를 잘 지었으며 그림과 글씨에도 뛰어났다. 곽집환은 홍대용이 1766년 북경에서 돌아오는 길에 교분을 맺게 된 그의 친구 등사민鄧師閔을 통해, 자신의 시고詩稿인 『회성원집繪聲園集』에 대해 조선 명사들의 서문을 요청하였다. 이에 홍대용과 아울러 박지원이 『회성원집』의 발문을 짓게 되었다.

2 연산 : 기암괴석으로 이루어진 산 모양의 벼루를 말하는데, 여기에서는 '호산虎山'으로 곽집환은 이곳에 집을 짓고 명사들과 날마다 시를 읊고 창화唱和했다. 이덕무李德懋의 『청비록淸脾錄』 4권 「곽봉규郭封圭」 참조.

경회루의 옛 연못

慶會樓古池[1]

황새 깍깍 놀라 날다 소나무로 오르고	格格驚飛鸛上松
못가 여뀌 엷은 무늬 물고기 자국 있네.	池紅淺纈有魚蹤
아지랑이 지척서도 찾지를 못하겠고	游絲咫尺無尋處
이따금 사람 소리 푸른 뫼에 울린다.	時聽人聲響碧峯

정밀하고도 섬세하다.
靜細 _潘庭筠

1 [自註] "樓池在景福宮中, 倭亂遭焚, 今只有石柱."

백운대

白雲臺[1]

땅과 물 모두 다 가늘게 끝난 곳에	地水俱纖竟是涯
하늘에 덮인 곳 그 경계 실낱같네.	圓蒼所覆界如絲
뜬 인생 좁쌀보다 못한 존재이건만[2]	浮生不翅微於粟
앉아서 산 마르고 돌 썩을 때 생각하네.	坐念山枯石爛時

1 [自註] “三角山絶頂.”

2 뜬 인생 …… 존재이건만 : 소식蘇軾이 지은 「전적벽부前赤壁賦」의 “하루살이 같은 삶 천지에 맡겨주고, 망망한 바다에 떠 있는 한 알의 좁쌀이라. 寄蜉蝣於天地, 渺滄海之一粟.”이란 구절을 변용한 구절이다.

이덕무가 밀랍을 녹여 매화를 만들고는 말하기를 "밀은 본시 화정으로 빚은 것이다."라 하였다. 윤회라 이름하였다[1]

懋官鑄蠟爲梅花曰蠟本花精也 賜名輪回

그 이름 밀랍이라 벌통에서 나왔으나 其名爲蠟出蜂龕
오행으로 못 나누어 단맛에 붙이었네. 五行難分强屬甘
빙설 같은 살결에다 쇠붙이 성품으로 氷雪肌膚從革性
지금껏 꽃 나라서 몸을 세 번 바꾸었네. 至今香國度身三

푸른 받침 벌어짐은 해당화 비슷하고 青跗坼似小棠兒
콩꼬투리 반쪽인 양 다섯 잎이 늘어섰네. 五出横翻半荳皮
손놀림은 등불 아래 더더욱 교묘해서 手勢偏於燈下巧
이리저리 붙일 적에 더운 기운 힘입는다. 黏來黏去煖堪資

생화를 직접 보고 밀랍을 빚노라니 目擊生花釀蠟時
어느새 매화 피어 가지에 오르누나. 旋看梅發焂騰枝
풍륜[2]의 갖은 조화 저를 보고 깨달으니 風輪幻化從渠覺
다른 생을 믿잖으면 나는 곧 누구던가. 不信他生我是誰

---

1 이덕무가 윤회매를 만들 것에 대해서는 『청비록淸脾錄』 권4에 자세하다.

2 풍륜 : 불가佛家에서 말하는 삼륜三輪의 하나로 이 세상을 붙들어 받치고 있는 삼륜 중 맨 밑에 있는 윤輪이다.

벌이 채집 않았을 땐 나도 이와 같았거니
중간에 전전함은 마침내 모르겠네.
동산의 꽃나무 속 있을 적을 떠올리니
아무 해 아무 날달 바람 불 때였었지.

蠭之未採我如斯
輾轉中間了不知
記取東園花樹裏
某年月日遇風時

향기 없는 그림자 자취를 의심하니
휘장 열고 가까이 다가가 보지 말라.
때때로 길손들이 느닷없이 웃지만
운치는 그 이전 안 웃을 때 훨씬 낫네.

有影無香迹乍疑
披帷愼勿逼看之
時時有客哦然笑
趣絶從前不笑時

비슷한 것 진짜는 아니라고 말하지만
이제와 진짜 꽃이 도리어 무색하다.
쌍둥이 형제의 뜻 가만히 생각하니
저 또한 나를 닮아 연민의 정 곱절이네.

纔言似處卽非天
到此眞花倒索然
想得孿生兄弟意
緣渠肖我倍相憐

장인어른 이관상[1]을 슬퍼하며

外舅李節度挽[2]

올해도 얼굴 터럭 응당 쇠하셨겠지만	今年顔髮或應衰
생각이 날 때마다 옛 모습만 떠오르네.	每到思時只舊時
공과 헤어진 뒤부터 턱수염 거뭇해도	自別公來頤細黑
공의 혼령 아직 내가 수염 없다 아시겠지.	公靈知我尙無髭

1 이관상(李觀祥, 1716~1770) : 본관은 덕수德水이고 충무공忠武公 이순신李舜臣의 5세손이다. 박제가의 처조부이다.

2 [自註] "公諱觀祥, 壬辰名將忠武公純臣五代孫. 庚寅卒於寧邊官."

평양잡절, 이덕무를 전송하며

平壤雜絶送李德懋

오사모에 주상 걸친 노성인 전형[1]은 烏帽朱裳老典刑
중원의 병부상서 석성공石星公이라오. 中原兵部石公星
그 눈빛이 여전히 발끝에 맴도니 眼光却在靴頭轉
소리장군[2] 그 곁에 모습 그려져 있네. 小李將軍側立形[3]

무열사武烈祠[4]

평범한 돌 서 있고 길은 구불구불 尋常石立隊逶迤
옛 자취 아득해져 다만 이것뿐이로다. 古蹟蒼茫只若斯
진실로 기린마 타고 하늘로 올랐다면 眞箇麒麟天上去
주몽은 쾌남아가 아니겠는가. 朱蒙倒是快男兒[5]

기린굴麒麟窟[6]

---

1 노성인 전형 : 원문은 노전형老典刑. 노성인老成人은 구신舊臣을, 전형典刑은 옛 법도를 말한다. 『시경』「탕蕩」에 "노성인은 없다 해도 전형은 아직 있도다. 雖無老成人, 尙有典刑."에 보인다. 여기에서는 아래 구에 보이는 석성石星을 가리키는 듯하다.

2 소리장군 : 당唐나라 화가 이소도李昭道를 말한다. 그의 아버지 사훈思訓을 '대리장군大李將軍'이라 한 데서 유래한 것이다. 여기에서는 이여송李如松을 말한다.

3 [自註] "武烈祠, 舊有石星·楊元·張世爵·李如栢畵像, 遇燹, 惟有二公像, 餘皆位板."

4 무열사 : 임진왜란 때 조선에 참전한 명明나라 장수를 기리는 사당이다. 조선 파병에 결정적인 공이 있는 명나라 병부상서 석성石星이 모함을 받아 옥중에서 사망하자 조선에서 그를 위하여 건립했다. 이후 이여송李如松, 양원楊元, 이여백李如栢, 장세작張世爵을 추가했다. 당시에는 화재로 인해 이여송과 석성의 상만 남아 있었다.

5 [自註] "右麒麟窟朝天石, 史稱東明王麒麟上天. 窟與石, 俱在浿水上."

봄 성엔 꽃잎 지고 푸른 풀 우거졌는데　　春城花落碧莎齊
예로부터 꽃다운 넋 이곳에 깃들었지.　　終古芳魂此地棲
인간의 정 어찌 말로 다 할 수 있으랴　　何限人間情勝語
죽더라도 완사계[7]에 빠짐이 더 나은지.　　死猶求溺浣紗溪

선연동嬋娟洞[8]

능라도 향해 가서 그 안에서 살고지고　　欲向綾羅島裏居
아름다운 꽃 가운데 한 칸 집을 얽어두고.　　名花中着一精廬
뱃머리로 달려가 봄 술을 사서는　　船頭去賣春來酒
성채 밖서 말을 몰아 저문 방죽 돌아오리.　　柵外驅歸日暮豬

능라도綾羅島

은인 기자 정전에는 인가가 몇이던고　　殷人田裏幾人家
반듯반듯 논둑길은 나뭇잎도 못 덮누나.　　井路如繩葉未遮
특별히 바라는 건, 삼대의 뜻 되돌려서　　殊慰挽回三代志
폭건과 위대[9]가 서로 넘나들었으면.　　幅巾韋帶互相過

정전井田[10]

---

6 기린굴 : 평양 부벽루 밑에 있다. 천손天孫 주몽朱蒙이 이 동굴에서 기린을 길렀으며, 죽을 때에는 기린을 타고 조천석朝天石을 밟고 하늘로 올라서 다시는 돌아오지 않았다는 고사가 있다.

7 완사계 : 중국 전국 시대의 이름난 미인 서시가 비단 빨래를 했다는 시내다.

8 선연동 : 칠성문七星門 밖에 있는 기생들의 공동묘지이다.

9 폭건과 위대 : 원문은 폭건위대幅巾韋帶. 폭건幅巾은 왕공王公이나 명사名士를, 위대韋帶는 포의나 서민을 말한다.

10 정전 : 기자箕子의 유제遺制로 전해지는 정전井田을 말한다.

옛사람 시들이 수도 없이 걸려 있어
아침나절 우러 보며 얼마나 목 뻐근한지.
그대는 시 쓸 생각 하지도 마시게
좋은 정자 힘 약해 지탱하지 못 할터니.

연광정練光亭

前人詩板列葳蕤
仰看終朝頸幾疲
君去休爲不朽計
名亭力弱怕難支

목동

牧童

비바람에 소 치고 나무하는 갓 열 살 된　　雨牧風樵十歲初
촌 아이 목동은 들판에서 자랐다네.　　村童生長野中居
실을 매어 구름 속 기러기를 쏘아 잡고　　生絲解捕雲中雁
맨손으로 갯가의 물고기도 잡아내네.　　赤手還探浦裏魚

빗소리를 듣고

聞雨

문 밖 출입 않고서 멍하니 앉자 있으니	不出門庭嚳守株
자리는 적막하여 사람을 야위게 하네.	蒲團寂寂使人枯
푸른 박 잎 사이의 서창에서 듣노니	青匏葉裏書牕畔
아침나절 빗소리 오동잎 지는 소리인 양.	鳴雨終朝抵碧梧

강 위에서 바람을 만나 한양을 바라보며
江上遭風 望京口

첩첩이 안개 쌓여 먼 산을 나누었고	烟堆數疊遠山分
햇살은 먹물 같은 구름을 비껴 뚫네.	銀日横穿水墨雲
출렁이는 강 물결 앉아서 보노라니	坐對江波披復合
푸른빛과 흰빛이 자연스런 무늬로세.	由青入白自然文

자형 임희택이 이인역승이 되어 떠나려함에 시를 청하기에
任姊兄希澤爲利仁丞臨行請詩

일 없어 낮잠 한숨 청하기에 알맞으며 無事眞堪睡一遭
역참에서 가을 죽순 관청 술 함께하리. 驛亭秋筍伴官醪
서산의 맑은 기운 아침마다 다르거니[1] 西山爽氣朝朝別
고향 시름 젖는 것만 왕휘지[2]와 비슷해라. 只是鄕愁似馬曺

1 서산의 …… 다르거니 : 진晉나라 때 왕휘지王徽之가 환충桓沖의 기병참군騎兵參軍이 되었을 때, 직무에 전혀 마음을 쓰지 않았던 관계로, 환충이 그에게 묻기를 "경卿이 어느 조曹에 근무하는가?" 하자, 대답하기를 "마조馬曹인 듯하다."고 했다. 다시 "말을 몇 마리나 관장하는가?" 하니, 대답하기를 "말도 모르는데 말의 숫자를 어떻게 알겠는가?"라 했다. 또 환충이 그에게, 부府에 근무한 지 오래이니 의당 직무를 잘 수행하리라는 물음에 대해서는 아예 대답도 않다가 한참 뒤에야 산을 쳐다보면서 수판手版으로 턱을 괴고 "서산西山이 아침에는 상쾌한 기운이 있다."는 엉뚱한 말을 했다고 한다. 세속 일에 얽매이지 않고 초연히 유유자적한 풍취를 말한다. 『진서晉書』「왕휘지전王徽之傳」에 보인다.

2 왕휘지 : 원문은 마조馬曺. 왕휘지王徽之의 별칭이다. 마조는 말을 관장하는 관청으로, 임은수가 이인역승으로 역마를 관장하기 때문에 한 말이다.

진재 김윤겸[1]의 북방 유람을 전송하며

奉別眞宰金丈北遊[2]

느릅나무 가을 들고 북쪽 하늘 맑은데	黃楡秋早塞天淸
말갈 땅에 석양빛 가벼이 물들리라.	靺羯斜陽著色輕
질탕한 그림 꿈틀꿈틀 격문 쓴 듯해	艸畵淋漓如草檄
종잇장서 변방소리 우수수 들려오리.	颼颼紙面作邊聲

호방한 모습이 눈에 보이는 듯 하다.

豪態如見 _ 潘庭筠

---

1 김윤겸(金允謙, 1711~1775) : 본관은 안동安東, 자는 극양克讓, 호는 진재眞宰·산초山樵·묵초默樵이다. 척화대신 김상헌金尙憲의 현손이며, 김수항金壽恒의 넷째 아들 김창업金昌業의 서자로 태어났다. 대표작으로는 〈동산계정도東山溪亭圖〉, 〈금강산화첩金剛山畵帖〉, 〈징경산수화첩眞景山水畵帖〉, 〈영남명승기행사경첩嶺南名勝紀行寫景帖〉 등이 전해온다.

2 [自註] "金丈, 名允謙, 以畵名. 淸陰先生玄孫, 農巖三淵之侄, 稼齋之子, 龍行之父, 眞宰其號. 稼齋入燕, 交浙人楊澄集, 其兄弟酬唱詩以受序."

금강산시

金剛山詩[1]

흰 바위 푸른 시내 화성[2]은 해맑고	石素川青耀化城
석양빛 스러져도 골짜기는 밝아라.	夕陽收盡洞還明
향 내리던 천사[3]의 일 언제 적 이던가	降香天使何年事
범패 소리 쓸쓸히 바다 밖 소리 전해주네.	梵唄空傳海外聲

---

1 [自註] "山在江原道, 內山屬淮陽府, 外山屬高城郡. 有正陽寺八潭九龍淵, 諸勝爲國內第一名山也."

2 화성 : 『법화경法華經』에 보이는데, 법화도사法華道師가 험한 길 가운데서 변화를 부려 한 성城을 만들어 피로한 대중들을 그 안에 들어가서 쉬게 했다. 여기에서는 팔담八潭을 말한다.

3 향내리던 천사 : 원문은 강향천사降香天使. 염제신(廉悌臣, 1304~1382)을 말하는데, 자는 개숙愷叔, 호는 매헌梅軒으로 곡성曲城 사람이다. 원元나라에서 자랐으며, 태정泰定황제를 시종하여 총애를 받고 상의사尙衣使로 있다가 편모片母의 봉양을 위하여 귀국을 요청하니 황제가 명하여 금강산에 향香을 내리게 했다.

큰 비 오는 밤에 짓다
大雨夜作

바람 세차 빗발은 비껴 뿌리는데	風急頻知雨脚橫
빗소리 집 가득해 닭 울음 들리잖네.	濛濛遶屋逗鷄鳴
눈을 떠도 감아도 아무것도 안 보이니	眼開眼闔都無見
사물 이름 생각하며 소리로 분별하네.	只合思名與辨聲

밤에 평양성에 오르다

夜登平壤城

긴 물결 밤 되자 일렁이는 연광정의	長波夜動練光亭
희디 흰 성 밑자락엔 어지런 별 떨어진다.	白白城根倒亂星
찬 달이 떠오르자 안개는 가라앉고	冷月升空烟降地
베를 짜듯 노는 울고 나무는 푸르구나.	櫓鳴如織樹蒼青

통진잡영 7수
通津雜詠七首

황량한 밭 언덕에 귀뚜리 울 때　蟋蟀荒田岸
수숫대 바람에 배를 맡겨 두었네.　依舟蜀黍風
한강에는 초승달 희게 빛나고　祖江纖月白
남산의 몇 봉우리 붉게 물드네.　木覓數峯紅
안개서리 밖에는 작은 집 한 채　蟹舍烟霜外
갈대밭 안에서는 그물을 치네.　漁罾荻葦中
정 있으나 형상 없는 곳이니　有情無象處
시와 그림 경지 서로 넘나드누나.　詩畫境相通

뱃전이 때때로 울부짖으니　船板時時吼
높은 돛대 바람을 견디지 못해.　高檣不抵風
구름 먼 곳 기러기 목은 하얗고　遠雲鴻頸白
물 깊은 곳 잉어의 수염 붉어라.　深水鯉鬐紅
눈으로 아득한 곳 바라보면서　目盡蕭疎際
몸은 호탕한 물결 따라가누나.　身從浩蕩中
삼십 리 바깥을 바라보노니　試看三十里
하늘은 해문과 닿아있구나.　天壓海門通

동서로 급하게 흐르는 물에	東西沼水快
술 실으니 돛에 바람 가득해.	釃酒滿帆風
바위 꼴은 먹빛으로 그을려 있고	石法多焦墨
단풍나무 빨갛게 물들어 있다.	楓身摠老紅
밥 연기 한줄기로 피어오르고	人烟從一上
가을빛은 허공중에 일어나누나.	秋色起空中
물결의 늘고 줆을 바라보자니	目擊潮增減
달의 운행과 관련된 것임 알겠네.	方知與月通

뱃사람이 음양을 공부했는지	黃帽陰陽學
다음 날 바람 붊을 능히 안다네.	能知隔日風
텁석 수염 씻어도 또 다시 검고	拳鬚湔更黑
고운 피부 취해도 붉지 않도다.	梨頰醉難紅
도롱이 위 강물 빛 어른거리고	水色簑衣上
코골고 자며 듣는 물결 소리라.	潮聲鼾睡中
천성이 저리도 질박하기에	天氣生質朴
오묘한 곳까지 절로 통하나보다.	妙處自能通

궁벽한 시골에다 집을 사고서	窮鄕將買屋
차라리 문풍을 떨쳐나 볼까.	寧擬振文風
시례는 선비가 전할 바이요	詩禮傳儒素
누에 치고 길쌈하긴 아녀자의 일.	桑麻習女紅
헛된 이름 과거시험 내 뜻밖의 일	浮名功令外

진정한 뜻 농사일 힘씀에 있지. 眞意力田中
방초 자취 사라질까 저어하여서 恐沒芳草跡
「이소경」 한 편을 옮겨 쓰노라. 離騷寫一通

비단 주머니 속 세치의 붓 錦囊三寸管
가는 곳마다 민풍을 채록한다네. 隨處採民風
억새 물가 허리춤의 낫날 푸르고 荻浦腰鎌冷
산밭의 두공이 쌀 붉기도 하네. 山田杵米紅
미친 노래 부르며 서울을 떠나 狂歌辭日下
무릎을 감싸 안고 배안에 드네. 抱膝入舟中
아이들이 창랑가를 부른 뜻으로[1] 孺子滄浪意
나는 초나라 접여接輿와 같으리라.[2] 吾其楚陸通

누렁 소 등 위에서 사일[3] 맞노니 社日黃牛背
촌 사내 술잔을 기울이노라. 村男弄酒風
저문 산엔 어느새 자줏빛 돌고 暮山旋變紫

---

1 아이들이 …… 뜻으로 : 『맹자』 「이루離婁」에 나온다. 노래 가사는 다음과 같다. "창랑의 물이 맑으면 갓끈을 씻으면 되고, 창랑의 물이 탁하면 발을 씻어야 하리. 滄浪之水清兮, 可以濯我纓, 滄浪之水濁兮, 可以濯我足."

2 초나라 접여 : 원문은 초육통楚陸通. 초楚나라 접여接輿를 말하는데, 그이 이름이 육통陸通이다. 접여는 초나라의 미치광이로 공자의 수레 앞을 지나면서 노래하기를, "봉새여, 봉새여! 어찌 그리도 덕이 쇠했는고. 鳳兮鳳兮, 何德之衰."라 한 바 있다. 『논어』 「미자微子」에 보인다.

3 사일 : 보통 입춘이나 입추 뒤의 다섯 번째 무일戊日을 가리키나, 사시에 치제致祭하는 날을 뜻하기도 한다. 이날은 모여 술을 마시고 논다.

서리 맞은 나무는 더욱 붉어라. 霜樹頓添紅
서 있는 해오라기 졸고 있는 듯 鷺立然疑頃
담장 너머로 큰 기러기 날아가누나. 鴻飛阿堵中
들판 다리에 이어지는 오솔길 野橋連細逕
때마침 한 사람이 지나간다. 時有一人通

생각을 적다

排字

하늘엔 푸른 빛 둥실 떠 있고	天浮平綠色
서북의 먼 산은 눈썹 같구나.	西北遠山眉
봄 맞자 술 생각은 끝없이 일고	酒意逢春永
바위 앉자 옷 무늬 기이도 하다.	衣紋坐石奇
실바람에 나무는 흔들리잖고	微風佳樹靜
밝은 태양에 산새는 날아가누나.	白日淡禽移
우리 집 살구는 붉게 물드니	紅發吾家杏
서성이며 시를 읊조리누나.	徘徊可以詩

4구의 다섯 글자는 사람의 말이 아닌 듯하다.
四句五字未經人道 _ 李調元

봄날 심원에 모여

春日諸人集沈園

먼 곳의 나무들 둥글고 푸른데　　遠樹團圓綠
이내가 서로 얽혀 느릿느릿.　　游烟映帶遲
진종일 저 홀로 읊조리는데　　孤吟吾盡日
새들 서로 부르며 때를 즐기네.　　相命鳥欣時
그림자 비치는 물 사랑스럽고　　照影水堪愛
향기로운 꽃들이 가장 기이해.　　聞香花最奇
평생토록 이 사람 품은 뜻일랑　　平生此子意
산골에서 뜻대로 살아가는 것.[1]　　邱壑置之宜

온 산에 봄기운 가득하여서　　四山春氣恰
손과 주인 이야기 느긋도 하이.　　賓主話俱遲
개미는 옷 사이로 뚫고 들어오고　　蟻子穿衣處
벌 소리 벼루 위로 지나가누나.　　蠭聲過硏時
형태로는 꽃이 가장 아름다우며　　具形花絶妙
색깔 칠함 버들이 제일 기이해.　　設色柳何奇

---

1 산골에서 …… 살아가는 것 : '구학邱壑'은 깊은 산과 계곡을 말하는데, 이는 동진東晉의 화가인 고개지顧愷之의 고사와 관련이 있다. 고개지는 사곤謝鯤이 암석 사이에 있는 그림을 그렸다. 이에 사람들이 그 까닭을 묻자, "사곤이 '구학에 뜻을 둔 것은 자신이 유량庾亮보다 낫다.' 했으니, 그 사람은 마땅히 구학에 두어야 한다. 謝云一邱一壑, 自謂過之. 此子宜置邱壑中."라 했다. 이로부터 '구학'은 은자의 거처로 인식되어 왔다.

저문 햇살 그림으로 그리려하면	欲試斜陽筆
노란빛으로 멧부리 베어야 하리.[2]	雄黃抹峀宜

2 베어야 하리 : 원문은 말抹. '말'은 물감으로 칠하여 윤곽을 없애는 것으로, 황혼이 깃든 멧부리를 노란 빛으로 칠하여 그 흔적을 없앤다는 의미이다.

세검정 물가에서 석파 김용행[1]이 그림 그리던 곳에 걸터앉아

洗劍亭上流石坡金龍行草畵余結趺處

성곽을 이삼 리 쯤 벗어나오니	出郭二三里
가슴 속에 거칠게 시상詩想 일었네.	胸中略有詩
어여뻐라 사물의 자태 참되어	可憐眞物態
예전의 곱고 추함 따르지 않네.	不襲古姸媸
작은 벼루 물소리 들리더니만	小硏泉聲歷
벗은 신엔 국화 그림자 얼핏 비치네.	空鞋菊影窺
뒷사람 이상하게 보겠지만은	後人應見異
이 순간은 참으로 이와 같았네.	此刻正如斯

1 김용행(金龍行, 1753~1778) : 자는 순필舜弼, 호는 석파도인石坡道人·파황거사破簧居士이다. 김윤겸金允謙의 차남이며 김창업金昌業의 손자이다. 그림에 뛰어났다.

저물녘 백선 남덕신이 와서 함께 묵으며 책을 읽다

暝到南伯善德新來宿讀書

저물녘 연기 노을 어우러지자	薄暮烟霞合
물새도 젖어서 날지 못하네.	溪禽濕不飛
좋구나, 그대 책을 들고 와서는	憐君携笈至
나무하고 오던 나와 마주쳤으니.	值我拾樵歸
촛불 빛 둥근 창에 새어나오고	燭影穿圓牖
글소리 푸른 산에 울려 퍼지네.	書聲落翠微
가난한 아내 우아한 운치 많아서	貧妻饒雅致
산중에서 입을 옷 마련하누나.	料理入山衣

아정한 사람들의 좋은 일이로다.
雅人雅事 _ 李調元

시골집

田舍

밭 사이로 물길이 설핏 하얀데	片白田間水
송사리 말발굽에 숨어드누나.	針魚匿馬蹄
잠자리는 아직도 허공 맴돌고	蜻蜓還邁邁
기러기떼 서둘러 날아가누나.	鴻雁亦棲棲
갈림길서 마음은 머뭇대는데	岐路心猶豫
깊은 근심 술 취한 듯 엉기는구나.	幽憂醉似泥
조그만 초가집[1]에 저녁 내리고	瓜牛廬畔夕
조각달 서편에 내가 서 있네.	人在月弦西

1 조그만 초가집 : 원문은 광우려瓜牛廬. 달팽이 집 같이 작은 집으로 누추한 집을 가리킨다. '과瓜'는 '와蝸'이다.

백운대

白雲臺

한양 주변 우뚝 솟은 바위가 있어	有石超畿甸
아득히 땅 아래 내려다뵈네.	遐哉眺幅員
가뭄이라 기우제 올릴 생각뿐이요	荒思民奠日
주름은 물 줄어든 흔적일러라.	皴是水疎痕
먼 숲은 형상 따라 엷어져 가고	遠樹形因淡
깊은 골 낮아서 저물려하네.	深崖底欲昏
배고픈 중 때때로 혼자 보는 곳	飢僧時獨望
연기 이는 곳에 밥이 있으리.	烟處飯應存

온양에서 돌아오며

自溫陽還

말 머리로 기러기 힘껏 날더니	馬首鴻飛勁
하늘 바람 나뭇잎 높이 날린다.	天風木葉高
술병을 두드림[1]은 참된 지사요	擊壺眞志士
칼집을 치는 것[2]은 바로 우리라.	彈鋏定吾曹
저물녘 홍시는 불같이 밝고	晩梯明如火
빈 강은 칼처럼 싸늘도 해라.	空江冷似刀
갈대숲 근심에 겨운 곳에서	蒹葭愁絶處
굴원을 흉내 내 「이소」를 짓네.	擬賦續離騷

1 술병을 두드림 : 원문은 격호擊壺. 왕돈王敦과 관련된 고사로, 장한 뜻을 굽히지 않는 지사志士의 절개를 빗대어 표현한 것이다. 진晉나라 왕돈이 대장군大將軍으로 큰 공을 세웠는데, 만년에 자신의 뜻대로 되지 않자 술을 마실 때마다 조조曹操가 지은 "늙은 천리마 구유에 누웠어도 뜻은 언제나 천 리 밖이요, 열사의 나이 비록 늙었어도 장한 그 마음 변함이 없네. 老驥伏, 志在千里. 烈士暮年, 壯心不已."라는 노래를 부르면서 타호唾壺를 두드려 타호가 모두 깨지곤 하였다는 고사가 전한다. 『세설신어世說新語』「호상豪爽」에 보인다.

2 칼집을 치는 것 : 원문은 탄협彈鋏. 풍환馮驩이 칼자루를 두드리며 자신의 불편한 심사를 노래한 고사이다. 풍환은 제齊나라 맹상군孟嘗君의 식객食客이었는데 맹산군이 푸대접을 하자 세 번에 걸쳐 칼자루를 두드리며 노래하여 자신의 요구를 충족시켰다. 『전국책戰國策』「제책齊策」에 보인다.

십삼 이희경[1]이 남산 발치로 집을 옮겼는데, 숲과 바위 못의 빼어남이 있다. 샘물은 바위 중허리에서 솟았기에 '사천'이라 하였다

李十三移家南山之麓 有林石池塘之勝 泉從岩臍中出 故號曰麝泉

나무꾼의 도끼소리 쩡쩡 울리고	樵斧響丁丁
산은 깊어 등불 하나 밝기도 하네.	山深一火明
높은 솔 어근버근 빙 둘러 있고	高松圍齟齬
구름 낀 산 우뚝히 감싸 안았네.	雲石護崢嶸
싸늘해져 못 고기는 모이어 들고	寒見池魚聚
저물녘에 날아든 참새 예쁘네.	昏憐瓦雀橫
문 들면서 찻잔을 달라하는 건	入門呼茗椀
뚝뚝지는 샘물소리 너무 좋아서.	爲愛乳泉聲

사물을 체득한 경지가 한결같이 이에 이르렀다.
體物之工一至於此 _ 李調元

1 이희경(李喜經, 1745~ ?) : 본관은 양성陽城, 자는 성위聖緯, 호는 윤암綸菴·십삼재十三齋·사천麝泉이다. 조부는 이의태李宜泰이고, 이소李熽의 다섯 아들 중 장남으로 태어났다. 1769년 박지원朴趾源을 스승으로 섬기고 '백탑시사白塔詩社'를 결성했다. 이 시절 그는 정철조鄭喆祚, 서상수徐常修, 이덕무李德懋, 유련柳璉, 유득공柳得恭, 박제가朴齊家, 이서구李書九, 김용겸金用謙, 임배후林配垕, 김순필金舜弼, 백동수白東修 등 이른바 '연암그룹'과 어울려 학문을 연마하였다.

밤에 앉아 회포를 적어 관헌 서상수[1]에게 부쳐 보이다

夜坐書懷 寄示觀軒

서리 같은 저 달이 있고부터는	自有如霜月
봄인지 가을인지 관계치 않네.	非關春與秋
좁은 집 밖에는 버들 성글고	柳疎稠屋外
고요한 섬돌 위론 사람이 희다.	人白靜階頭
그림자 돌아보며 말할 이 없어	顧影無誰語
그대 그려 이처럼 근심만 겹네.	思君似此愁
속된 소리 능히 잘 감응하나니	俗音能善感
저 멀리 새 노래를 펼쳐 보이네.	遠遠發新謳

1 서상수(徐常修, 1735~1793) : 본관은 달성達城, 자는 여오汝五 · 백오佰吾 · 기공旂公, 호는 관헌觀軒이다. 1768년 무렵 서울의 원각사지圓覺寺址 부근에 살면서 박지원 · 이덕무 · 이서구 · 유득공 · 박제가 등과 백탑청연白塔淸緣을 맺고 시문과 서화를 즐겼다. 그림뿐 아니라 글씨와 문장, 음악에 두루 능통했고, 특히 작품을 보는 감식안이 뛰어났다.

십삼 이희경에게 차운하다
次十三

푸른 등불 창호지는 얇기만 한데	燈青窓紙薄
찬 숲이 낡은 집을 두르고 있네.	老屋著寒林
달빛은 가녀린 그림자 안고	月抱纖纖影
매화는 꿋꿋한 마음 지녔네.	梅存耿耿心
벗들은 장년이 아니건만	友朋非壯歲
천지엔 홀연히 그늘이 깊다.	天地忽窮陰
그대 집 문 앞의 눈 아끼노니	愛汝門前雪
황혼녘 길 찾기 쉬워서일세.	黃昏逕易尋

추찬의 서루를 지나며
過秋餐書樓

암담한 속에서도 계절은 밀려들어	氣候潛推黯淡中
봄 오자 며칠 동안 바람만 끊임없다.	春來數日不禁風
솔바람 파도처럼 빈 집을 에워싸고	松濤滅沒圍虛屋
흰 눈이 오려는지 하늘 낮게 앉았네.	雪意升沈貯碧空
처사 본래 수북[1]에 살려 한 것 아니요	處士初非居水北
고인은 원래부터 거리에 숨는다네.[2]	高人元自隱墻東
한 해가 다 가도록 무엇을 얻었던가	窮年兀兀吾何有
초목과 충어의 같고 다름 견줘볼 뿐.	草木蟲魚較異同

---

1 수북 : 중국 낙수洛水의 북쪽으로, 당唐나라 석홍石洪이 이곳에 십년 동안 은거하여 '수북산인水北山人'이라 불리었으나 이후에 출사했다. 『신당서新唐書』「석홍전石洪傳」에 보인다.

2 고인은 …… 숨는다네 : 동한東漢의 왕군공王君公이 난리 통에도 시정市井을 떠나지 않고 소를 매매하는 거간꾼 노릇을 하면서 숨어 살자, 사람들이 "피세장동왕군공避世牆東王君公"이라고 일컬었다는 고사가 전한다. 『후한서後漢書』「일민열전逸民列傳」에 보인다.

법화암[1]

法華庵

불탑은 아득해라 부처의 집이러니	浮圖縹緲梵王宮
푸른 숲서 처마 끝 풍경소리 들려온다.	檐馬丁當積翠中
천 권의 패엽경[2]에 꽃비[3]가 흩어지고	貝葉千卷散花雨
찻물이 한 번 끓자 솔바람 소리 나네.	茶聲一沸悟松風
가는 새 멀리 보여 때로 파랗게 보이고	歸禽入遠時看碧
지는 해 허공 가득 온 세상 붉어라.	落日盈空摠是紅
바위 앉으니 어느새 구름 무릎 감쌌고	踞石不知雲繞膝
단풍 그늘 깊은 곳에 두 눈동자 맑구나.	楓陰深處靜雙瞳

맑고도 단아하여 세속을 벗어났다.
清雅脫俗 _ 李調元

1 법화암 : 남한산성 동쪽 봉암외성 밖에 있던 절이다. 병자호란과 관련한 연기 설화가 전해지는데 신빙성이 없다. 대신 여기 있던 불상의 양식으로 보아 통일신라 말에 세워진 사찰로 추정하는 견해가 있다. 터만 남아있다.

2 패엽경 : 원문은 패엽貝葉. 불교 경전으로 고대 인도에서는 불경을 패다라貝多羅라는 나무 잎에 철필로 베껴 썼다는 데서 유래했다.

3 꽃비 : 원문은 화우花雨. 제천諸天이 석가모니의 공덕을 찬양하는데 비처럼 꽃잎이 흩날리었다는 데서 유래했다. 이는 불경 소리가 마치 꽃비마냥 사방에 흩날리는 정경에 대한 묘사이다.

가을 새벽 병이 좀 나아져 이불 속에서 쓰다

秋晨病少間衾中記之

옛날만 좋아하고 지금 것 헐잖은 것 아니니　　初非古羨與今悲
당당한 지금의 모습을 뉘 대적하랴.　　怎敵堂堂現在時
물결에 뜬 꽃잎을 어떻게 믿을거나　　浪蕊浮花烏可恃
목판에 아로새겨 책 만든들 무엇하랴.　　仇梨讐棗復何爲
뜰 앞의 홰나무[1]도 세상을 다 살았으니　　婆娑只是東陽樹
굴원의 노래[2]처럼 통곡함은 없을지라.　　慟哭無如正則辭
이 세상 근심을 내 모두 근심하니　　萬斛閒愁都屬我
이런 근심 사람들의 눈썹에는 들잖으리.　　些兒不入俗人眉

푸르른 대지를 바다가 빙 둘렀으니　　大地蒼蒼海四圍
멍하니 있을 뿐 또 어디에 마음 두랴.　　茫然不動又何依
하늘이 빙 둘러 감싸 안고 있는데　　天包於外回環甚
그 가운데 사람 있어 눈동자만 돌리네.　　人在其中眩轉歸
기운 안정[3] 따르는 게 최고의 인연이요　　第一因緣隨氣住

---

1 뜰 앞의 홰나무 : 원문은 동양수東陽樹. 진晉의 은중문殷仲文과 관련된 고사로, 은중문은 문풍文風으로 세상에 이름이 알려졌는데, 동양태수東陽太守에 임명되자 즐거워하지 않으며, 정원에 있는 늙은 홰나무를 보고 "이 나무도 시들시들 생의生意가 다했구나. 此樹婆娑生意盡矣"라 하며 탄식했다. 『진서晉書』 「은중문전殷仲文傳」에 보인다.

2 굴원의 노래 : 원문은 정칙사正則辭. '정칙'은 굴원屈原의 이름이니 '정칙사'란 「이소離騷」를 가리킨다.

약간의 성명은 제비 날개 좇누나. 若干姓名趁燕飛
이처럼 길게 숨을 내쉬며 마시노니 來呼去吸長如是
풀무[4]의 바람으로 변화를 증험하네. 橐籥之風證化機

8구의 일곱 글자는 『도장』 가운데 있는 말이다.
七字從道藏中來 _ 潘庭筠

산 오르고 물가 서면 마음이 좋으리니 登山臨水若爲悰
서릿발 푸르는데 잎새는 단풍 든다. 霜脚嵌青葉眷彤
천지는 쓸쓸해라 승냥이 제사[5]하고 天地蕭蕭豺祭獸
거와 공은 의지하나[6] 벗들은 아득하다. 朋友落落駏依蛩
붓 도끼 휘둘러서 가짜 글 단죄하고 閒將筆鉞誅書贗
빨잔 배를 속히 저어 게으른 병 고치누나. 快棹觥船濟病慵
국화향기 싸늘함 너무도 안타깝네 却恨黃花香太冷
나처럼 성품이 질탕하지 못해서라. 也應如我性非濃[7]

---

3 기운 안정 : 원문은 기주氣住. 도가道家에서 수련修鍊하는데 쓰이는 말이다. 기주氣住·신주神住·형주形住를 삼주三住라 하는데, 당唐 시견오施肩吾의 『삼주명三住銘』에 "기가 안정되면 정신이 안정되고, 정신이 안정되면 형체가 안정되는데, 이는 장생長生의 방법이다. 氣住則神住, 神住則形住, 長生之道也."라 하였다.

4 풀무 : 원문은 탁약橐籥. 『노자老子』 "천지는 탁약橐籥과 같아 허虛해도 굴屈하지 않고 동할수록 더욱 나간다. 天地之間, 其猶橐籥乎, 虛而不屈, 動而愈出."에 보인다.

5 승냥이 제사 : 원문은 시제수豺祭獸. 승냥이나 수달 같은 미물도 보본報本을 알아, 사냥하여 잡은 짐승을 사방에 늘어놓는 버릇이 있다. 그 모습이 사람이 제물을 갖추어 제사를 지내는 것과 비슷하다고 하여 시제豺祭 또는 달제獺祭라고 한다.

6 거와 공 의지하나 : 원문은 거의공駏依蛩. 모두 짐승 이름이다. 둘이 늘 어울려 있기에, 사람이 늘 모이는 것, 또는 어려울 때 서로 의지하는 것을 비유하는 말로 많이 사용되었다고 한다. 『이아爾雅』에 보인다.

명구는 많을 필요가 없다.
名句不多得 _李調元

「이소」는 원망하는 사람의 노래라서	離騷只是怨人歌
속뜻만 어지럽히니 아끼지 않는다네.	徒亂中情勿愛他
가을 되니 두 뺨은 더욱 더 거칠고	牙頰逢秋頗碨礧
의관은 세상 따라 나날이 어지럽네.	衣冠與俗日婆娑
『태현경』 전해진들 아는 이 누구랴	太玄行世誰知否
큰 술잔 앞에 두고 안마시고 어이하리.	大白當前不飮何
이내 몸 해맑게 죽게 하려 함인지	定使吾身淸死了
국화꽃 단풍잎에 달빛 서리 가득해라.	黃花紅樹月霜多

슬프고도 장엄하다.
悲壯 _李調元

대를 이룬 것이 대단하여 능히 강개함을 느끼게 된다.
屬對不測有能感慨 _潘庭筠

7 [自註] "余時看碧雲騢."

동교에서 읊조리다
東郊口占

봄새는 말도 많고 버들실 늘어진 곳	春禽多舌柳多絲
나그네 고운 아씨 잠시 헤어지누나.	游子紅閨暫別離
계절을 고루 나눠 이처럼 늦었는데	節序平分如此晩
무수한 갈림길에 나아감이 슬퍼라.	路岐無數自前悲
세 갈래 흐르는 물 졸졸졸 흘러가고	三叉流水潺湲響
한 오리 구름 산은 어여쁜 자태로다.	一髮雲山綽約姿
가다가 궁궁이 풀 우거진 곳 이르니	行到蘼蕪最深處
뉘 있어 나 홀로 지날 때를 생각할까.	有誰思我獨過時

남한산성 동림사[1]에서

南漢東林寺

스님에게 술 찾음은 군지[2]를 믿어서니	從僧覓酒信軍持
술 취해 무료하면 필히 시를 지으리.	酣醉無聊必有詩
작은 구멍 흐르는 샘 또랑또랑 울리고	小竇流泉鳴甚慧
빗긴 등치 한 마리 새 멍청하니 앉았구나.	橫槎孤鳥坐如癡
흩어졌다 모였다 흰 구름 날 따르니	白雲舒卷長隨我
단풍에 배회하며 누구를 그리는가.	紅葉徘徊欲戀誰
때마침 저물녘에 함께 갈 벗이 없어	正是夕陽無伴侶
찬 산 온갖 구비 멍청이 서 있었지.	寒山萬皺立移時

1 동림사 : 남한산성 아홉 승군 사찰의 하나로 동쪽 벌봉 아래 있었는데, 봉암외성을 방비하던 승군의 숙소였다. 지금은 터만 남아 있다.

2 군지 : 범어의 음차로 승려들이 외유外遊할 때 맑은 물을 담아 가지고 다니며 마시기도 하고 손도 씻었던 그릇이다.

가을 회포. 청수 임호상에게 화답하다

秋懷詩和任清受好常

높은 하늘 기러기는 남녘으로 모두 가고	天高無雁不南飛
은하수 막 비끼자 바람 소리 희미하다.	星漢初橫地籟稀
붉은 나무 가운데 그대 홀로 사노니	紅樹之中君獨住
국화꽃 다 지도록 내 뉘게 돌아갈꼬.	黃花也盡我誰歸
홀로 가서 난간 기대 가을 산을 바라보다	憑欄自去看秋嶂
발길 따라 때로 와서 밤 사립을 두드리네.	信步時來款夜扉
술 취하면 쓸쓸해져 자주 무릎 맞대다가	酒後悽然頻促膝
등불을 돋우고 일어나 소변을 누노라.	倩人扶燭起更衣

구법에 생동감이 있고 새롭다.
句法生新 _ 潘庭筠

성근 울엔 서리 끼고 이슬은 날리는데	霜集疎籬露碎飛
산뽕나무 잎 다 지고 가을벌레 스러지네.	山桑隕盡候蟲稀
가을 겨울 어름에 뜻 다잡기 어려우니	最難爲意秋冬際
장차 마음 맞는 벗과 같이 돌아가리라.	將以同吾惠好歸
천리라 벗 생각에 달려가고 싶지만[1]	千里思朋須命駕

1 천리라 …… 싶지만 : 원문은 천리명가千里命駕. 벗을 그리워 한다는 것으로, "동평의 여안은 혜강의 높은 인격에 감복하여 생각날 때마다 천리를 수레를 몰아 찾았다. 東平呂安,

바다 같은 사람 틈에 홀로 사립 닫고 있네.	萬人如海獨關扉
술 깨자 시절 대해 더욱 느낌 많은데	酒醒時節偏多感
먼데 옷을 부치려나 뉘 집선가 다듬이 소리.	砧急誰家寄遠衣

진실로 명사의 말이다.
眞名士語 _潘庭筠

낙엽이 날리는 데 서성이며 못 떠나니	盤桓不去葉飛飛
뜻 잃고 낙백함 날만한 이 없구나.	搖落之人似我稀
날 저물고 길 막히니 이 어떤 세상인가	日暮途窮何世界
산 오르고 물가 임해 돌아감을 전송하네.[2]	登山臨水送將歸
뿔피리 처량한데 기러기는 비껴 날고	凄凉畵角橫霜雁
쓸쓸한 주막깃발 사립문서 날리누나.	蕭瑟風帘颺酒扉
애끊는 규방에선 둥근 부채 원망하고[3]	腸斷紅閨團扇怨
그 옛날 입던 옷은 향기 모두 스러졌다.	篋香消歇舊熏衣

服康高致, 每一相思, 輒千里命駕."라고 하는 구절이 『진서晉書』 「혜강전嵇康傳」에 보인다.

2 산 오르고…… 전송하네 : 이별을 슬퍼한다는 의미로, 송옥宋玉의 「구변九辯」에, "슬프다, 가을이여. 쓸쓸해라 초목이 져서 쇠하니. 구슬퍼라, 흡사 멀리 떠나 있는 듯. 산에 오르고 물에 임해 돌아갈 이 보내노라. 悲哉秋之爲氣也, 蕭瑟兮草木搖落而變衰, 憭慄兮若在遠行, 登山臨水兮送將歸."에 보인다.

3 둥근 부채 원망하고 : 원문은 단비원團扇怨. 버림 받은 원망을 말하다. 한漢나라 성제成帝의 후궁後宮 중에 재색才色이 뛰어났던 반첩여班婕妤가 한때는 성제의 총애를 독차지했다가 뒤에 조비연趙飛燕으로 인해 총애를 잃고는 스스로 동궁東宮에 물러나 지내며 자신을 깁부채에 비유하여 「원가행怨歌行」을 지어 노래했다. 그 노래의 대략은 다음과 같다. "항상 걱정했지, 가을이 와서 서늘한 바람이 더위를 앗아가 상자 속에 그대로 버려져 은정이 중도에 끊어질까. 常恐秋節至, 凉風奪炎熱. 棄捐篋笥中, 恩情中道絶."

벗을 방문하여 짓다

訪友作

하늘하늘 나비는 허공으로 날아가고	悠揚蝴蝶映天飛
숲 속 집에 초가을 산 빛이 몰려드네.	林屋初秋入翠微
보슬비 맞고 와 머리터럭 젖었고.	細雨冒來滋鬢髮
편한 옷 입고 나와 허리둘레 가늘다.	便衣徑出減腰圍
고운 새 날개 접고 안개 속에 지저귀고	文禽接翼烟中語
먼 물은 바람 품고 버들 밑을 지나가네.	遠水縈風柳底歸
아득한 산과 물은 바람결에 서늘하고	極目山河涼剪剪
서글퍼서 작은 다리 차마 못 기대겠네.	小橋惆悵不堪依

관헌 서상수가 벗을 초대하여 차를 마시는데, 수침향을 새로 산 그릇에 피웠다. 모양새와 색깔이 심히 예스러웠고 비취 깃이 꽂혀 있고 얼음무늬가 있었다. 작은 물건이었지만 오묘한 맛이 있었다

徐觀軒招朋茗飲　焚沉水香於新買罏　製色甚古　揷翠冰紋小壺爲妙品[1]

남다른 풍류는 지금 내게 있건만	別様風懷現在吾
스물여섯 해 되도록 이룬 것 하나 없네.	居然二十六年無
호탕한 문장은 천년의 사업이요	文章浩蕩千秋業
가슴엔 우뚝우뚝 오악의 그림이라.	心肺槎枒五嶽圖
죽은 뒤엔 병과 비취 고운 빛 남을 테고	死後留光甁翠艶
허공에는 향 연기 외론 무늬 이룰 걸세.	空中結綵篆烟孤
요즘 사람 '정'자를 본래부터 모르거늘	今人元不知情字
언제나 격호[2]를 잘한다 말 마시게.	漫道常時善擊壺

서역과 불경의 말을 시 속에서 활용하여 천고의 기이한 구절이 되었다. 4구의 말 또한 기이하다.

西土語衆釋典竄來運入詩中　使成千古奇句　第四語亦奇　_潘庭筠

1 [自註] "觀軒名常修, 字汝五, 善鑑賞. 春秋暇日, 啜茶看畵以爲樂."

2 격호 : 왕돈王敦과 관련된 고사로, 장한 뜻을 굽히지 않는 지사志士의 절개를 빗대어 표현한 것이다. 진晉나라 왕돈이 대장군大將軍으로 큰 공을 세웠는데, 만년에 자신의 뜻대로 되지 않자 술을 마실 때마다 조조曹操가 지은 "늙은 천리마 구유에 누웠어도 뜻은 언제나 천리 밖이요, 열사의 나이 비록 늙었어도 장한 그 마음 변함이 없네. 老驥伏, 志在千里. 烈士暮年, 壯心不已."라는 노래를 부르면서 타호唾壺를 두드려 타호가 모두 깨지곤 하였다는 고사가 전한다. 『세설신어世說新語』「호상豪爽」에 보인다.

주선하는 그대는 절반은 나이니	調友周旋半是吾
서로 만나 한 잔 술 어찌 능히 없겠는가.	逢渠一醉可能無
입춘에 피는 매화 봄 옴을 알림이요	立春梅屬先天數
밤들어 보는 산은 희미한 그림일세	入夜山多沒骨圖
수사향 스러져도 사람은 가지 않고	水麝烟殘人未去
퉁소 소리 그쳤지만 자리 어찌 외로우랴.	洞簫聲歇境何孤
남쪽 처마 이지러진 달 추워 장차 숨으려니	南榮缺月寒將隱
떨어지는 물시계 소리 시름겨워 듣노라.	愁聽丁東漏咽壺

오묘하고도 기이한 말이다.

妙理奇理 _ 潘庭筠

심계 이광석의 시골집에서 이틀을 묵다

信宿李心溪鄉廬[1]

계수나무 숲 속의 그대를 그리니	山中桂樹隱思君
초택에서 어이하여 새 짐승과 무리할까.[2]	草澤胡爲鳥獸群
먼 숲 속 이리저리 사람 홀로 길을 가고	遠樹縱橫人獨去
들판도 황량해라 어렴풋이 길 나뉘네.	野田蕭瑟路微分
대낮의 빈 마을은 바람소리 그 뿐인데	午時虛落惟天籟
두 짝의 사립문은 완연한 고문일세.	卯字柴門宛古文
삿갓 같은 정자 그늘 애오라지 함께 쉬니	一笠亭陰聊共憩
텅 빈 하늘 아득히 외론 구름 피어나네.	寥天杳杳潑孤雲

여섯 수는 재료를 취한 것이 넉넉하고
협운한 것인 공교로우며 글자가 모두 좋다.
전인의 표현을 마음에 담아두지 않아 뛰어나고 맑으니
진실로 후대에 전해질 것이다.

六首取材富 叶韻工 字字嘔 心不於前人 牙慧 眞必傳之作 _李調元

깊은 정 꺼내놓고 그대와 얘기하니	盡把衷情說與君

---

1 [自註] "心溪, 名光錫, 字復初. 家貧力學, 講濂洛關閩之書. 家廣州."

2 새 짐승과 무리할까 : 원문은 조수군鳥獸群. 새 짐승과 무리를 짓는다는 것으로, 공자가 길을 가다가 은자인 장저長沮와 걸익桀溺에게, '안 될 줄 알면서 억지로 하려는 사람'이라는 조롱을 들었다. 공자는 "새와 짐승과 같이 떼[群]를 할 수 없으니 내가 이 사람을 버리고 누구와 함께 살까. 鳥獸不可與同群, 吾非斯人之徒與而誰與."라 하였다. 『논어』「미자微子」에 보인다.

닭장[3] 속에 갇혀 지냄 차마 못 견디겠네.	不堪籠鎖在鷄群
우연히 지은 시구 온당치[4] 아니하고	偶然覓句非三上
멋대로 지은 글귀[5] 팔분체[6]에 가까워라.	率爾張軍僅八分
달빛 지고 바람 스친 가난한 선비 집에	抹月批風貧士宅
천지를 경위 삼는 고인의 글이로다.	經天緯地古人文
글 지어 도 밝힘을 장차 뉘게 맡기리오.	著書明道將安托
내 이제 후세의 양자운[7]이 되려 하네.	今我還爲後子雲

유문의 시학이야 그대만 함 뉘 있을까	儒門詩學孰如君
풍아의 남은 소리 함께 할 만 하도다.	風雅遺音儘可群
어느덧 가을은 황엽 따라 찾아오고	約略秋從黃葉入
높고 낮은 집들은 산 중턱을 나누었네.	參差屋向翠微分
술자리에 유익한 벗[8] 불러 모으리니	願言盃酒延三益

---

3 닭장 : 원문은 계군鷄群. 닭의 무리로 평범한 사람을 비유한다. 계군학鷄群鶴은 평범한 무리 가운데서 뛰어난 사람을 말한다.

4 온당치 : 원문은 삼상三上. 시문詩文을 구상하기 좋은 세 곳, 곧 마상馬上, 침상枕上, 측상廁上을 가리킨다.

5 멋대로 지은 글귀 : 원문은 장군張軍. 장오군張吾軍의 준말로 한유韓愈의 「취증장비서醉贈張秘書」 "아매는 글자는 알지 못하지만, 팔분체는 제법 쓸 줄 알기에, 내가 시를 지어 그에게 쓰게 한다면 또한 내 군대를 늘리기에 넉넉하다네. 阿買不識字, 頗知書八分, 詩成使之寫, 亦足張吾軍."에 보인다.

6 팔분체 : 원문은 팔분八分. 서체의 하나로 예서와 전자를 절충하여 만들었는데, 예서에서 이분, 전자에서 팔분을 땄기 때문에 붙여진 이름이다.

7 양자운 : 원문은 자운子雲. '자운'은 양웅楊雄의 자이다. 『태현경太玄經』을 지어, 사후死後에 빛을 보게 되었다.

8 유익한 벗 : 원문은 삼익三益. 『논어』 「계씨季氏」에 보이는 유익한 세 벗으로, 우직友直,

명성이란 엽전 한 푼 값어치도 못된다네.　　未擬聲名直一文
손님이 찾아올 때 바야흐로 해 저무니　　客子來時方落日
높은 관에 뒷짐 지고 정운시[9]를 읊조리네.　　峩冠負手詠停雲

그대 수레 모는 것[10]을 어찌해 사양하리　　跋涉寧辭御李君
깊은 골짝 높은 자취 따르기 어려워라.　　高蹤澗壑邈難群
마을 사람 풍진세상 말하는 법이 없고　　居民少說風塵事
어린애도 의리 구분 능히 할 줄 안다네.　　稚子能知利義分
가을밭의 감잎[11]에다 야사를 기록하고　　柹葉秋田抄野史
흙집 관솔불에 옛글을 외우누나.　　松明土室誦朱文
객 머묾을 싫다 않고 푸짐히 밥 먹이니　　不嫌留客豐年飯
벼이삭 아득히 만경 구름 맞닿았네.　　穲稏遙連萬頃雲

신선과 고사의 기운이 있다.
有仙氣亦有高士氣 _潘庭筠

우량友諒, 우다문友多聞를 말한다.

9 정운시 : 원문은 정운停雲. 친구를 생각하는 간절한 마음을 비유적으로 표현한 것으로 도잠陶潛의 「정운停雲」은 친우에 대한 그리움을 절절히 표현했다.

10 그대 수레 모는 것 : 원문은 어이군御李君. 어진 이를 가까이에서 대하였다는 뜻이다. '이군'은 본래 이응李膺을 가리킨다. 동한東漢 때 이응이 어질다는 명성이 있었다. 순상荀爽이란 사람이 어느 날 이응을 찾아가서는 이응이 탄 수레를 몰게 되었는데, 집에 돌아와서 다른 사람들에게 말하기를, "오늘에야 내가 이응의 수레를 몰 수 있게 되었다. 今日得御李君矣"라 하였다. 『후한서後漢書』 「이응열전李膺列傳」에 보인다. 여기에서는 이광석을 가리킨다.

11 감잎 : 원문은 시엽柹葉. 당唐나라 때 정건鄭虔은 시서화 삼절로 일컬어질 만큼 재명才名이 뛰어났으나 매양 빈궁에 쪼들렸고, 어려서는 종이가 없어서 감나무 잎[柹葉]에다 글씨를 익혔다. 『신당서新唐書』 「정건열전鄭虔列傳」에 보인다.

밭 사이 길 가만 걸어 홀로 그댈 찾으니	田間幽步獨尋君
저녁볕에 소와 양도 한 무리를 이루었네.	殘照牛羊又一群
먼 산의 푸른빛이 눈 사이로 떨어지고	遐峀空青眉際落
긴 숲은 푸른빛은 그림 속에 있는 듯 해.	長林金碧畵中分
빗 기운에 하루살이 떼를 지어 날아가고	蠛蠓知雨爲行陳
벌레 찾는 딱따구리 주문을 외우누나.	啄木求虫有呪文
천기를 모두 모아 한 눈으로 바라보니	盡拾天機歸眼底
표연히 방외에서 나는 구름 밟는 듯.	飄然方外躡飛雲

백번 다짐 굳센 의지 다만 그댈 믿으니	百鍊剛腸只信君
어지러이 개미가 나무를 흔들거나.[12]	紛紛撼樹蚍蜉群
식구들 다 데리고 방외에서 노닐며	盡携家室游方外
옛 경전 홀로 펼쳐 한밤중에 앉아 있네.	獨抱遺經坐夜分
거침없는[13] 경륜은 본래부터 속되잖아	捫蝨經綸元不俗
나오는 말 꽃과 같아[14] 모두 글을 이루네.	粲花牙頰摠成文
옛 사람이 말해지, '정 때문에 사누나.'[15]	古人先獲鍾情語

12 어지러이 …… 흔들거나 : 원진元稹이 이백李白과 두보杜甫 시의 우열을 논하면서 이백보다 두보를 앞에 두자, 한유韓愈가 "개미가 큰 나무를 흔들려고 하니, 자기 역량 모르는 게 가소롭다. 蚍蜉撼大樹, 可笑不自量."라 하여 원진을 조롱한 일이 있다. 호자胡仔의 『어은총화漁隱總話』 권14에 보인다.

13 거침없는 : 원문은 문슬捫蝨. 남이 보는 앞에서 이를 잡는다는 것으로, 성품이 방달放達하고 종용從容하며 강건함을 비유한다. 『진서晉書』「왕맹전王猛傳」에 보인다.

14 꽃과 같아 : 원문은 찬화粲花. 봄꽃처럼 전아典雅하고 준묘雋妙하다는 의미다.

15 정 때문에 사누나 : 원문은 종정鍾情. 왕융王戎이 자식을 잃자, 산간山簡이 조문을 가 슬피 우는 연유를 묻자, 왕융은 "성인은 정을 잊을 수 있지만, 우리들은 정 때문에 산다.

'동야가 용이 되면 나는 구름 될 테야.'[16] 東野爲龍我是雲

이런 표현 방식에 능숙하니 진실로 최고다.
此等習眞第一流 _潘庭筠

聖人忘情, 最下不及然. 情之所鍾, 正在我輩."고 답했다. 『세설신어世說新語』「상서傷逝」에 보인다.

16 동야가 …… 될 테야 : 한유韓愈가 맹교孟郊를 추앙하며 지은 「취유동야醉留東野」의 '吾願身爲雲, 東野變爲龍.'을 차용했다. 맹교가 용이 되면 한유 자신은 용을 따르는 구름이 되어 헤어짐 없이 평생 맹교를 따르겠다고 다짐한 대목이다.

소사의 여관 벽에 쓰다

題素沙店壁

갈림길은 하늘 닿아 그 끝을 알 수 없고	岐路連天不可端
집 나선 지 사흘에 다시 강가 섰구나.	出門三日又江干
호남의 산과 물은 끝없이 펼쳐졌고	湖南山水綿綿色
늦가을 동산 숲은 역력히 싸늘해라.	秋季園林歷歷寒
자는 곳의 별빛은 밥상에 비쳐 들고	宿處星光侵夜飯
기러기 그림자는 새벽 안장 떨어진다.	起來鴻影落晨鞍
사나이 발길이라 정처 없이 노닐지만	男兒儘是遊無定
이렇듯이 세월이 흘러가 두렵구나.	秖恐如斯歲月闌

5,6구는 뛰어난 구절이다.
奇句 _ 潘庭筠

부왕사[1]에서 밤에 이유동을 만나서
扶旺寺 夜逢李儒東[2]

곧추서자 하늘 바람 흰 난간에 닥쳐오고	拱立天風逼素欄
석문은 아주 맑아 밤에 여울 불어오네.	石門淸絶夜吹湍
안개 서리 아득하여 수은을 머금은 듯	烟霜逈似涵銀汞
잣나무 우뚝하여 돛대인양 아득하다.	檜柏高應敵颿竿
사찰[3]은 아득히 등불 밝게 비추고	初地依依燈照白
시월이라 나무 잎은 점차 붉게 물든다.	孟冬歷歷葉渝丹
그대를 만나서 너무나도 기쁘거니	逢君不作尋常喜
좋은 벗과 이름난 산 함께 보긴 어려운 법.	佳友名山湊合難

---

1 부왕사 : 북한산에 있는 사찰이다.

2 [自註] "字有一, 能詩善飮酒."

3 사찰 : 원문은 초지初地. 보살菩薩이 불과佛果에 이르는 52단계 중 십지十地의 첫 단계로서 희환지喜歡地를 가리키는데, 여기에서는 사찰을 말한다.

금강산을 유람하려고 금수정에 들렀는데 동행이 오지 않아
永平金水亭約金剛遊伴不至[1]

정자 아래 바위 밑둥 물이 돌아 흐르고	亭根石趾水環環
아침 햇살 아스라이 삿갓 끝에 비치네.	朝日蒼茫在笠端
먼 뫼부리 흐리고 갬 구슬피 바라보다	遠峀陰晴堪悵望
안개 물결 굽이굽이 빗겨들어 보인다.	烟波皺展入横看
꽃 덤불에 이슬 맺혀 봄추위 잦아들고	花叢有露春寒淺
모래 언덕 사람 없고 빗방울만 듣누나.	沙岸無人雨點殘
푸른 풀, 모래톱, 어느 곳 길로 오려나	綠草汀洲何處路
그대가 오지 않아 난간에 기대서네.	思君不見倚欄干

1 [自註] "金水亭距蒼玉屛五里, 臨江石壁橫峙. 明太史許國書石曰, 廻瀾石水環處."

고개 넘어 한양에서 만난 친구의 농가가 있어 방문하여 두보의 시[1]에 차운하다

踰一岡有京中故人農庄 相訪作次杜

마음이 고요하니 좁은 집도 큰 집 같고	心靜還知丈室寬
신 막걸리 시원하여 한때나마 기쁘구나.	酒酸猶博片時歡
십년간 그대 삶은 제문의 거문고요[2]	十年人似齊門瑟
반평생 문장은 남 흉내만[3] 내었구나.	半世文多楚相冠
세모가 다가오니 벌레도 우짖는데	感此孤蟲催歲暮
표연히 빈 들판서 찬 서리 밟는구나.	飄然曠野履霜寒
시골마을 적막하여 잠자리 일찍 드니	鄕村寂寞眠常早

---

1 두보의 시 : 두보杜甫의 「구일남전최씨장九日藍田崔氏庄」이란 작품에 차운한 것이다. 두보의 작품은 다음과 같다. "老去悲秋强自寬, 興來今日盡君歡. 羞將短髮還吹帽, 笑倩傍人爲正冠. 藍水遠從千澗落, 玉山高竝兩峯寒. 明年此會知誰健, 醉把茱萸仔細看."

2 제문의 거문고요 : 원문은 제문슬齊門瑟. 제문齊門에서 거문고를 타는 것은 자신이 좋아하는 바를 할 뿐이지 복록을 위해 그 즐거움을 바꾸지 않는다는 의미이다. 한유韓愈의 「답진상서答陳商書」에 나오는 말이다.

3 흉내만 : 원문은 초상관楚相冠. 초나라 재상의 손숙오孫叔敖와 관련되어 『사기史記』「골계열전滑稽列傳」에 보인다. 초나라 재상 손숙오는 우맹이 어진 사람임을 알고 그를 잘 대우하였다. 자신이 병들어 죽게 되자 그 자식이 빈곤하게 되었다. 우맹이 손숙오의 의관을 걸치고 손숙오와 같은 행동을 하였다. 초왕이 우맹을 보고 다시 살아온 것으로 여겨 재상을 삼고자 하였다. 우맹은 '돌아가 아내와 의논해 보겠다.'고 하고선 물러났다. 우맹이 다시 초왕을 보고서 말하였다. "초나라 재상이란 족히 할 것이 못 됩니다. 손숙오와 같은 재상은 충성과 청렴을 다해서 초나라를 다스렸고 초왕이 패자가 될 수 있었습니다. 그가 죽자 그 아들은 빈곤하여 땔나무를 져서 먹을 것을 마련합니다. 만약에 손숙오와 같이 된다면 스스로 목숨을 끊느니만 못합니다." 이후 손숙오의 자식을 불러 땅을 주고 아버지의 제사를 받들게 하였다. 여기서는 남 흉내나 낸다는 뜻으로 쓰였다.

사립에 달 떠오자 그제야 나와 보네. 月壓柴荊始出看

3,4구 열 네 글자는 강개함을 느끼기에 충분하다.
十四字多少感慨 _ 李調元

짙은 안개 걷히자 들 어찌나 넓던지 低烟滅沒野何寬
길손 근심 사라지니 이 아니 기쁠손가. 快散羈懷便是歡
단풍잎 쌓인 곳에 신발소리 들리더니 紅葉初深聞葛屨
황혼녘에 전립[4] 쓰고 혼자서 서 있구나. 黃昏獨立向氈冠
강비 계속 되니 잉어가 소식 전하겠고[5] 鯉魚書信連江雨
대지에 추위 들어 귀뚜라미 시끄럽네. 蟋蟀繁音滿地寒
구슬피 술잔 보니 고향을 떠나온 신세 悵望盃樽違故里
밝은 달 가을꽃 차마 보지 못하겠네. 秋花明月不成看

가을 들자 술 인심이 한결 더 넉넉해져 秋來飮戶十分寬
바닷가서 만나니 몇 날이나 즐겁던지. 海上萍逢幾日歡
낙담하여 둘이 함께 칼집을 두드리고[6] 落拓共彈明月鋏

---

4 전립 : 원문은 전관氈冠. 옛날 군관이 쓰던 모자이다.

5 잉어가 …… 전하겠고 : 원문은 이어서신鯉魚書信. 잉어가 소식을 전한다는 의미이다. 한漢나라 채옹蔡邕의 「음마장성굴행飮馬長城窟行」에 "손이 먼 곳에서 오는데, 잉어 두 마리를 보냈다네. 아이 불러 잉어를 삶게 하니, 그 안에 흰 편지가 있다네. 客從遠方來, 遺我雙鯉魚. 呼兒烹鯉魚, 中有尺素書."라 하였다. 이후 잉어는 편지를 지칭하게 되었다.

6 칼집을 두드리고 : 원문은 탄협彈鋏. 풍환馮驩이 칼자루를 두드리며 자신의 불편한 심사를 노래한 고사이다. 풍환馮驩은 제齊나라 맹상군孟嘗君의 식객食客이었는데 맹산군이 푸대접

높이 솟은 절운관[7]을 머리에 쓴다네.	崔嵬猶戴切雲冠
빈풍도[8] 그림 속에 국화는 시들었고	豳風畵裏黃花老
농장성[9] 그 옆으로 흰 이슬 차가워라.	農丈星邊白露寒
초가집 푸른 등불 마음 더욱 기꺼워	蔀屋靑燈情轉勝
밤 깊도록 시를 지어[10] 읽어 보누라.	奚囊詩草夜深看

낯선 땅서 먹고 사니 허리띠 헐렁하여	殊鄕糊口帶圍寬
꿈속에 고향 간들 조금도 기쁘잖네.	夢裏歸家不是歡
예로부터 어진 이는 밭두둑에 많았거니	終古名賢多畎畝
빈천한 이내 신세 유관이 한스럽다.	至今貧賤恨儒冠
울타리 가 풀벌레는 달빛 아래 울고 있고	草虫籬落啼明月
하늘 가 기러기는 추위를 원망한다.	客雁天衢怨薄寒
선생의 남긴 가르침 남아 있으니	歎息先生遺敎在
서인장[11] 아래의 두 세 구절 보노라.	庶人章下二三看[12]

을 하자 세 번에 걸쳐 칼자루를 두드리며 노래하여 자신의 요구를 충족시켰다. 『전국책戰國策』「제책齊策」에 보인다.

7 절운관 : 『초사楚辭』「섭강涉江」에 "빛나는 장협을 차고, 높은 절운관 썼네. 帶長鋏之陸離兮, 冠切雲之崔嵬."에 보이는데, 위로 높이 솟은 관으로 굴원屈原이 쫓겨나 강호를 유랑할 때 쓰던 관이다.

8 빈풍도 : 원元나라 조맹부趙孟頫의 그림 제목이다. 『시경』「칠월七月」을 그림으로 형상한 작품으로, 이후 빈풍도는 농사와 관련된 그림을 범칭하게 되었다.

9 농장성 : 별 이름으로 남극성 서남에 있다. 수확을 주관하는 별이다.

10 시를 지어 : 원문은 해낭奚囊. 당唐나라의 이하李賀가 명승지를 구경하며 얻은 시를 해노奚奴가 가지고 다니는 주머니에 넣은 고사와 관련되어 시초詩草를 넣어두는 주머니를 말한다.

서권기書卷氣의 영화로움 베옷 속에 쌓였으니	書卷英華蘊褐寬
인정의 농담 따라 기쁨 슬픔 지을 손가.	肯隨濃淡作悲歡
빚 같은 농사일에 문서 태울[13] 생각하고	田如宿債思焚券
못난 선비 신세라 갓에 오줌 누려무나.[14]	身是迂儒可溺冠
비바람 흩뿌리자 저물녘이 되었고	風雨紛披爲薄暮
강산도 물드니 첫 추위가 닥치누나.	江山渲染入初寒
해마다 백리 길에 강물 위 나그네로	年年百里乘潮客
떡갈나무 마을에서 벼 타작을 보노라.	槲葉村中打稻看

정이 지극하다.
情極 _ 李調元

11 서인장 : 『효경孝經』 「서인장庶人章」를 말한다. 「서인장」은 "하늘의 도를 이용하고 땅의 이익을 나누어 부지런히 아껴 써서 어버이를 봉양하는 것, 이것이 서인의 효도이다. 用天之道 分地之利 謹身節用 以養父母 此庶人之孝也."인데, 부모를 봉양하지 못함을 한탄하는 내용이다.

12 [自註] "感孝經, 用天之時因地之利二語."

13 문서 태울 : 원문은 분권焚券. 빚 문서를 태운다는 말이다. 풍환馮驩은 전국戰國시대 제齊나라 맹상군孟嘗君의 식객食客이었는데, 맹상군의 심부름으로 설薛땅의 빚을 거두러 갔다가 군명君命을 핑계하고 백성들이 변상해야 할 채권債券을 모두 합하여 불에 태워버렸다. 뒤에 맹상군이 궁지에 몰려 설땅으로 돌아갔을 때 백성들이 대환영했다. 『전국책戰國策』 「제책齊策」에 보인다.

14 갓에 오줌 누려무나 : 원문은 익관溺冠. 관에 오줌을 눈다는 말이다. 한漢나라 유방劉邦은 유자들을 좋아하지 않아, 빈객 중 유관儒冠을 쓰고 오는 자가 있으면 그 유관을 빼앗아 오줌을 싸버렸다. 이후 유생을 욕보이는 말이 되었다. 『사기史記』 「여생육고열전酈生陸賈列傳」에 보인다.

마을 사람이 술을 가지고와 헤어지며 앞 시에 차운하여

村中人携酒來別 次前韻

막걸리는 못난 사내 넉넉하게 만드니	醇醪合使薄夫寬
오랜 객이 도리어 눈물 씻고 기뻐하네.	久客飜爲破涕歡
오히려 책 향기 있어 이틀을 머무니	猶有書香留信宿
어느덧 들판 빛깔 옷깃에 물들었네.	居然野色染衣冠
버석버석 낙엽에 서릿발은 하얀데	多聲木葉流霜白
어슴푸레 띠집엔 달빛만이 싸늘해라.	未曙茅茨淡月寒
콩꼬투리 벼 들판과 헤어지고 난 뒤에는	荳殼禾叢離別後
언제나 꿈속에서 만날는지 모르겠네.	不知何日夢中看

5,6구는 신계마냥 좋은 구절이다.
好句如仙 _李調元

북한산의 문수문

北漢文殊門

하늘 빛 새는 곳에 언뜻 관문이 보이니	天光漏處乍窺關
구불구불 험한 길[1] 더위잡고 올라가네.	鳥道縈紆摠是攀
지는 해에 안개는 현도국[2]서 생겨나고	落日烟生懸度國
가을바람 나그네는 철위산[3]에 있구나.	秋風客在鐵圍山
장독을 엎어둔 듯 세 봉우리 널려 있고	形如倒甕三峯坼
어금니 부딪치는 듯한 물길이 휘도네.	鳴以衝牙一水還
절 앞에 이르자 자꾸 그림자 돌아봄은	初到寺前頻顧影
옷깃에 단풍의 붉은 기운 가득해서라.	紅明衣袂入楓風

우린于鱗 이반룡李攀龍[4]과 유사하다. 似于鱗 _ 李調元

3,4구는 소리가 맑고 뛰어난 구절이다. 亮音傑句 _ 潘庭筠

---

1 구불구불 험한 길 : 원문은 조도鳥道. 너무나 험하여 산길로는 짐승도 다니지 못하고 오직 하늘로 새만이 날아다닐 수 있다는 길로 아주 험한 산길을 말한다.

2 현도국 : 지금의 아프가니스탄 동부 지방에 있는 나라인데, 산골짜기가 너무 험하여 밧줄을 걸고 건너간다고 해서 현도懸渡, 또는 현도縣度라 한다. 여기에서는 안개가 깊은 골짜기에서 일어난다는 의미이다.

3 철위산 : 불교의 세계관에서 세계의 가장 끝에 있다고 하는 산이다. 철륜위산鐵輪圍山 또는 금강산金剛山·금강위산金剛圍山이라고도 한다. 불교 세계관에 따르면, 세상의 한 가운데에는 수미산須彌山이 있고, 9개의 산과 8개의 바다가 이 수미산을 둘러싸고 있다. 이를 구산팔해九山八海라 하는데, 이 중 가장 바깥쪽에 있는 산을 이르는 말이다. 바깥쪽은 우주의 끝으로 어둡고 캄캄하며 무서운 암흑이 펼쳐진다. 여기에서는 산세가 아주 험함을 의미한다.

4 이반룡(李攀龍, 1514~1570) : 자는 우린于鱗, 호는 창명滄溟이다. 한漢·위魏·성당盛唐의 시의 격조를 중시했던 중국 명나라의 시인이다.

상복은 벗은 뒤 이소[1] 어른을 찾아뵈었다. 굳이 시로 나를 권면하시며 "그대가 글 짓는 것을 보지 못한 것이 오래다."라 하셨다

免喪後往謁李進士丈名燫喜經之父 **苦勸余以詩云 不見子落筆久矣**

세월은 물과 같고 세상일은 연기 같아	光陰如水事如烟
슬픔과 즐거움이 안 중에 없었다네.	哀樂都無任眼前
술 데우며 인간 세상 세월 감을 근심하다	酒煖人間愁失日
푸른 산서 뜻밖에 망년지교 허락했네.	山青分外許忘年
자야곡[2] 한 곡조를 양금으로 연주하고	宮商子夜西琴作
운무 낀 중당에는 절강浙江 그림 걸렸구나.	雲霧中堂浙畵懸
저 멀리 하늘에는 눈비 내려 싸늘한데	極目凄凄天雨雪
온 세상 잠든 속에 닭 한 마리 홰를 친다.	一鷄孤唱萬家眠[3]

약 솥에 장작 연기 어느덧 사라지고	藥竈新消榾柮烟
찬 날씨에 등불은 입춘의 전이로다.	歲寒燈火立春前
매화는 사람으로 임화정[4]에 견주는데	梅花人比林和靖

1 이소(李燫, 1728~1796) : 자는 치회穉晦, 호는 하유재何有齋로 이희경李喜經의 아버지이다.

2 자야곡 : 원문은 자야子夜. 진晉나라 곡조명으로, 자야라는 여자가 부른 슬픈 노래이다.

3 [自註] "時十三方學西洋鐵絲琴, 又有杭士陸飛嚴城潘庭筠之書."

4 임화정 : 북송北宋의 시인 임포(林逋, 967~1028)의 시호이다. 부귀를 추구하지 않고 서호西湖의 고산孤山에 은거하며, 매화를 아내 삼고 학을 자식 삼았다고 한다.

눈 개인 산의 모습 조대년[5]과 비슷하다. 雪霽山如趙大年
인간은 본래 황토 빚어[6] 만든 것이요 世界元從黃土弄
하늘별 또렷하여 주기성[7]이 걸렸구나. 天星宛見酒旗懸
방석 앉아 한가로운 재미를 깨달으니 蒲團悟得閒滋味
홰나무 구멍에 옮겨 가서 잠 청하네.[8] 槐穴輪他試小眠

3,4구는 명구라 다듬을 필요가 없다.
名句不刊 _李調元

눈 덮인 집 뭉게뭉게 저녁연기 피어나고 雪屋漫漫摠潑烟
황량한 시골 마을 문 앞에 펼쳐있네. 荒村一帶卽門前
별 기울고 달이 지니 이 밤 어느 밤인가 參橫月落今何夕
막걸리 푸른 등불 지난 해과 같구나. 酒白燈青似舊年
시 지어 황보 서문[9] 받으려 하지 말자 作賦休須皇甫序

---

5 조대년 : 송宋나라 조령양(趙令穰, ? ~ ?)으로 산수화가이다. 〈호장청하도湖莽淸河圖〉 등의 그림이 유명하다.

6 황토 빚어 : 원문은 황토롱黃土弄. 사람으로 태어났음을 의미한다. 『태평어람太平御覽』에 "천지가 처음 개벽했을 때 사람이 없어서 여와가 황토를 이겨서 사람을 만들었다. 도중에 일이 너무 많아 힘이 미치지 못하자 새끼를 진흙 속에 넣어서 사람을 만들었는데, 부귀하고 현명하며 지혜로운 사람은 황토로 만든 사람이요, 빈천하고 평범하며 어리석은 사람은 새끼로 만든 사람이다. 天地初開闢, 未有人民. 女媧團黃土爲人. 劇務, 力不暇供, 乃引繩於泥中, 擧以爲人. 故凡富貴賢智者, 黃土人也. 貧賤凡愚者, 引絙也."라는 기록이 있다.

7 주기성 : 원문은 주기酒旗. 별 이름으로, 인간의 음주를 관장한다.

8 홰나무 …… 청하네 : 괴안몽槐安夢은 당唐나라 순우분淳于棼이 홰나무 밑에서 술을 마시다가 취하여 잠이 들었는데 꿈속에서 괴안국에 들어가 남가군南柯郡의 태수가 되어 30년 동안이나 부귀와 영화를 누렸다는 고사이다.

9 황보 서문 : 원문은 황보서皇甫序. 진晉의 명사名士인 황보밀皇甫謐의 서문序文을 말한다.

책 써서 나라 문에 매단 일[10] 우스워라. 著書堪笑國門懸
이 몸 장차 숨으리니 이름을 무엇 하나 身將隱矣名安用
높은 산 깊은 골에 베옷 안고 잠을 자리. 絶壑嶙峋擁褐眠

좌사左思가 「삼도부三都賦」를 지었는데 아무도 알아주는 사람이 없어 당시의 명사인 황보밀에게 서문을 받아 붙여 유명해졌고 이 때문에 낙양洛陽의 종이 값이 일시에 폭등했다는 고사이다.

10 나라 문에 매단 일 : 원문은 국문현國門懸. 여불위呂不韋와 관련된 고사이다. 여불위는 자신의 저서 『여시춘추呂氏春秋』를 함양咸陽의 성문에 진열하고 그 위에 천금을 걸어 놓고서 한 글자라도 증감할 수 있는 자에게 천금을 주겠다고 널리 알렸다고 한다.

서가운이 책을 옮겨 초대하기에. 조여극도 마침 연천에서 이르렀다

徐稼雲移書相邀 趙汝克適自漣川至

일천 집 달빛이 어둑어둑한 이 밤에	千家月色黯然宵
버들에 안개 가득해도 푸른 빛 감도네.	衰柳多烟綠未消
누군가 등불 들고 오는지 돌아보며	却望何人携蠟炬
가련히도 돌아오는 길 홍교에서 서성이네.	自憐歸路佇虹橋
한기 서린 병중인데 여름옷도 괜찮구려	輕寒病裏生衣穩
멀리서 산 중에서 만나자는 편지 보내왔네.	佳約山中小札遙
해마다 함께 숨어 살자던 약속 등졌으니	謾負年年偕隱計
오늘은 고기 잡고 나무하는 얘기나 해보세.	與君今日話漁樵

새벽에 동작강을 건너다

曉渡銅雀江

따각따각 말 소리 빈산에 울려대고	馬踏空山霍霍鳴
강물 아래 찬별은 일렁이며 반짝이네.	寒星江底漾還明
어둑어둑 서 있는 사공조차 안 보이고	冥濛不辨梢工立
삐죽삐죽 행렬은 장사치들 무리인가.	犖确相隨旅賈行
수묵의 빛으로 밤 색깔을 칠해 놓은 듯	水墨全然鋪夜色
수염은 온통 가을 소리 내려는 듯.	鬚眉盡欲作秋聲
분명구나, 어둠 속에 구릉을 지났으리	方知暝裏丘陵轉
해 뜨자 내린 서리 갓끈에 가득해라.	日出飛霜滿客纓

기이한 발상이 다른 사람의 의장보다 뛰어나다.
奇想出人意表 _ 李調元

갈산 여관의 새벽 비

葛山店曉兩

누워 갈 길 헤이다가 잠을 못 이루니	臥數歸程睡不成
벗들 그려 다시금 평생을 생각하네.	懷群更自念平生
마음의 근심은 육신 부림 때문이니	心勞大底由形役
수고로움 원래부터 노님보다 낫다네.	苦住元來勝樂行
남국 산하 기러기 그림자도 많은데	南國山河多雁影
한밤중 비바람에 닭 울음을 또 듣누나.	中宵風雨又鷄聲
삐걱삐걱 베 짜는 소리 아이울음 뒤섞이니	鳴機軋軋啼兒混
여관 주인 인연 있어 외려 정이 있어라.	店主因緣倒有情

창망함이 끝이 없다.
無限蒼茫 _ 潘庭筠

백운대

白雲臺

세 봉우리 아침 해가 붉은 빛을 쏘아대니	三峯初日射微赬
천 길 뫼 한 칼로 베어 만든 듯해라.	千仞都將一劈成
새 짐승 모두 다 종경소리 머금었고	鳥獸俱含鐘磬響
구름 노을 언제나 색깔을 드러내네.	雲霞常現石金精
사람들 내 머리 밟듯 뒤꿈치만 보이니	人方履頂吾看趾
우러르면 혹 달린 듯[1] 굽어보면 아찔해라.	仰似懸疣俯眩睛
높은 곳이라 아득히 먼 형세 뿐 이로니	高處茫茫惟遠勢
큰 강도 터럭 마냥 손끝에 걸렸구나.	大江如髮指端橫

필법에 귀신의 솜씨가 있다.
筆有鬼工 _李調元

기이하고도 아름답다. 5,6구는 마제백의 「봉선의기封禪儀記」의 말과 유사하다.
奇麗五六似馬第伯封禪花中語 _潘庭筠

1 혹 달린 듯 : 원문은 현우懸疣. 군살이나 혹을 말한다. 『장자莊子』「대종사大宗師」 "그들은 삶을 군살이나 혹이 달라붙고 매달린 것처럼 생각한다. 彼以生爲附贅懸疣"에 보인다.

십삼 이희경을 방문하다

訪李十三[1]

찾아오는[2] 사람 없이 한낮은 산 푸르른데 　剝啄聲稀午峀青
거친 길 헤치고 와 정자에 이르렀구나. 　披來荒逕卽爲亭
창포 잎에 앉은 잠자리 허리가 알록달록 　菖蒲葉脊蜻腰纈
패랭이꽃 곁의 나비 분가루 떨어지네. 　石竹花邊蝶粉零
사물변화 영롱함을 자세히 관찰하며 　物化玲瓏歸細玩
재잘대는 새 울음을 한가로이 듣노라. 　禽鳴瑣碎入閒聽
술 나라의 해와 달은 재빨리 지나가니 　醉鄕日月堂堂逝
술 깊이 경계한 평씨萍氏[3]를 뉘 알리오. 　深戒寧知掌酒萍

1 [自註] "十三, 外王父潛齋先生金益謙入燕, 遇豸青山人李鍇, 其酬唱筆跡, 尙在十三家爲寶玩."

2 찾아오는 : 원문은 박탁剝啄. 문을 두드리는 소리이다. 한유韓愈의 「박탁행剝啄行」 "똑똑똑, 길손 와서 문 두드려도, 나가 응대하지 않으니, 돌아가며 화를 내누나. 剝剝啄啄, 有客至門, 我不出應, 客去而嗔."에 보인다.

3 평씨 : 원문은 장주평掌酒萍. 술을 감독하는 관리인 평씨萍氏를 말한다. 『주례周禮』 「추관秋官」에 "평씨는 술을 기찰幾察하고 조심시키는 일을 관장한다. 萍氏掌國之水禁幾酒."가 보인다.

이덕무가 와서 자는데 때마침 비바람이 몰아쳤다
懋官來宿適有風雨

즐기느라 해 넘도록 출입하지 않아도　　嘯傲經年不下樓
뻗쳐가는 가을 기운 누르기는 어려워라.　　終難磨滅氣橫秋
책 속의 벗들과 다정하게 속삭이고　　卷中師友眉相語
그림 속 소주蘇州 항주杭州 마음껏 즐기노라.　　畵裏蘇杭意如游
다듬이 소리 들려오자 서리도 내려앉고　　一杵初鳴霜始至
온갖 벌레 함께 울자 달은 서편 흘러간다.　　百蟲皆作月西流
서서히 해 저물어 그리움만 더하노니　　逌然歲晩增遐想
그리운 그 사람 잠 못 들고 기다린다.　　彼美之人輾轉求

목욕한 듯 비 지나고 달이 누각 드리우니　　雨痕如沐月垂樓
오늘 밤 만 리가 가을임을 새삼 깨닫누나.　　坐覺今宵萬里秋
서쪽 보고 웃는[1] 맹인 헛된 생각 많은 게고　　西笑盲人多妄想
남명 가는 붕새[2]는 어디에서 노닐려나.　　南圖鵬鳥欲何游

---

1 서쪽 보고 웃는 : 원문은 서소西笑. 서쪽 바라보며 웃는다는 뜻이다. 한漢나라 환담桓譚의 『신론新論』에 "관동의 속담에 사람이 장안의 음악을 들으면 문을 나와 서쪽 향해 웃는다. 關東鄙語曰 人聞長安樂, 則出門西向而笑."란 말이 있는데, 장안은 관동의 서쪽에 자리 잡고 있기에 생긴 말이다.

2 남명 가는 붕새 : 원문은 남도붕조南圖鵬鳥. 『장자莊子』「소요유逍遙遊」에 "북쪽 바다에는 곤鯤이라는 물고기가 있어 그 크기가 몇천 리나 되는지 알 수가 없고, 이 고기가 변화하여 붕鵬이라는 새가 되는데, 붕새의 등 너비는 또 몇 천 리나 되는지 알 수가 없다. …… 붕새가 남쪽 바다로 옮겨 갈 때에는 물결을 치는 것이 삼천 리요, 회오리바람을 타고

하늘 보니 가물가물 은하수는 어지럽고	眺空仄仄星河亂
땅에선 우수수 낙엽이 구르누나.	聆地溜溜木葉流
내 마음 깊은 근심 그대가 잘 풀어주니	我有幽憂君善解
두 사람 만났는데 다시 무얼 구하리오.	二人相得復何求

구만 리를 올라가 여섯 달을 가서야 쉰다. 北冥有魚, 其名爲鯤, 鯤之大不知其幾千里也. 化而爲鳥, 其名爲鵬. 鵬之背不知其幾千里也. …… 鵬之徙於南冥也, 水擊三千里, 摶扶搖而上者九萬里, 去以六月息者也."라고 한 데서 온 말로, 전하여 남쪽을 도모한다는 것은 영웅호걸이 웅대한 포부를 펴는 것을 비유한다.

해금강에 배를 대고

舟泊海金剛[1]

깊은 곳을 어이 능히 눈으로 볼 수 있으리　　深處何能目力求
바람 모래 갖은 괴이함 한데 모여 그윽해라.　　風霆百怪湇爲幽
하이[2]의 열전은 삼사엔 아예 없고　　鰕夷列傳無三史
서불의 밥 연기는 구주의 밖 일래라.　　徐市人烟外九州
이 언덕서 내 마땅히 해돋이를 보리니　　此岸吾當觀日出
이번 길에 고래 노닒 못 만남이 안타깝네.　　今行恨未値鯨游
언제나 신라 때의 기남자[3]를 그리노니　　永懷羅代奇男子
가을비에 낙엽 배[4]를 함께 바라보았으면.　　秋雨同看落葉舟[5]

3,4구는 일을 감정에 붙인 것으로 대가의 솜씨다.
三四使事寓感大宗筆墨 _ 潘庭筠

---

1 [自註] "高城東岸海囓處, 石皺磋砑如微雪, 象金剛之衆香城, 盖怪石一堆而已."

2 하이 : 일본을 말한다.

3 신라 때의 기남자 : 원문은 나대기남자羅代奇男子. 신라 사람 대세大世와 구칠仇柒을 말한다. 아래 각주 참조.

4 낙엽 배 : 원문은 낙엽주落葉舟. 낙엽을 배 삼아 물이 띄운다는 말이다. 『삼국사기三國史記』 진평왕조眞平王條에 보면, 신라 사람 대세大世와 구칠仇柒은 인간 세상을 초탈하려는 뜻이 있었다. 둘은 남산南山의 절간에서 만나 비가 고인 물에 낙엽을 배 삼아 띄어놓고 그것이 가는 선후에 따라 떠나자고 하였다. 둘은 함께 남해에서 배를 타고 떠났는데 그들이 간 곳을 알지 못한다.

5 [自註] "蝦夷國屬日本, 北與野人接一海, 一名夷狄. 其人皆鬚長, 至地新羅. 大世仇柒二人, 有遠遊之志. 共遊南山寺, 欲試其志, 以落葉爲舟, 泛於庭潦, 觀其先後, 遂共乘舟南海, 不知所往, 見金富軾三國史."

금오문 밖 셋집에서 글을 읽는데 이덕무와 유득공이 밤에 왔다
金吾門外賃屋讀書 李炯菴柳冷齋夜至

붉은 등불 줄줄이 문 안쪽을 비추더니	紅燈隊隊映門深
이공 유공 잠 없이 뜻밖에 찾아왔네.	李柳無眠不意臨
지극한 벗 이 세상에 함께 내려왔어도	至友元同斯世降
참된 시는 제가끔 자기 소릴 내는 법.	眞詩各出自家音
한 조각 열구름에 하늘가엔 달이 떴고	輕雲一點天邊月
온 산엔 눈이 쌓인 궁원 북편 숲이로다.	積雪千章苑北林
살풋 취해 올 한 해를 돌이켜 살펴보니	小醉回頭仍此歲
깊은 근심 반 년 넘게 서로 찾아 다녔구나.	幽憂强半日侵尋

운소 임병호가 내 집을 지나기에 앞의 운자를 써서 차운하다
次雲巢林子秉浩過樊廬用前韻之作

몇 날 밤 눈보라에 문을 굳게 닫아거니　　連宵風雪掩關深
한 달도 중순이라 한 해가 다 갔구나.　　月逼中旬歲已臨
열흘 동안 평원군[1]은 술도 잘 마셨고　　十日平原眞善飮
큰 아들 문거는[2] 지음이었지.　　大兒文擧是知音
천리마에 붙어서도 천리 간다 들었지만　　徒聞付驥行千里
까마귀가 아니거니 상림에 어이 들까.[3]　　不及飛烏借上林
십자 모양 거리의 회색 집 문을　　十字街頭灰色屋
몇 번이나 주인 찾아 발걸음 했던고.　　幾回幽屐主人尋

---

1 열흘 동안 평원군 : 원문은 십일평원十日平原. 조趙나라의 평원군平原君이 열흘 동안 술을 마시며 논 일을 말한다. 평원군은 진秦나라 소왕昭王이 청하여 열흘간 술을 마셨는데, 이 때 소왕은 조나라를 칠 계책을 세우는 중이었는데도, 평원군이 그 꾀를 알면서도 흔쾌히 술을 마시면 놀고 돌아왔다. 『사기史記』「범휴채택열전范雎蔡澤列傳」에 보인다.

2 큰 아들 문거 : 원문은 대아문거大兒文擧. 후한後漢 때 북해상北海相을 지낸 공융孔融이다. 선비들을 좋아하였고 특히 후진後進들의 앞길을 이끌어 주었으므로 한직閑職에 물러난 뒤에도 빈객들이 날마다 집에 가득하였다고 한다. 『후한서後漢書』에 보인다.

3 까마귀가 …… 어이 들까 : 당唐나라 때 이의부李義府가 태종太宗에게 부름을 받고 들어가 영오시詠烏詩를 짓게 하자, 이의부는 "태양은 아침에 나부끼고 거문고에선 야제곡이 들리누나. 상림원이 나무가 저리도 많은데, 한 가지도 빌려 주지 않네. 日影颺朝彩, 琴中聞夜啼. 上林多少樹, 不借一枝棲."라 읊조렸다. 태종이 "어찌 한 가지뿐이겠는가, 내 장차 너에게 모든 가지를 빌려주리라. 吾將全樹借汝, 豈惟一枝."라 대답했다는 고사가 있다. 『당서唐書』「이의부전李義府傳」에 보인다.

현죽리에서 9월 9일, 두보의 「추흥」[1]에 차운하여
玄竹里九日次杜氏秋興韻

문무 사업 헤매다 전원에 못 갔는데	書劍翛翛未返林
가을 오매 기러기 떼 훤히 보이네.	秋廻雁字示昭森
이랑은 굽이굽이 논두길로 통했고	魚梁曲折通禾經
마구간 황량하게 나무 그늘 맞닿았다.	牛屋荒寒接樹陰
바다 위 여러 산도 이처럼 저물고	海上諸山如是暮
농가의 중양절은 그 마음 어떠하리.	田間九日若爲心
농민들 입기보다 먹는 일 다급하여	農家口急身猶緩
집집마다 방아 찧고 몇 집만 다듬이 소리.	百戶舂聲數戶砧

경물을 그림처럼 그려냈다.
景物如畫 _ 潘庭筠

---

1 두보의 「추흥」 : 두보杜甫의 「추흥秋興」 8수 중 여덟 번째 작품으로, 두보의 작품은 다음과 같다. "玉露凋傷楓樹林, 巫山巫峽氣蕭森. 江間波浪兼天湧, 塞上風雲接地陰. 叢菊兩開他日淚, 孤舟一繫故園心. 寒衣處處催刀尺, 白帝城高急暮砧."

인지 윤선대가 글방을 새로 짓고 벗들에게 두루 시를 구하기에

尹仁之善大書舍新成遍索同人和題

손 붙들고 정답게 술을 자주 따르니	留賓細細酒頻添
깨끗한 방 불은 밝고 삐뚜름히 갓을 썼네.	淨室燈輝仄帽簷
한 줄기 담배 연기 살쩍을 감돌더니	一線螺烟靑繞鬢
그믐의 눈썹 달은 주렴가에 빛나누나.	下弦眉月耿橫簾
양홍梁鴻은 한 평생 남에 도움 받잖았고[1]	生平鴻不因人熱
『주역』에선 잠용이 되라고 하셨지.[2]	大易龍居勿用潛
문 닫고 『병사』[3] 초고 다시 이어 짓는지	閉戶續修甁史草
매화 꽃 피는 시절이니 두 해나 되었구나.	梅花節候二年兼

1 양홍은 …… 받잖았고 : 양홍梁鴻이 남의 열熱로 밥을 짓지 않았다는 고사에서 비롯된 것으로, 남에게 힘이나 덕에 의존하지 않았다는 고사이다. 『동관한기東觀漢記』「양홍전梁鴻傳」에 보인다.

2 『주역』에선 …… 하셨지 : 『주역』「건괘乾卦」 초구(初九, 맨 아래 괘)의 효사에 "潛龍勿龍"이라 하였다. 이에 대해 공자는 "용의 덕이 있으면서 숨은 자이다. 세상에 따라 뜻을 변하지 않고 이름을 이루려 하지 않는다. 세상을 피해도, 인정을 받지 못해도 근심하지 않는다. 즐거우면 행하고 근심스러우면 어긴다. 확고하여 흔들리지 않는 존재가 잠룡이다. 龍德而隱者也. 不易乎世, 不成乎名, 遁世無悶, 不見是而無悶, 樂則行之, 憂則違之, 確乎其不可拔, 潛龍也."라 하였다.

3 『병사』 : 명明나라 원굉도袁宏道가 꽃의 감상법을 쓴 책이다.

여극 조덕민의 소석산방에 부치다

寄贈趙汝克德敏小石山房

아침볕에 이슬 젖은 알밤을 줍고	朝陽拾露栭
밤 불빛에 서리 맞은 게[1]를 잡으리.	夜火編霜蟹
매만지며 누군가를 주려 하는가	摩挲欲贈誰
백 번을 잡았다간 그만두노라.	持玩百回罷

1 서리 맞은 게 : 원문은 상해霜蟹. 서리가 내릴 무렵의 게로, 가장 맛이 좋다고 한다.

못가 정자

池亭

놀던 고기 힘차게 헤엄쳐 가니	游魚方潑潑
봄물은 잘도 돌아 흩어지누나.	春水善回散
날 밝아 작은 미끼 또렷도 하고	晴天明小餌
꽃다운 풀 언덕 저편 비추는구나.	芳草照隔岸
바람 불어 온종일 담박하더니	風來澹終日
누각에 버들개지 어지러워라.	樓中柳絮亂

밤비에 십삼 이희경의 형제의 방에서 자며
夜雨宿李十三伯仲之室[1]

나뭇잎 크다고 싫다 않으며	樹葉不嫌大
빗발이 거침도 마다 않누나.	雨脚不嫌麤
알겠구나, 돌고 도는 곳에서도	但覺回旋處
잡다한 소리 가락에 맞는 것을.	繁音節奏俱
때마침 황혼 빛 맞이하여서	正値黃昏色
창문에 수묵 빛 번지어간다.	牕櫳水墨濡
출렁이는 이곳은 그 어디멘가	泓渟此何境
마주하니 마치도 강호인 듯.	相對如江湖
가만히 정신이 떠나가서는	兀兀將神去
아득히 물풀 속을 들어가는 듯.	遙遙入菰蒲

1 [自註] "十三, 名喜經, 其弟名喜明, 字惟馨, 皆能文好古. 與余爲忘形友, 其弟喜英, 字秋餐, 畵與金龍行齊名, 亦奇士也."

거미줄

蛛絲

거미줄엔 지극한 이치가 있고	蛛絲有至理
풀벌레도 마음잡고 살필 만하네.	草蟲持堪玩
어찌 꼭 유식자의 도움을 받으리	寧惟助多識
성정이 이토록 맑고 깨끗한 것을.	性情爲蕭散
오호라, 창아의 이름조차도	嗚呼蒼鴉名
나라 사람 반도 듣지 못했네.	擧國聽未半
하물며 하늘과 사람 사이의	況復天人際
미묘함을 그 누가 알 수 있으리.	微眇孰能判
나 또한 소학에 뜻을 두고도	余亦志小學
이러저러 중도 포기 안타까워라	差池半塗歎

형암 이덕무에게 부치다

寄炯菴李德懋

선비 되어 가을을 슬퍼 않을까[1]	爲士不悲秋
늘 소인의 원망이 두려웁구나.	常恐狐狸噉
책 읽다 기이한 글자 마주칠 때면	讀書奇字過
보고도 마치 못 본 듯하네.	視之如不覽
속투를 따르는 데 급급하여서	汲汲循俗套
새롭게 바꿈을 감히 못 하네.	更張大不敢
눈동자는 어찌해 환할 것이며	眸子光豈洞
오장은 씻는대도 더러워지네.	臟腑洗應黕
가을 소리 사람 깊이 스며들어와	秋聲入人深
귀 부리에 까닭 없이 느낌이 있네.	耳朶無由感
아아! 나 또한 보잘 것 없는 이로	嗟余亦么麽
약관에다 욕심 없는 이건만,	弱冠且恬憺
고개 들어 가을빛 바라보자니	擧頭見秋色
마음이 동요되어 문득 슬퍼라.	心動忽自憯
충신과 의사의 전기를 펼쳐	忠臣義士傳
창촉을 즐기듯 즐겨 읽누나.	嗜讀如昌歜

1 가을을 슬퍼 않을까 : 원문은 불비추不悲秋. 송옥宋玉의 작품으로 알려진 「구변九辯」의 "슬프도다, 가을의 기운이여. 悲哉秋之爲氣也"를 차용한 구절이다.

울음을 그칠 수가 없는데　嗚咽不能已
게다가 해마저 어두워졌네.　況復日慘慘
쓸쓸히 나뭇잎은 물가에 지고　蕭蕭葉下皐
애달피 벌레는 구멍에 드네.　切切虫入坎
소나기 기러기 등에 퍼붓고　白雨連鴻背
찬바람 매미 입을 봉해 버렸네.　寒風鎖蠅頷
시내 돌길 국화 봉오리 터트리고　溪磴破菊蕾
누각 못엔 연꽃은 시들었구나.　池閣敗菡萏
파초 술잔 당김을 막을 수 없고　不禁蕉杯引
정 못 이겨 혜초蕙草의 띠[2]를 잡노라.　多情蕙帶攬
하늘 가 먼 것을 문득 깨달아　頓覺天際遠
가는 구름 주름지고 담박도 해라.　細雲皺而澹
마음 속 그대를 그리워하나　所懷意中人
무성한 갈대 숲 저편에 있네.　蒼蒼隔葭菼

이는 창려昌黎 한유韓愈의 작품을 마음속에 담아 두었기에 얻은 것이다.[3]
此服膺昌黎而得 _李調元

2 혜초의 띠 : 원문은 혜대蕙帶. 세상을 피해 사는 은사의 고고한 삶을 상징한다. 『초사楚辭』「소사명少司命」에 "연잎 옷에 혜초 띠 매고 갑자기 왔다가 홀연히 떠나네. 荷衣兮蕙帶, 儵而來, 忽而逝."라 하였다.

3 이는 …… 것이다 : 한유韓愈의 「송맹동야서送孟東野序」 및 「송궁문送窮文」과 그 의경意景이 비슷하기에 내린 평으로, 곤궁한 처지에서 터져 나오는 화평和平하지 못한 심사를 그대로 묘사하였고 자신의 '지궁智窮', '학궁學窮', '문궁文窮', '명궁命窮', '교궁交窮'에 대한 자책과 반성이 담겨 있기 때문이다.

광흥창[1] 아래 배에서 자다가 이경에 조수를 타고 운양나루[2]에 이르러
舟宿廣興倉下 二更乘潮至雲陽 七古

큰 배에선 굿하느라 소리 온통 시끄럽고	大船祈神喧咽咽
작은 배선 술 파느라 등불이 꺼지잖네.	小船沽酒燈未滅
돛대 너머 낮은 하늘 초승달 걸려 있고	檣背天低影纖月
둥둥둥 북소리는 어지럽게 들려온다.	鼕鼕擊鼓無鼓節
닻줄 풀자 영차 소리 멀어져 들리잖고	解纜呼邪聲欲絶
강마을 아가씨들 이별에 근심겹다.	江村女兒愁離別
서남풍이 급히 불어 '안'자[3]로 갈라지고	風急西南雁字裂
뱃사공[4]은 누더기 옷을 입었구나.	長年三老衣百結
포구에 조수 들자 산은 갈라지는 듯	浦口潮生山似玦
밤들자 선실 틈에 서리가 날려드네.	飛霜夜入孤篷缺
가을 깊은 배 안은 몸 놀리기 어려워도	篷底秋深坐臥劣
살 도리 갖췄으니 마음 외려 기쁘구나.	生涯備具情還悅
선반엔 바가지와 부싯돌을 지니고서	懸瓢閣柴帶燧鐵

1 광흥창 : 조선시대 관리들의 녹봉을 관리하던 호조의 한 부서로 와우산臥牛山 남쪽 기슭에 있었다.

2 운양나루 : 정확한 위치는 알기 어려우나, 한강 하류가 지나는 김포시 운양도 일대에 있었던 나루로 추정된다.

3 '안'자 : 기러기가 줄지어 날아가는 모양이 글자의 형태와 같다고 하여 만들어진 말이다.

4 뱃사공 : 원문은 장년삼노長年三老. 뱃사공을 말한다.

구불구불 물 긷는 곳 굴뚝과 통해 있네.	逶迤汲道通烟穴
내 손수 가벼운 배 한 척 만들고저	我欲手製輕舸一
나무의 안팎[5]을 반반하게 깎으리라.	中邊削木平如漆
짚은 머리털에 엉켜 붙지 못하도록	亂苴不令棲鬢髮
뱃밥[6]으로 터진 구멍 막으리라.	敗袽初無防隙決
책상과 침상을 병풍으로 둘러두고	屛几帷床遮曲折
돛대와 삿대도 모두 새로 마련하리.	帆橫櫓縱皆新潔
다닐 때는 거마 삼고 쉴 때는 집 삼으면	車馬於行屋於歇
몇 식구 처자식 먹고 살 일 걱정 없네.	數口不愁妻孥挈
눈처럼 흰 그물을 석양볕에 널어놓고	斜陽持曬網如雪
대숲 밖서 쏘가리를 팔고서 돌아오리.	竹外賣歸桃花鱖
선비 이름 내버리고 장사꾼이 되어서는	刊落士名入商列
강회와 오월 땅을 왔다 갔다 하리라.	往來江淮與吳越

옥국玉局 소식蘇軾[7]의 작품과 유사하다.
似玉局 _ 李調元

---

5 안팎 : 원문은 중변中邊. 겉과 속을 말한다. 불가佛家의 『사십이장경四十二章經』에 “부처가 말해놓은 것은 모두 응당 믿고 순종하게 되어, 비유하자면 마치 꿀을 먹을 때 겉과 속이 모두 단 것과 같나니, 나의 경 또한 그러한 것이다. 佛所言說, 皆應信順, 譬如食蜜, 中邊皆甛, 吾經亦爾.”라고 한 데서 온 말이다.

6 뱃밥 : 원문은 패녀敗袽. 배의 빈틈을 막아 물이 새지 못하도록 하는 헤진 옷을 이르는 말인데, 뱃밥이라고도 한다.

7 소식(蘇軾, 1036~1101) : 자는 자첨子瞻, 호는 동파東坡이다. 일찍이 옥국관玉局觀이란 벼슬을 했기에 이렇게 부른다. 아버지 소순蘇洵, 동생 소철蘇轍과 함께 ‘삼소三蘇’라고 일컬어지며, 이들은 모두 당송8대가唐宋八大家에 속한다.

『명농초고』는 칠언율시가 뛰어나다.
몽득夢得 유우석劉禹錫과 향산香山 백거이白居易를 모범으로 삼았다.
그러나 빼어나고 우뚝한 기상은 더 나을지언정 못하지는 않은 듯 하다.
검남사람 이조원이 두 번째 보고서 평하다.

明農初稿 工於七律 夢得香山 其鼻祖也 而嶔崎歷落之氣 則似過之無不及焉
劍南李調元二橋評

초정은 시를 탄환처럼 쏜살같이 짓지만 껄끄러운 음색이 없다.
이른바 문文이 묘한 경지에 들었다는 것으로 귀에 익숙한 것이 없다.
품은 기상이 우뚝한 것이 마치 그 사람을 보는 듯 하다.
사가四家를 견주자면 왕발王勃과 노조린盧照鄰의 앞뒤에 두어야 할지 쉽게 결정하지 못할 것이다.
서호사람 난타 반정균 발.

楚亭詩 脫手如彈丸 不爲僻澁之音 所謂文入妙也 來無過熟耳 襟氣磊落 如見其人 頡頏四家未易定王盧前後也
西湖潘庭筠蘭坨氏跋

초정의 시는 도잠陶潛과 사령운謝靈運을 배워 이에 더욱 가까워졌다.
이 네 작품의 시체는 뛰어나고 격조는 고아하니
이른바 시를 짓는 것이 봄꽃처럼 화려하다는 것이다.
속인의 안목으로 어찌 이를 볼 것인가.
우촌 쓰다.

楚亭於詩 多學陶謝而尤近 此四首體高格古 所謂摛藻如春華者 俗眼幾曾見之
雨邨先題

韓客巾衍集 四

李書九

字洛瑞號素玩亭京畿永平縣人貫全羅道完山府甲戌生年今二十三著有薑山集

이서구

자는 낙서, 호는 소완정으로 관향은 완산이다. 갑술년(1754)에 태어났으며, 지금 23세다. 저서로는 『강산집』이 있다.

갈천 김공과 저녁에 유하정을 방문하여 도사와 '야광천저수'[1] 다섯 글자를 얻어 짓다

同金葛川 夕訪流霞亭 道士分韻 得野曠天低樹五字

서산에 초승달이 돋아 오르니 西崦上微月
집집마다 저녁 어스름 내려앉노라. 人家夕翠低
한가롭게 다리 북쪽 걸음 옮기니 閒徑橋北去
잎 아래 귀뚜라미[2] 날갯짓 하네. 葉底飛莎鷄

뛰어나고 오묘하여 전해질 만 하다.
超妙可傳 _ 潘庭筠

물에선 비 오라고 맹꽁이 울고 波黽請新雨
숲에선 매미가 저문다 우네. 林蜩誦晩天
빈 들판에는 저녁 빛 내달려오고 荒原赴暝色
풀 섶 길에는 샘물 졸졸 흐르네. 草逕鳴幽泉

---

1 야광천저수 : 맹호연孟浩然의 「숙건덕강宿建德江」 "안개 낀 포구로 배 옮겨 매니, 해질녘 길손 시름 새로웁구나. 들은 텅 비어 하늘과 숲 맞닿았고, 강 푸르러 달 가까이 다가오는 듯. 移舟泊煙渚, 日暮客愁新, 野曠天低樹, 江清月近人."의 3구를 말한다.

2 귀뚜라미 : 원문은 사계莎鷄. 귀뚜라미의 이칭이다. 『시경』「칠월七月」에 "오월에 사종이 다리를 비벼 울고 유월에는 사계가 날개를 떨어서 울려, 칠월에는 들판에 있고 팔월에는 처마 밑에 있고 구월에는 문에 있고 시월에는 실솔이 나의 침상 아래 들어온다. 五月斯螽動股, 六月莎鷄振羽, 七月在野, 八月在宇, 九月在戶, 十月蟋蟀, 入我牀下."란 구절이 있는데, 사종斯螽과 사계, 실솔蟋蟀은 모두 하나인데, 때에 따라 이름만 달라진다.

누대에서 안좌자니 비가 개이어

樓頭坐晴

포구에 지는 해가 환히 비치고	浦口明斜日
돛단배 광진으로 내려가누나.	歸檣下廣津
저 멀리 초각에는 비가 내리고	遙從草閣雨
배 안 사람들을 바라다보네.	看殺舟中人

강가의 저녁

江夕

어옹이 저녁 비에 돌아왔는지	漁翁歸暮雨
초라한 집 찬 연기 서려 있누나.	蟹舍宿寒烟
강가에 두어 점 불 반짝거리니	數點洲邊火
아마도 장사꾼들 배인가 보네.	遙知估客船

당인의 생각을 깊이 체득했다.
深得唐人意思 _ 潘庭筠

오랫동안 시를 짓지 못했는데, 마침 송인의 육절을 보고 즐거이 붓을 잡고 겨우 2수를 지었다

久不作詩 適見宋人六絕 欣然試筆僅成二首

덤불 엉성해 닭은 졸기에 편치 않고	叢疎不穩鷄睡
숲은 잎이 져 새 올런지 모르겠네.	林脫還疑鳥旋
섬돌은 단단하기 꿈속과 한가진데	小砌剛如夢裏
석양에 다시금 쓸쓸함 밀려든다.	斜陽更覺蕭然

기와처럼 굽은 달 서쪽 담에 걸려 있고	月偃西垣漢瓦
바람은 칼날처럼 대 창 뚫고 불어온다.	風穿竹牖幷刀
낙엽 소리 제절로 어지럽게 몰아치니	葉聲自作頻亂
탑 그림자 이 순간엔 더욱더 높기만 해.	塔影從今快高

자다 깨어 우연히 짓다

睡餘偶成

꽃은 이슬 머금어 향기조차 무거운 듯	蕙花帶露香重
잎 바람에 나부껴 초록빛도 가벼운 듯.	蕙葉翻風綠輕
나비가 어디선가 사뿐히 날아드니	何處蝶歸忽忽
때맞추어 꾀꼬리는 즐거이 노래한다.	是時鶯語生生

수표교에서 백탑시사의 사람들과 절구를 짓다 水標橋同白塔詩社諸人作絕句三首[1]

둥지 깃든 까마귀 저녁 해에 붉고 날고	棲鴉落日廻翻紅
버들가지 드리운 채 바람 한 점 없구나.	柳杪毿毿不遣風
진회의 도엽도[2]와 무엇이 비슷턴가	何似秦淮桃葉渡
차가운 물 한 줄기 가을 하늘 비추이네.	寒流一帶映秋空
한 낮의 다리 맡엔 물빛도 고운데	日午橋頭水色鮮
흰 거위, 꽃 오리가 그 중 가장 예쁘다.	雪鵝花鴨最嫣嫣
난간의 아래에서 가지런히 멱 감고서	齊齊浴罷欄干下
시원한 그늘 찾아 한숨 낮잠 즐기누나.	盡擇輕陰一餉眠
불그레 아침 햇살 석류마냥 환하니	朝陽紅似石榴明
끌려오듯 긴 제방 한 눈에 뚝 트이네.	搖曳長堤一望平
좋구나, 다리 남쪽 푸른 기운 가득하니	好是橋南空翠足
잠두산[3] 푸른 산 빛 부처 머리[4] 비슷해라.	蠶頭山色佛頭青

1 [自註] "橋在琵琶洞口, 自雲鍾橋至此爲第三. 東望孝經蜻蛉諸橋, 每春秋暇日, 都人士遊集于此."

2 진회의 도엽도 : 원문은 도엽도桃葉渡. 남경南京 고대 명승지 중의 하나다. 도엽桃葉은 진晉 왕헌지王獻之의 애첩 이름인데, 왕헌지가 도엽을 떠나보내며 지은 「도엽가桃葉歌」가 있는데, 다음과 같다. "도엽아, 도엽아, 노 없이도 강을 건너네. 힘들이지 않고 강 건너니, 내 절로 널 맞으려네. 桃葉復桃葉, 渡江不用楫. 但渡無所苦, 我自迎接汝."

3 잠두산 : 서울의 남산을 말한다. 남산의 형국이 누에의 머리모양 같다고 해서 붙여진 별칭이다.

4 부처 머리 : 원문은 불두청佛頭青. 전설에 의하면 석가모니의 두발이 청색이었다고 한다. '불두청'은 푸른 산을 말한다.

병이 나은 후에

病後絶句

온갖 일 어찌 견디랴, 병만도 고달픈데	百事那堪惱病中
꺼리는 음식 많아 점심상은 텅 비었다.	食單多忌午盤空
이웃 대추 비 개인 담장에 비쳐드니	晴垣近映西隣棗
아이 시켜 떨어진 붉은 알알 줍게 한다.	悄遣群兒拾墜紅

벽에 쓰다

題壁[1]

숲 기운 그 옛날 그 때처럼 싸늘한데	樹韻依然前度冷
시냇물은 그 때 마냥 붉지가 않구나.[2]	溪光不及舊時紅
벽에 쓰고 돌아가 더욱 수척 해졌는데	涴壁人歸憔悴甚
벽사롱[3]에 거미줄만 얼키설키 엉켰구나.	蛛絲權作碧紗籠

---

1 [自註] "甲午季秋, 余過此堂, 風日淸美, 澗楓酣霜. 留詩壁上, 有'樹韻憑虛冷, 溪光到底紅'之句. 今來尋見舊題, 數年之間, 筆墨黯澹, 已不可識矣. 感題一詩, 仍復自戲."

2 숲 기운…… 않구나 : 이서구의 「추일과옥류당秋日過玉流堂」(『척재집惕齋集』) "서리 맞은 단풍 숲 사이 오솔길, 외론 정자 계곡 단풍 맞닿아 있네. 창문 여니 노을 빛 비치어들고, 말 안장에 가을바람 스치어 온다. 숲 기운 텅 비어 싸늘도 한데, 시냇물엔 붉은 빛 감도는구나. 산 달 오름을 보고자 하여, 한갓 석교 동편에 기대이누나. 細路穿霜葉, 孤亭接磵楓. 軒窓開晩照, 鞍馬及秋風. 樹韻憑虛冷, 溪光到底紅. 欲看山月上, 徙倚石橋東."이란 작품과 관련된 언급이다.

3 벽사롱 : 송宋나라 때 위야魏野가 일찍이 구준寇準과 함께 어느 승사僧寺에 가 놀면서 각각 시詩를 지어 유제留題했다. 뒤에 다시 구준과 함께 그 절에 가보니, 구준의 시는 푸른 깁으로 싸 놓았고 위야의 시는 싸지 않아 먼지가 가득 끼었으므로, 수행한 관기官妓가 소매로 그 먼지를 떨었다. 그러자 위야가 다시 시를 지어 쓰기를, "다만 그때마다 미인 소매로 떨 수만 있다면, 응당 푸른 깁으로 싼 것보다 나으리라. 但得時將紅袖拂. 也應勝似碧紗籠."고 한 데서 온 말이다. 『청상잡기靑箱雜記』에 보인다.

겨울 한가롭게 지내며
冬日閒居雜絶

지붕 위 내린 서리 새벽 되자 더욱 짙고	屋背新霜曉後滋
굶주린 참새 떼들 찬 가지서 지저귀네.	忍飢群雀響寒枝
아침 햇살 창에 들어 따슨 기운 감돌자	烘窓早旭生微煖
얇은 이불 끼고 누워 송시를 읽노라.	臥擁細衾閱宋詩

술 취해 걸상[1]에서 늦게야 깨어나서	酒後繩床睡起遲
새 샘물 급히 길러 보글보글 차 끓인다.	新泉催汲鬪茶時
두 줄기[2] 석양빛이 어슴푸레 스며드니	斜暉透得雙鉤細
다시금 찬 창에서 예기비[3]를 베끼노라.	更搨寒窓禮器碑

듬성듬성 홰나무에 석양빛만 분주한데	噤嘇疎槐夕照忙
가을 꽃 우거져 우물 주변 향기롭다.	秋花曾覆井欄香
한가로이 뜨락 앞에 한동안 서 있다가	閒來小向階前立
우연히 남쪽 가지서 작은 새[4] 보았네.	邂逅南枝見竊黃

---

1 걸상 : 원문은 승상繩床. 걸상과 비슷한 것으로, 휴대용 의자를 말한다.

2 두 줄기 : 원문은 쌍구雙鉤. 본래 필적筆跡을 모사模寫하는 방법이다. 점획點畫의 가장자리를 돌려가며 선을 그리고 속은 비게 베끼는 것이다. 여기에서는 석양빛이 두 줄기로 새어드는 것을 말한다.

3 예기비 : 노魯나라 재상 한칙韓勅이 공자묘孔子廟에 예기비禮器碑를 만들었는데, 그 글씨가 전아하고 고색창연하다. 예서隷書를 익히는 사람은 이를 범본範本으로 삼는다.

4 작은 새 : 원문은 절황竊黃. 『이아爾雅』에 상호桑鳸라는 새가 보이는데, 기름을 잘 훔쳐 먹기에 일명 절지竊脂라 한다. 이 새가 여름에는 흑색이 되고, 가을에는 청색이 되고, 겨울에는 황색이 되곤 하므로, 계절에 따라 이 새를 절람竊藍·절현竊玄·절황竊黃 등으로 부른다.

어양산인 왕사정의 시집을 읽고

讀漁洋山人詩集

조선의 사신이 시를 안다 하였지만[1]	朝鮮使者解聲詩
‘가국쇠란’ 몇 글자는 의아하게 생각되네.[2]	佳菊衰蘭數字疑
김상헌의 새 절구는 아닌 것 같으니	不是元家新絶句
다만 응당 ‘소고사’[3]는 잘못 된 것이리라.	祇應辜負小姑祠[4]

1 조선의 …… 하였지만 : 왕사정王士禛의 「희방원유산논시절구戱倣元遺山論詩絶句」(『어양산인정화록漁洋山人精華錄』) “묽은 구름 가벼운 비 소고사 사당이요, 국화 피고 난 시드는 팔월의 때로구나. 조선 사신의 시구를 아직도 기억하니, 진실로 동국에도 시 아는 사람 있구나. 澹雲輕雨小姑祠, 菊秀蘭衰八月時. 記得朝鮮使臣語, 果然東國解聲詩.”란 구절과 관련된 것으로, 청음淸陰 김상헌金尙憲의 「차오청천천대빈운次吳晴川大斌韻」(『청음집淸陰集』) “묽은 구름 가벼운 비 소고사의 사당이요, 국화 피고 난 시드는 팔월 달의 때로구나. 지기석은 우녀 놀던 물가 근처 놓여 있고, 계수 꽃은 광한전에 가지 낮게 드리웠네. 외론 베개 꿈을 깨자 거친 파도 일렁이고, 먼 하늘에 바람 불어 기러기 줄 어긋났네. 한이 없는 객의 시름 풀어볼 길 없던 차에, 그대 시구 나그네 맘 위로해 줘 기쁘구나. 澹雲微雨小姑祠, 佳菊衰蘭八月時. 機石近依牛女渚, 桂花低映廣寒枝. 夢回孤枕鯨濤撼, 風散遙空雁列差. 無限旅愁消不得, 喜君詩句慰羈離.”이란 작품에 대한 왕사정의 평이다.

2 가국쇠란 …… 생각되네 : 왕사정은 김상헌의 작품 중 ‘미우微雨’를 ‘경우輕雨’로, ‘가국쇠란佳菊衰蘭’을 ‘국수난쇠菊秀蘭衰’로 고쳐 자신의 문집에 기록한 일을 두고 한 말이다.

3 소고사 : 원문은 소고小姑. 는 본래 소녀를 이르는 말로, 중국의 고악부古樂府에 「청계소고곡淸溪小姑曲」 있는데, ‘청계소고’는 장후蔣侯의 셋째 누이다. 또한 ‘소고산小孤山’의 별칭이다.

4 [自註] “明崇貞末, 吾邦淸陰先生尙憲, 航海朝京, 路出濟南, 得交於鄒平張尙書華東公延登, 尙書深重之, 序刻其朝天錄一卷. 阮亭爲尙書之女孫婿, 故又表章先生所著論詩絶句中一首云. 淡雲微雨小姑祠, 菊佳蘭衰八月時. 記得朝鮮使臣語, 果然東國解聲詩. 其首二句, 卽先生過登州, 次吳晴川大斌詩, 而本集作, 澹雲輕雨佳菊衰蘭, 略有異同也.”

속인들의 비평은 흠 찾는데 교묘하나	俗子雌黃巧索瘢
풍회가 거칠어서 볼 만한 것이 없다.	風懷蕭颯不成看
중국의 좋은 일을 뉘 공연히 선망하랴	中州勝事誰空羨
동쪽 이웃 이덕무를 근심케 하누라.	愁殺東隣李懋官[5]

시윤장과 송완[6]의 영향을 받았으나	南施北宋丐餘光
절묘한 새론 말은 짝할 이가 없구나.	絶妙新詞少雁行
개원과 천보 연간[7] 이후의 시단에선	直自開元天寶後
풍류로는 오로지 왕유만을 꼽는다네.	風流獨數輞川王[8]

이 작품을 읽으면 동국 문단의 성대함을 볼 수 있다.
讀此詩 可見東國文人之盛 _ 李調元

5 [自註] "秋谷趙官贊執信, 欲詆阮亭詩. 東國人或有和同之者而李懋官篤信王氏. 嘗有詩云, 勝事中州空艶羨, 堯峯文筆阮亭詩. 可見嗜之之深也."

6 시윤장과 송완 : 원문은 남시북송南施北宋. 청초清初 문인인 시윤장(施閏章, 1618~1683)과 송완(宋琬, 1614~1673)의 병칭이다.

7 개원 천보 연간 : 원문은 개원천보開元天寶. 당唐 현종玄宗의 연호다.

8 [自註] "阮亭嘗云, 康熙以來, 無出南施北宋之右, 宣城施閏章愚山, 萊陽宋琬茘裳也."

양문[1]절구

梁文雜絶[2]

거사의 암자 앞에 물줄기 어지럽고　居士崦前水亂飛
황판서[3] 살던 터엔 나무 가득 에워쌓네.　判書塢畔樹盈圍
산 비는 지팡이를 축축하니 적시고　筇頭濕盡山中雨
사람들 약을 캐고 벼랑길로 돌아온다.　磴道人從採藥歸[4]

집들은 끊긴 다리 저편에 자리했고　人家多住斷橋西
들판 물은 이리저리 그림처럼 어지럽다.　野水縱橫罨畵迷
마을에선 아침저녁 땔감 지고 오가니　縣裡擔柴朝暮去
바람 부는[5] 십리 길 약야계와 비슷하다.　樵風十里若耶溪

---

1 양문 : 역명驛名으로 영평군永平郡에 있다.

2 [自註] "驛名, 在永平郡."

3 황판서 : 원문은 판서判書. 지천芝川 황정욱黃廷彧을 말한다. 황정욱의 옛 집이 이곳에 있다.

4 [自註] "余有家僮數十口, 每歲七八月以入山采人蔘爲業."

5 바람 부는 : 원문은 초풍樵風. 중국 절강성浙江省 약야계若耶溪에 초풍경樵風涇이 있는데, 아침에는 남풍이 불고 저녁에는 북풍이 불어 배로 나뭇짐을 실어 나르는 데 도움을 준다고 한다.

누원 가는 길에

樓院道中[1]

청풍사 밖으로 석양은 비꼈는데	清風祠外夕陽奤
비 지난 푸른 계곡 신록이 우거졌네.	過雨青谿碧樹紆
물 마시는 누런 소의 입술 짧게 비치니	飮水黃牛唇影短
너른 들판 몇 리는 대숭[2]의 그림인양.	平郊數里戴嵩圖

1 [自註] "清風祠在楊州牧. 奉梅月堂金先生遺像, 先生名時習, 字悅經. 五歲能爲文, 名聞中國, 遭難入太白山中, 剃髮不仕, 人稱有髮僧."

2 대숭 : 당唐의 화가로 소를 잘 그렸고 전원의 풍경 묘사에도 뛰어났다. 소를 그리기 위해 소의 무리 속으로 들어가 소의 움직임을 세밀하게 관찰하고 습성의 연구했다. 그가 소를 그리면 매우 사실적이고 생동감이 넘쳐 사람들이 감동했다.

우연히 당나라 몇 분의 시를 읽고 짓다

偶讀唐人數家詩得絶句

원화 시절 시인[1]의 격조는 외려 낮고	元和詞客格還低
정곡의 '효초' '춘오'[2] 품제 할 만 하구나.	曉楚春吳屬品題
끝없는 상강의 자욱한 안개 속에서	無限湘江烟雾裡
여태까지 자고새는 울어대고 있으리라.[3]	至今應有鷓鴣啼

유산遺山 원호문元好問[4]을 추종했다 할 만 하다.
可追元遺山 _李調元

초강에서 거닐며 읊조리던 굴원은	行吟屈子楚江皐
'두약'[5] '향리'[6] 부질없이 『이소』에 담았구나.	杜若香蘺謾著騷

---

1 원화 시절 시인 : 원문은 원화사객元和詞客. 원화는 당唐 헌종憲宗의 연호이며, 당唐 시인인 원진元稹과 백거이白居易를 '원화사객'이라 한다.

2 정곡의 효초 춘오 : 원문은 효초춘오曉楚春吳. 정곡鄭谷의 「송진사노계동귀送進士盧棨東歸」 "霸岸草萋萋, 離觴我獨携. 流年俱老大, 失意又東西. 曉楚山雲滿, 春吳水樹低. 到家梅雨歇, 猶有子規啼." 시의 5,6구를 말한다.

3 끝없는 …… 있으리라 : 이 구절은 정곡鄭谷의 「자고鷓鴣」 "暖戲煙蕪錦翼齊, 品流應得近山雞. 雨昏青草湖邊過, 花落黃陵廟裏啼. 遊子乍聞征袖濕, 佳人才唱翠眉低. 相呼相應湘江闊, 苦竹叢深春日西."란 작품을 의식한 언급이다.

4 원호문(元好問, 1190~1257) : 자는 유지裕之, 호는 유산遺山이다. 도잠陶潛·두보杜甫·소식蘇軾·황정견黃庭堅의 시풍을 계승하였고, 특히 두보의 시에 조예가 깊었다. 그의 작품은 두보의 시구를 요령 있게 이용하여 때로는 두보의 시를 능가하는 중후함을 보였다.

5 두약 : 향초香草의 이름으로, 굴원屈原, 「상군湘君」(『구가九歌』) "방초 무성한 물섬에서 두약초를 깨어 시녀에게 보내려 하네. 采芳洲兮杜若, 將以遺兮下女."에 보인다.

애달픔을 그 때에 다 하지 못했는지 　　哀怨當時猶不盡
천추 후에 유종원[7]에게 부치었구려. 　　千秋寄與柳儀曹

남은 12편[8] 모두 다 새로운 소리로니 　　殘篇十二摠新聲
진이[9]는 누구길래 멋대로 이름 날리나. 　　陳李何人浪擅名
예로부터 시로는 종백경[10]을 말하지만 　　終古論詩鍾伯敬
우린 오직 오언성의 유장경[11]만 꼽는다네. 　　儂家獨許五言城

---

6 향리 : 강리江籬로 향초香草다. 굴원屈原의 『이소離騷』에 "몸에는 궁궁이와 구리때뿌리 같은 향초를 걸치고 가을 난초 꿰어서 의대에 장식하였네. 扈江離與辟芷兮, 紉秋蘭以爲佩."에 보인다.

7 유종원 : 원문은 유의조柳儀曹. 유종원柳宗元을 가리킨다.

8 남은 12편 : 원문은 장편십이殘篇十二. 『전당시全唐詩』나 『당시품휘唐詩品彙』에 실린 유신허劉脊虛의 작품을 말한다.

9 진이 : 진자앙(陳子昂, 661~702)과 이백(李白, 701~762)의 병칭이다. 진자앙은 한위漢魏의 풍골風骨을 주장하며 성당盛唐의 길을 열어주었고 이백은 이를 이어받아 자유분방하고 낭만적인 성당의 시풍을 집대성한 시인이다.

10 종백경 : 명明나라 시인인 종성(鍾惺, 1572~1624)을 말한다.

11 오언성의 유장경 : 원문은 오언성五言城. 유장경(劉長卿, 709~780)으로, 산수시에 빼어난 재주가 있던 인물이다. 특히 5언 절구와 율시에서 뛰어난 수사와 음조의 조화를 보여주고 있어 '오언장성五言長城', '오언금성五言金城'이라 스스로 칭했다.

우물에 빠져 죽은 학을 애도하며 장난삼아 짓다
鶴墜井死戲作挽詞

육신이 바람결에 티끌 속세 떠나가서	身逐飄風與去塵
물구름 그 어디에 그대 넋 머무르나.	水雲何處駐精神
더딘 꽃과 찬 대 곁서 거문고 탄 이후론	花遲竹冷彈琴後
이제부턴 한적한 삶에 한 사람 줄었구나.	從此閒居少一人[1]

고아스럽게 묘사했다.
寫來如許古雅 _ 李調元

하룻밤 고운 맵시 성령이 그쳤으니	一夕清姿閟性靈
언제나 화표주[2]에 다시금 앉으려나.	幾年華表更留形
단양진일 도홍경은 천년 전 인물이니	丹陽眞逸今千古
금초의 예학명은 파도에 휩쓸리네.[3]	浪打金焦瘞鶴銘

말이 오묘하다.
語妙 _ 潘庭筠

---

1 [自註] "唐雍陶詩, 莎深苔滑地無塵, 竹冷花遲賸駐春. 盡日弄琴誰共聽, 與君兼鶴是三人."

2 화표주 : 원문은 화표華表. 선도仙道를 배워 학이 된 정령위丁令威가 고향인 요동遼東의 큰 기둥 위에 앉았는데, 이것이 바로 화표주華表柱다.

3 단양진일 …… 휩쓸리네 : '금초金焦'는 강소성江蘇省 진강시鎭江市에 있는 금산金山과 초산焦山의 합칭合稱이다. '예학명瘞鶴銘'은 초산 밑에 새겨져 있는 비명碑銘의 이름으로 양梁나라 때, 화양진일華陽眞逸인 도홍경陶弘景이 글을 짓고, 상황산초上皇山樵라는 은사가 글씨를 썼다고 전하다. 이 비명은 글씨의 품격이 고아高雅하기로 이름이 높다고 한다. 예학명은 한 쌍의 학을 방목하여 키웠는데, 한 마리가 병으로 죽자 다른 한 마리가 먹지도 않은 채 슬피 울다가 마침내 죽었다는 내용이다.

무관 이덕무가 호남의 장전에서 돌아와 『피아집』을 보여 주기에 시를 써서 보냈다

李懋官歸自湖莊 示其所著罷稏集 書以還之

누런 잎 서걱서걱 저녁마을 뒤덮고　　黃葉蕭騷覆晚村
밤 되자 흙 등잔의 관솔 등불 희미하네.　　夜來松火土檠昏
주민들의 남녘 풍속 그 이야기들이　　居民偶說南中俗
조선 열수 방언에 보탬이 되었다네.　　已輔朝鮮洌水言

소 외양간 동편에서 시를 물어 보아　　牛欄東畔問詩過
충어초목 이름 많이도 알아냈네.　　採得虫魚草木多
상자 속의 호서 풍물 작은 『이아』이니　　篋裏西湖小爾雅
오히려 『이아익』의 나원[1]을 무색케 하리.　　猶堪餧殺鄂州羅

안개 서리 소매 가득 말 타고 가면서　　滿袖煙霜撲馬行
위태로운 십리 다리에 먼 길을 한탄하네.　　危橋十里怨長程
시인은 영사시[2]에 특장이 있는데　　詩人吊古多生色
오히려 중국 옛 총병[3]의 덕이로다.　　猶賴中原舊總兵[4]

---

1 이아익의 나원 : 원문은 악주라鄂州羅. 『이아익爾雅翼』을 지은 나원羅願으로, 나원이 악주鄂州 사람이기에 이렇게 부른다.

2 영사시 : 원문은 조고弔古. 옛일에 감동되어 슬퍼함을 말한다.

3 중국 옛 총병 : 원문은 중원구총병中原舊總兵. 명明나라 만력萬曆 연간에 소사(素沙, 지금의 평택 진위 일대)에 진을 치고 일본의 군대를 격파했던 마귀麻貴를 말한다.

4 [自註] "懋官過素沙橋有詩云, 凫臾舊國城墟宛, 麻貴荒營戰狀危. 明萬曆中麻以總兵, 率師東援, 破日本兵於此地."

비온 뒤 석양을 바라보며

雨後晩眺

누대의 고운 모습 빈 물굽이 비쳐들고　　樓臺眉目映空灣
배꼬리의 어망에 버들 그림자 어리었다.　　船尾魚罾柳影間
소리장군 이소도[1]의 금벽산수 그림처럼　　小李將軍金壁畵
우리네 저녁 산이 씻은 듯이 솟아있네.　　儂家洗出夕陽山

---

1 소리장군 이소도 : 원문은 소리장군小李將軍. 당唐나라 이사훈李思訓의 아들 이소도李昭道를 말한다. 이들 부자는 여러 가지 화려한 물감을 사용하여 그린 산수화인 금벽산수金碧山水로 유명하다. 이사훈을 '대이장군大李將軍', 이소도를 '소이장군'이라 칭한다.

석신 서공의 행화서옥의 그림
徐石臣杏花書屋圖

꽃 활짝 핀 물가의 비단 물결 잔잔하고	暖嶼花深水熨羅
봄 산은 푸른빛 몇 말을 풀어 놓은 듯.	春山幾斛費青螺
초당은 노홍을[1]처럼 조그만 해 보여도	草堂小見盧鴻乙
나무를 심은 것은 곽탁타[2] 같구려.	種樹能如郭橐駝

---

1 노홍을 : 〈종남초당도終南草堂圖〉를 그린 노홍을盧鴻乙을 말한다.

2 곽탁타 : 유종원柳宗元의 「종수곽탁타전種樹郭橐駝傳」에 보이는데, 곽탁타는 나무를 심고 기르는 장인이다.

절구

絶句

때때로 파닥파닥 물고기 뛰어놀고	有時撥剌波魚戲
종일토록 백로는 쉼 없이 꾸벅대네.[1]	終日舂鋤渚鷺忙
그 누가 나처럼 청한함을 얻겠는가	料得淸閑誰似我
여뀌꽃 깊은 곳에 청장새[2] 서 있다네.	蓼花深處立靑莊

1 꾸벅대네 : 원문은 용서舂鋤. 백로가 졸음에 겨워 고개를 꾸벅대는 모습이 마치 절구질하고 호미질하는 것 같다는데서 나온 말이다.

2 청장새 : 원문은 청장靑莊. 새 이름이다. 도하陶河라는 새는 하루 종일 물고기를 엿보며 뻘흙 속을 다니면서 날개와 입을 더럽혀가며 고기를 찾느라고 애를 쓴다. 이에 반해 청장은 항상 물가에서 한가롭게 서서 도하를 피해온 물고기를 잡아 먹는다고 한다.

잡화

雜畵

콩 껍질 같은 배 사이 저녁 물결 일렁이고	荳殼船間漾晩汀
쑥대머리 어부는 도꼬마리 손질하네.	蓬頭漁子理新苓
개인 강 사월이라 복어는 파리하고	晴江四月河豚瘦
버들개지 날아들어 부평초 되는구나.	榴絮紛飛半化萍

산곡山谷 황정견黃庭堅의 경지와 비슷하다.
似山谷老人 _李調元

산길을 가며

山行

가시덤불 앙상한 채 돌무더기 쌓여 있고	數棘荒寒堆亂石
석양은 묵은 밭 저편으로 늬엿늬엿.	斜陽欲盡廢田頭
산앵도 열매는 산호처럼 주렁주렁	野棠結子珊瑚顆
어디서 산비둘기[1] 한 마리 날아오네.	何處飛來黃褐侯

완정玩亭 왕사정王士禎을 만났다면 『지북우담』에 뽑혀 들어갔을 것이다.

如逢玩亭 定擇入池北偶談 _ 李調元

---

1 산비둘기 : 원문은 황갈후黃褐侯. 산비둘기를 말한다. 춘분이 되면 황갈색으로 변하기 때문에 붙여진 이름이다.

밭길을 가다 이덕무가 그리워

田行卽目懷李懋官[1]

메밀꽃 피어난 곳 들 빛이 짙어 가니	蕎麥花開野色深
산 사람의 옷깃에 저녁 바람 스며든다.	山人巾服晩風侵
그대의 '동엽감충'[2] 시구를 좋아하여	愛君彤葉紺虫句
가을 숲 사이에서 콧노래 부르노라.	秋樹中間促鼻吟

1 [自註] "李曾有趁鞭彤葉回旋舞, 跳笠紺蟲的歷飛之句."

2 동엽감충 : 이덕무李德懋의 「용인도중龍仁途中」(『아정유고雅亭遺稿』 권2) "채찍 따라 붉은 잎은 돌며 춤추고, 갓에 뛰는 붉은 벌레는 선명하게 나누나. 趁鞭彤葉回旋舞, 跳笠紺蟲的歷飛."란 구절이 있다.

정자삼이 새로 엮은 책을 부쳐서 보여주고 율시 한 편을 보내주었기에 이를 지어 답하다

鄭叔子參寄示新翩 仍贈一律賦 此答之

정박[1]은 곡구에서 밭 갈았지만	子眞耕谷口
그 명성 경사에도 자자했다오.	名聞藉京師
붉은 장막 사이에서 삼년 배웠고[2]	絳帳三年學
황릉묘 일곱 글자 시[3] 읊조렸네.	黃陵七字詩
사귐 맺으려 말에서 내리었더니[4]	結交相下馬

---

1 정박 : 원문은 자진子眞. 한漢나라 정박鄭樸의 자字로 곡구谷口 사람이다. 성제成帝 때에 왕봉王鳳이 예로써 그를 초빙했으나 응하지 않고 곡구에서 한가롭게 농사를 지으며 살았다. 세상에서 그를 '곡구자진谷口子眞'이라 불렀다.

2 붉은 장막 …… 배웠고 : 마융馬融은 붉은 장막[絳帳]을 드리우고 제자들을 가르쳤다. 정현鄭玄이 마융의 문하에 있으면서 얼굴도 대면하지 않은 채 삼년을 배웠는데, 제자 가운데서 최고가 되었다고 한다.

3 황릉묘 일곱 글자 시 : 정곡鄭谷의 「자고鷓鴣」(『전당시全唐詩』 675권)란 시를 말한다. 작품은 다음과 같다. "봄날 안개 어린 잡초에 금빛 날개 가지런하니, 품종이야 응당 꿩에 가까우리라. 비 내려 흐릿한 청초호를 지나서, 꽃 지는 황릉묘 속에서 우짖네. 길 가던 나그네가 언뜻 듣고 소매를 적시고, 미인은 간신히 노래하다 고운 눈썹 찡그리네. 넓은 상강에서 서로 부르고 응답하는데, 깊은 참대나무 숲으로 봄날 해가 서편으로 지네. 暖戲煙蕪錦翼齊, 品流應得近山雞. 雨昏青草湖邊過, 花落黃陵廟裏啼. 遊子乍聞征袖濕, 佳人才唱翠眉低. 相呼相應湘江闊, 苦竹叢深春日西."

4 사귐 맺으려 …… 내리었더니 : 부귀로 인해 빈천할 때의 사귐을 잊지 않는다는 의미로, 진晉나라 주처周處의 『풍토기風土記』 "옛날 월나라 사람은 진솔하여 교분을 맺음에 예의를 갖추어 단을 쌓고 닭과 개를 제물로 바치며 다음과 같이 기도하였다. '그대가 수레를 타고, 내가 삿갓을 쓴다 해도 뒷날 서로 만나거든 수레에서 내려와 읍을 하고, 내가 걷고 그대가 말을 타고 다니더라도 훗날 서로 만나거든 그대는 말에서 내려오시게.' 古時越人性率樸, 與人結交有禮儀, 封土壇, 祭以雞犬, 祝曰, 卿雖乘車, 我戴笠, 後日相逢下車揖. 我步行, 君乘

원망 섞인 이별에 슬픔 머금네.[5]	怨別各銜碑
사호를 그 누가 알아주리오	司戶誰知己
영락하여 유랑하던 두보뿐이네.[6]	飄零杜拾遺

馬, 後日相逢君當下."에 보인다.

5 슬픔 머금네 : 원문은 함비銜碑. '비碑'는 '비悲'와 음이 같기에 슬픔을 머금는다는 의미로 쓰인다.

6 사호를 …… 두보뿐이네 : '사호司戶'는 당唐나라 정건鄭虔을 말한다. 정건이 안록산의 난으로 태주사호台州司戶로 폄직된 일이 있다. '두습유杜拾遺'는 두보杜甫를 말하는데, 정건이 태주사호로 폄직되자 "재주 명성 사십년에, 앉은 객 모전 없어 춥나니. 才名四十年, 坐客寒無氈."란 시를 지어 위로했다.

오후에 사윤 김성려를 방문하여

午餘同金士潤聲麗聘眺

비 기운 허공까지 가득 차 있고 雨氣連空翠
겹 봉우리 저녁 자태 드리워지네. 重巒遞晚姿
점을 찍듯 까마귀 분주히 날고 亂鴉翻墨點
주린 백로 실바람에 편안하구나. 飢鷺弭風絲
안개 걷히자 다리 모습 드러나고 靄滌橋痕出
조수 물러나니 노 그림자 옮겨간다. 潮歸棹影移
누각에서 막걸리에 진탕 취하니 小閣村酒盡
고상한 포부는 둘만이 알리. 高抱兩人知

혜풍 유득공이 서쪽 평양으로 놀러 간 뒤 이레 만에 그가 남겨둔 편지를 보고

柳惠風得恭西遊平壤後七日得其留書

편지 보니 그리움 끝이 없는데	把紙情安極
도리어 그대 옷깃 잡은 듯 하네.	還疑攬惠裾
그대 떠나 뒤 봄은 깊어만 가고	春深人去後
꿈 막 깨자 꽃잎은 떨어지누나.	花落夢飛初
그대는 정령 어느 곳서 노시나	子定遊何處
나는 이제야 그대 편지 펼쳐본다네.	吾方展此書
대동강 푸른 물에 가슴 애이니	傷心浿水碧
구슬피 바라본들 어이 할거나.	悵望將焉如

비속에서 한가롭게 지내며
雨中閑居

가지 끝서 봄새들 시끄러우니	樹末春禽亂
인가의 저녁 비도 차츰 멎누나.	人家暮雨疎
희미한 안개에 해 잠기었고	日沉微靄合
서늘한 기운 속에 바람 멎었네.	風定小涼餘
책상에는 산 빛이 비치어들고	碧岫通凭几
서책에는 창 그림자 띠 둘렀구나.	閒牕帶著書
열흘 넘도록 병으로 누워 있노니	淹旬猶臥病
이끼 책상 덮고 물고기 생겨나는 듯.[1]	苔榻見生魚

1 이끼 …… 생겨나는 듯 : 책상을 이끼가 덮치고 물고기를 기를 수 있을 정도로 비가 많이 왔음을 형용한 말이다. 두보杜甫의 「추술秋述」 "가을 내가 병으로 장안의 객점에 누워 있을 때 물고기를 기를 만큼 비가 많이 내렸고 푸른 이끼가 책상까지 덮쳤다. 秋, 杜子臥病長安旅次, 多雨生魚, 青苔及榻."란 구절이 있다.

장마 비가 맑게 개이자 창이 고요해져, 중목[1]과 나란히 누웠는데 잠이 오지 않기에

積雨快晴軒牖蕭然 與仲牧聯被共臥夜不寐

그대와 긴긴 밤을 함께 하는데	幽人伴遙夜
강가 집까지 비가 활짝 개었네.	霽景接江廬
사립엔 맑은 그늘 흐드러졌고	遶戶淸陰散
숲 속엔 저녁 바람 뜸해지누나.	鳴林暮籟疎
은하수는 잠자리에 드리워지고	明河垂枕席
밝은 달빛 서책을 비추어주네.	凉月鑑圖書
그대가 그리운 적 몇 번이던가	幾度思君處
오늘밤엔 꿈조차 느긋하리라.	今宵夢暫舒

1 중목 : 이서구의 종제從弟인 이정구(李鼎九, 1756~1783)를 말한다.

「추일전가즉사」의 운을 써서 중목에게 부치다
用韻秋日田家卽事 寄仲牧[1]

붉은 잎이 항아리를 온통 뒤덮자	數甕埋紅葉
도종의[2] 저술하기 시작했다지.	陶家始著書
이끼 걷어내고 묘비 살피어보고	掃苔看墓碣
풀 헤치며 시골집 지나가누나.	披草過田廬
빈산에선 딱따구리 나무를 쪼고	鴷啄空山響
저녁 숲 매미 사라져 고요하구나.	蟬飛晩樹虛
지난해 진중한 약속했지만	昔年珍重約
이 즐거움은 또한 어떠하신지.	此樂問何如

1 [自註] "仲牧沈靜善文章, 少余二歲, 非特兄弟至情而已. 寔相有師友之誼. 頃寄余云, 昔年珍重約携手採靈芝志, 蓋非偶然也."

2 도종의 : 원문은 도가陶家. 명明나라 도종의陶宗儀를 말한다. 도종의가 나무 아래 독을 하나 묻어두고서 한 권의 책을 지을 때마다 그 독안에 던져두었다가, 나중에 『철경록輟耕錄』이란 책을 만들었다. 『광여기廣輿記』에 보인다.

벗의 동교 별장을 찾아

尋友人東郊別業

문 들어서니 정자는 고요도 한데 入門高閣靜
발그림자 그대에게 비껴 비추네. 簾影映君斜
부슬 비에 술자리는 호젓도 한데 細雨孤樽席
그늘 아래 두어 농가 자리 잡았네. 繁陰數畝家
너른 밭에 보리 이삭 넘실거리고 平疇交麥穟
깊은 못에 연꽃은 방긋 피었네. 深蕩穩荷花
흡족한 만남이 정히 기쁘니 政喜幽期愜
돌아오는 먼 길 어찌 수고로우리. 那愁返郭賒

새벽 그림을 보고

陳曉畵

밤새 내린 비 이제야 개이었는지	夜雨知初霽
먼 하늘이 참으로 아득하여라.	遙天正渺茫
안개 속에 강가 푸름 희미하건만	瞑烟迷浦碧
서리 내린 숲 속 마을 보이는구나.	霜樹出村黃
사람 서 있노니 가을 산 작아 보이고	人立秋山小
배 돌아오니 새벽 강물 유장하여라.	帆歸曉水長
강호에서 살고자 마음먹으며	江湖留宿計
공연히 어부의 삶 부러워하네.	空羡捕魚郎

이 작품은 구절마다 모두 오묘한 이치가 있다.

此詩句句俱有妙理 _李調元

저물녘 강 언덕을 거닐며

江皐夕步

옷깃 날리며 옛 나루터 당도해 보니	披襟來古渡
어촌에는 저녁연기 희뿌옜구나.	漁舍暝烟黃
숲 위론 초승달이 날듯 떠 있고	林背飛初月
뱃머리엔 저녁 바람 싸늘도 해라.	船頭帶晚涼
물새는 어둠 속에 울어 예는데	水禽喧夜響
지초 향기 바람결에 실려 오누나.	岸芷越風香
해질녘 그대와 멀리 떨어져 있어	日暮佳人隔
그리움에 애간장 끊어지누나.	相思在斷腸

여름날 쉬며

休夏

서편 정원에 고목이 많기도 해라	西園多古木
여름이 깊은데도 꾀꼬리 뵈네.	深夏見鸝黃
작은 열매 기운 벽에 늘어져 있고	細果垂欹壁
그윽한 꽃 무너진 담장 뒤덮었구나.	幽花覆壞墻
빗소리는 늦더위를 거두어 가고	雨聲收晚暑
산 빛은 석양 속에 되비쳐온다.	山色返斜陽
묻노니, 한가로운 삶 그 즐거움이	借問閑居樂
곡구장[1]과 비견하면 어떠할런지.	何如谷口庄

5구의 '수收' 자와 6구의 '반反' 자는 모두 옛 사람의 경지에 이르렀다. 이하의 글자마다 익숙하게 다듬었다.

收字返字蓋到古人 以下字字烹鍊 _李調元

오랜 비에 습기가 가득하여서	久雨仍成濕
빈 계단에 이끼[2]가 돋아났구나.	空階長屋遊
제비는 대숲 끝으로 날아들고	竹梢來燕子

---

1 곡구장 : 한漢나라 정박鄭樸이 왕봉王鳳이 예로써 그를 초빙했으나 응하지 않고 곡구에서 한가롭게 농사를 지으며 살았다. 세상에서 그를 '곡구자진谷口子眞'이라 불렀다. 『한서漢書』「고사전高士傳」에 보인다.

2 이끼 : 원문은 옥유屋遊. 지붕위에 생기는 이끼를 말한다.

달팽이는 박 위로 기어오르네.	匏背上蝸牛
고요한 누대에서 갓 달을 넘기니	樓靜新經月
강물 밝아 가을이 가까워졌네.	江明已近秋
평생 쓰일 데 없어도 달게 여기며	生涯甘濩落
오히려 취향의 제후[3]나 되려 한다오.	猶作醉鄉侯

3 취향의 제후 : 원문은 취향후醉鄕侯. 술 좋아하는 사람을 일컫는 말이다. 당唐나라 왕적王績이 유령劉伶의 「주덕송酒德頌」을 이어 「취향기醉鄕記」를 지어 "술 잘 먹는 사람을 그 고을의 후侯로 봉한다."라 하였다. 또 당인唐人의 시에 "만일 유령을 술의 황제로 삼는다면 또한 의당 나를 취향후로 봉해야 하리. 若使劉伶爲酒帝, 亦須封我醉鄕侯."라 하였다.

백운사에서 자며
宿白雲古寺

신라의 도선국사가 석장 세운 곳	羅僧卓錫地
천년 동안 범종 소리 울려 퍼지네.	鐘梵響千秋
풍인[1]이 썩어 감은 알지 못하나	不識楓人老
이따금 신선[2]과 마주친다네.	時逢鹿女遊
계곡 사립 산봉우리 마주하였고	亂峯臨澗戶
산 누대에는 누런 잎 비추어든다.	黃葉映山樓
청아하여 길손 꿈 아득도 한데	客夢淸難了
거친 시내 물줄기 끊어질 듯 해.	荒溪欲絶流

1 풍인 : 오래된 단풍나무에서 생긴 혹[瘤贅]으로, 이것이 사람같이 생겼기 때문에 하는 말이다.

2 신선 : 원문은 녹녀鹿女. 불경佛經 속에 보이는 신선神仙을 말한다.

봄날 비속에서의 작은 모임
春日雨中小集

우리들 작은 누각서 모이었는데	幽人集小閣
성긴 비가 다시금 흩뿌리누나.	疎雨復侵尋
꽃은 곱디 고와 고요하건만	花欲娟娟靜
산에는 어둠만이 짙게 깔리네.	山尤漫漫陰
나비 날아가자 풀빛 환해 보이고	草光明去蝶
새 깃들자 푸른 숲 이들거린다.	林翠膩棲禽
저녁 되자 산들바람 살랑거리니	向晚微風善
서늘하여 참으로 좋은 소릴세.	冷然有好音

북한산을 유람하며

遊北漢山中

저물녘 하늘 향해 떠나가노니	晩向諸天去
흐르는 시냇물은 맑고도 깊다.	溪流淸且深
이따금 절집에선 경쇠를 치니	時聞幾寺磬
봉우리 그늘 아래 홀로 서 있네.	獨在數峯陰
이 몸은 꽃 찾는 사신이러니	身作巡花使
숲에선 염불새 울어 대누나.	林啼念佛禽
빈 청산 하염없이 걷고 걷노니	行行空翠裏
먼 길 감은 무슨 심사이던고.	迢遞更何心

저녁 지난 뒤에 쓰다
夕後書字

주위가 어둑해져 시흥도 잦아드니　　詩情約略景全微
사람 없는 휘장에서 황급히 벗어났네.　　帳裏無人急解圍
짝 잃은 기러기는 저녁 되어 이르렀고　　失次賓鴻輕夕到
불그레한 단풍잎은 바람결에 휘날린다.　　渝紅晚葉側風飛
가을 배 물길 따라 새 곡식 운송하고　　秋船趁水輪新粟
밤 집에 한기 돋아 헌 옷을 갈아입네.　　夜屋生寒易舊衣
포단으로 가서는 단잠을 이루고자　　欲向蒲團成煖睡
술기운에 의지해 두 눈[1]을 감아보네.　　憑渠酒力合雙扉

1 두 눈 : 원문은 쌍비雙扉. 보통 문짝이 두개인 사립문을 의미한다. 그러나 여기에서는 두 눈의 눈꺼풀이다.

중목에게 부치다

寄仲牧

그리는 맘 쓸쓸히 꿈에서도 어긋나니	幽思寂歷夢相違
호수 가의 비바람도 그치잖아 괴로우이.	湖雨湖風苦未稀
봄풀은 짙어가나 그대는 뵈지 않고	春草方深人不見
강풀도 자라나니 난 어디로 가야하나.	江籬初長我安歸
잘 새들 물가에서 우는 소리 누워 듣고	臥聞宿鳥啼閒渚
물고기 저녁 물가 뛰노는 걸 가서 보네.	行看遊魚上晚磯
반 길의 강물 위에 일엽편주 띄워놓고	一葉蜻蛉半篙水
이제부턴 푸른 도롱 덧끼어 입어야지.	從今添着綠蓑衣

찬록정[1] 비 온 뒤에

餐綠亭雨後[2]

동호에 두어 물길 불어나 출렁이자	東湖新漲數篙肥
강가 숲엔 어둑히 가랑비 휘날린다.	汀樹冥濛細雨飛
잠자리[3] 붉은 머리 숙여가며 날아들고	點水丈人低赤弁
제비[4]는 검은 날개 떨치며 날고 있네.	含泥公子拂烏衣
숲 연못가 옛집[5]은 청산 속에 비어 있고	林塘舊宅空靑嶂
황폐한 온조 산성[6] 산허리에 반쯤 뵈네.	溫祚荒城半翠微
저물녘 배 한 척 하늘가로 떠나가니	向晩孤舟天際去
맑은 강에 사현휘[7]의 시름 생각 더욱 깊다.	澄江愁絶謝玄暉

1 찬록정 : 두모포豆毛浦에 있던 정자다. 두모포는 동호대교 북단에 있었던 조선시대의 포구다.

2 [自註] "亭在豆毛浦, 其上又有夢賚亭遺址, 卽古右議政鄭公惟吉別墅. 廣州山城, 百濟溫祚王所都."

3 잠자리 : 원문은 점수장인點水丈人. 잠자리를 가리킨다.

4 제비 : 원문은 함니공자含泥公子. 제비를 가리킨다.

5 옛집 : 원문은 구택舊宅. 찬록정 위에 몽뢰정夢賚亭 터가 있는데 이곳은 우의정이었던 정유길鄭惟吉의 별장이다.

6 온조 산성 : 원문은 온조황성溫祚荒城. 광주산성廣州山城을 말한다. 백제의 온조왕溫祚王이 이곳에 도읍했었다.

7 사현휘 : 남제南齊 때의 시인 사조謝朓를 말한다. 그는 오언시五言詩에 뛰어났고 문文 또한 청려淸麗하기로 명성이 높았다. 그 중 「만등삼산환망경읍晩登三山還望京邑」이란 시의 "맑은 강물 비단처럼 곱구나. 澄江淨如練"란 구절이 가장 유명하다.

제천의 처사 조연귀가 그리워

懷堤川趙處士衍龜[1]

계획했던 강호 생활 갈수록 어긋나서	宿計江湖也轉疎
이제는 빈번히 옮겨 산다 말뿐이네.	卽今頻說盡移居
몸 건강해 밤 등불에 자식을 가르치며	夜燈身健猶教子
가난해도 봄비에 화전 밭 일구잖네.	春雨家貧未燒畬
십오 년을 뽕나무 아래에서 쉴 것이요[2]	十五年曾桑下憩
삼천 권을 늙어가며 다시 베껴 쓰겠지.[3]	三千卷復老來書
감암산 밖에서 헛되어 머리 긁으며	紺巖山外空搔首
저 멀리 산골 물을 구슬피 바라보네.	峽水遙生悵望餘

방옹放翁 육유陸游[4]를 배워서 그 정신을 얻었다. 學放翁而得其神 _李調元

처사의 고고한 풍모를 상상할 수 있다. 處士高風可想 _潘庭筠

---

1 [自註] "處士今年春自開天山中, 又徙堤川之公田湖. 年高力學, 著書滿室."

2 십오 년을 …… 것이요 : 송宋나라 은사隱士인 두생杜生과 관련된 고사다. 두생은 성城에서 떨어져 외딴 곳에 살면서 문을 나가지 않은 지가 30년이었다. 여양위黎陽尉가 그를 방문하여 문밖을 나가지 않는 이유를 물으니, 문 앞의 뽕나무 한 그루를 가리키며 "15년 전에 저 뽕나무 밑에서 더위를 피한 적이 있었으되, 단지 일이 없어 우연히 나가지 않았을 뿐입니다."라 하였다. 『몽계필담夢溪筆談』에 보인다.

3 삼천 권을 …… 쓰겠지 : 송宋나라 손광헌孫光憲이 경사經史에 박통博通하여 책 수천 권을 모아 놓고 베껴 썼는데, 늙어서도 그 일을 그만두지 않았다고 한다. 『송사宋史』「손광헌전孫光憲傳」에 보인다.

4 육유(陸游, 1125~1209) : 자는 무관務觀, 호는 放翁이다. 중국 남송南宋 제일의 시인으로, 나라의 상황을 개탄한 시나 전원의 한적한 생활을 주제로 한 시가 많다.

수동 가는 길에

水洞道中[1]

가벼이 봇짐 매고 쉬엄쉬엄 먼 길 가며	飄然行橐倦長途
말 위에서 열읍도 펼치어 바라본다.	馬上披看列邑圖
단풍나무 저 멀리 궁예국이 나누었고	紅樹遙分弓裔國
푸른 산 맥왕 도읍 가로질러 갈라 놨네.	蒼山橫斷貊王都
구름 얽힌 돌계단 돌아가는 스님 뵈고	縈雲石棧歸僧見
물가의 갈대밭엔 기러기 외롭구나.	傍水蘆田落雁孤
저물녘 묵어갈 절집[2]을 찾아가며	薄暮將尋蕭寺宿
깨어진 팽오비[3]를 해질녘 방문하네.	殘碑落日訪彭吳

장대하고 드넓다.
壯闊 _李調元

3,4구는 고상하고도 맑다.
三四高亮 _潘庭筠

1 [自註] "弓裔國今鐵原, 貊國今春川. 二郡皆與永平接界. 漢武帝使彭吳通滄海郡, 今彭吳碑尙在春川."

2 절집 : 원문은 소사蕭寺. 절을 지칭한다. 양梁 무제武帝가 제일 절을 많이 지었는데, 양 무제의 성이 소씨蕭氏이므로 절을 소사蕭寺라 한다.

3 팽오비 : 원문은 팽오彭吳. 한 무제漢武帝 때 처음으로 예맥濊貊의 길을 뚫고 조선번朝鮮番에 창해군滄海郡을 설치한 사람이다. 이곳에 팽오의 통도비通道碑가 있었다고 한다.

중양절에 호서의 공주목에 있는 혜풍 유득공이 그리워
九日懷惠風在湖西公州牧

꿈 속 넋은 금강의 물가로 날아가나	魂夢長飛錦水濱
중양절 맞이하여 온갖 근심 새롭구나.	重陽時節百愁新
하늘 가득 찬 비는 남국에도 내릴 테니	一天寒雨連南國
비에 젖은 국화꽃에 옛 친구 그리겠지.	雨地黃花憶故人
가을의 끝자락이라 제비도 돌아가고	此日秋窮歸燕子
타향에도 서리 내려 기러기 원망하리.	他鄕霜落怨鴻賓
그대와 이별한 후 쓸쓸함만 더하누니	別君以後添寥寂
홀로 사립 걸어 닫고 은자[1] 흉내 내어보네.	獨掩松關倣隱淪

1 은자 : 원문은 은륜隱淪. 세상을 피하여 은둔隱遁하는 것을 말한다.

압구정

狎鷗亭[1]

높은 정자 아스라이 구름에 잠겨있고	危亭隱約枕湖雲
가없는 모래사장 바라보니 어지럽네.	無限晴沙眺望紛
한강의 돛단배 언덕 질러 지나가고	冽水風帆橫岸去
광릉[2]의 안개 숲 강 저편에 뚜렷해라.	廣陵烟樹隔江分
푸른 산은 중국 사신[3] 눈 시리게 하였고	青山眼冷皇華使
방초는 한명회[4]의 애간장 녹였다네.	芳草魂銷上黨君
만겹 시름 모두 다 버리지 못했는지	萬疊閒愁抛不盡
잔물결 푸른 비단 무늬를 이루누나.	輕波皺得碧羅紋

어양漁洋 왕사정王士禎과 격조가 비슷하다.

格調似漁洋 _ 潘庭筠

---

1 [自註] "亭在漢陽城東荳毛浦上, 爲城東中名勝, 卽故國舅上黨府院君韓明澮別墅, 明翰林學士文節公倪謙奉調東來, 命其名而仍爲之記亭名, 遂聞於中朝. 太僕寺丞金湜·給事中陳嘉猷張寧·武靖侯趙輔·定西侯蔣琬·太子少保兼左都御史王鉞·兵部尙書項忠·兵部左侍郎滕昭·吏部左郎劉斐·戶部郎中李烱然·兵部郎中于冕·兵部員外郎張汝弼·翰林修撰羅璟·敎諭吳可立·進士秦昇·會稽陳贇·戶部郎中祁順等, 皆賦詩以贈. 其中張方洲·祁戶部二公, 又以行人先後東來, 設宴亭上, 至今傳爲盛事. 兵燹之餘, 屋已屢易, 主風流文采寂寞, 不可見也."

2 광릉 : 경기도 광주廣州를 말한다.

3 중국 사신 : 원문은 황화사皇華使. 명明나라 사신 예겸倪謙을 말한다. 한명회韓明澮가 이곳에 별장을 짓고 예겸에게 그 이름을 지어줄 것을 청했다. 예겸은 '갈매기와 가까이 사귀는 정자'라는 뜻으로 압구정이란 이름을 지어주었다.

4 한명회 : 원문은 상당군上黨君. 한명회(韓明澮, 1415~1487)를 말한다. 한명회가 이곳에 별장을 지었고 명 사신 예겸이 압구정이라 이름 지어주었다.

중목이 내 시에 화답하기에 다시 이에 차운하여 답하다

仲牧和余詩 復次答之

숲 사이 나는 누대 흰 구름이 껴안았고	林際飛樓抱白雲
빈 모래톱 비 개이자 석양빛 어지럽다.	空洲雨歇夕陽紛
청산의 그림자는 가는 배를 따라가고	青山影逐帆三轉
푸른 버들 그늘은 집 한 구석 가렸구나.	翠柳陰藏屋一分
북쪽 물가 여태도 굴원의 근심이요	北渚如今愁楚客
남쪽 하늘 어느 곳서 상군[1]을 조문할까.	南天何處弔湘君
상심하여 푸른 강 빛 하염없이 마주하니	傷心厭對晴江色
다행히도 성긴 발에 나무 무늬 어른대네.	賴有疎簾盪樹紋

좋은 구절은 자주 얻어지지 않는다.
佳句不多得 _ 李調元

1 상군 : 요堯의 딸 아황娥皇과 여영女英은 남편인 순舜임금이 창오산蒼梧山에서 세상을 떠나자, 찾아 가다가 소상강瀟湘江을 못 건너고는 울면서 이 물에 빠져 죽으니, 이가 곧 상군湘君이다.

입추의 감회를 적어 중목에게 부치다
立秋感作寄仲牧

해질녘 산과 시내 가을 기운 넘쳐나	落日溪山秋氣繁
좋은 절기 구슬픈데 황혼까지 되었다.	佳期怊悵又黃昏
연사[1]처럼 이어져도 어느 때나 볼런지	蓮絲不斷何時見
너무도 서글퍼서[2] 말도 잇지 못하겠네.	石闕常銜未敢言
『초사』의 신나무는 눈 가득 어지럽고[3]	楚些青楓紛極目
진풍의 백노[4]는 이내 혼을 녹이누나.	秦風白露黯消魂
애닯도다, 몇 굽이 흐르는 물줄기만	可憐幾曲潺湲水
시름겨운 이 뒤로 하고 고향 향해 흘러가니.	却背愁人向故園

1 연사 : 연의 줄기에 있는 섬유로 이것을 꼬아 실을 만든다.

2 너무도 서글퍼서 : 원문은 석궐상함石闕常銜. 너무 슬퍼 말을 할 수 없음을 말한다. 『고악부古樂府』에 "입안에 석궐이 생기니 빗돌을 문 듯 말할 수 없네. 石闕生口中, 銜碑不得語."라 한 데서 나온 것이다.

3 초사의 …… 어지럽고 : 『초사楚辭』 「초혼招魂」에 "강물은 넘실넘실 강 언덕엔 신나무 있는데, 저 멀리 바라보니 봄마저 가슴 아파. 湛湛江水兮上有楓, 目極千里兮傷春心."를 인용한 말이다.

4 진풍의 백로 : 원문은 진풍백로秦風白露. 『시경』 「겸가蒹葭」에 "갈대 아직 푸르른데 이슬 맺혀 서리 내렸네. 蒹葭蒼蒼, 白露爲霜."를 인용한 말이다.

정자삼이 새로운 책 한 부를 베껴서 짧은 절구를 함께 보내왔기에 사례하며

謝鄭子參寫贈新書一部兼短絶

사는 곳 창 등불에 시야는 어둑하고	展處窓油眼欲昏
이어지는 가는 글씨 파리머리[1] 같구나.	連行細字訝繩屯
유중영은 삼본[2]을 갖추었다 들었고	曾聞柳庫收三本
왕여[3]를 한 번 모두 다 보았다지.	快見王輿掃一番
벼루 식어 새벽 이슬 떨어짐 근심하고	硯冷應愁晨露滴
책상 높아 저녁 바람 불어대니 기쁘다네.	床高却喜晩風翻
조각배에 앉아서 봄 강물을 기다려	扁舟坐待春江穩
곧바로 그대와 영상[4]으로 돌아가리.	直欲携歸潁上村

---

1 파리머리 : 원문은 승둔繩屯. 승두蠅頭로, 파리머리처럼 가늘고 작은 글자를 말한다. 『남사南史』「제형양왕균전齊衡陽王鈞傳」에 "균이 일찍이 오경五經을 잘게 써서 상자 속에 두었다. 시독侍讀 위개衛玠가 '무엇 때문에 파리머리[蠅頭]만한 잔글씨를 쓰는가?' 물으니 '한 번 내 손으로 쓰면 길이 잊지 않는다.'고 대답했다."는 말이 있다.

2 유중정은 삼본 : 원문은 유고삼본柳庫三本. 유고柳庫는 유중영柳仲郢의 창고를 말한다. 유중영의 집에는 만권서萬卷書가 있는데 반드시 세 본[三本]을 소장했다. 한 부는 창고에 보관하고 다른 한 부는 항상 보았으며, 다른 한 부는 어린아이들이 보게 했다. 『당서唐書』「유중영전柳仲郢傳」에 보인다.

3 왕여 : 미상. 여기에서는 정자삼이 베껴 보내온 책을 모두 읽었다는 의미로 보인다.

4 영상 : 은자의 거처를 말한다. 영상潁上은 영수潁水의 북쪽 언덕인데, 고사高士인 소보巢父와 허유許由가 은거한 곳이다.

옛 낙랑으로 부임해 가는 김사윤 참봉을 전송하며

送館師金士潤參奉之任古樂浪[5]

동선관[6]에 가을바람 불어오는데	秋風吹到洞仙關
필마의 행장은 안장 위에 잘 차렸네.	匹馬行裝好掛鞍
일찍이 휘장[7]에 제자들 모였는데	絳帳曾開群弟子
벼슬아치 새로이 소랑[8] 관복 입었다.	烏紗新着小郎官
오래된 단군전은 긴 숲 옆에 있을테고	檀君殿古長林近
높다란 왕검성엔 찬 물만 흐르리라.	王儉城高一水寒
친한 벗들 모두들 영락한 신세 되니	最是親朋多落魄
손놓고 이별하기 이리도 어렵구나.	天涯解手若爲難

5 [自註] "平壤府漢武帝時爲樂浪郡. 檀君都平壤, 立祠. 其地則東方君長之首也."

6 동선관 : 황해도 황주와 봉산의 경계에 있는 동선령洞仙嶺을 말한다.

7 휘장 : 원문은 강장絳帳. 옛날 후한後漢의 대유大儒 마융馬融이 고당高堂에 앉아 붉은 장막[絳帳]을 드리우고 생도를 가르쳤던 고사에서 유래한다. 『후한서後漢書』 「마융전馬融傳」에 보인다.

8 소랑 : 나이 어린 사람을 말한다.

창의문 밖 김씨의 새로 지은 정자에서
彰義門外金氏新亭

새로이 관리 되어 한가한 틈을 타서	朝衣新着贌偸閒
풍악 듣고 오르니 사방이 탁 트였구나.	簫鼓登臨地勢寬
돌샘은 누각으로 흘러들어 시원하고	岸石泉通飛閣爽
인가의 저녁연기 저녁 숲에 싸늘해라.	人家烟傍晩林寒
좋은날 도리어 가슴이 저몄는데	佳辰攙却傷心事
좋은 경치 보노라니 근심 걱정 사라지네.	勝界從他劇意歡
두렵구나, 나를 따라 벼슬길로 나올까 봐[1]	已恐山移隨我到
오사모 쓰잖아도 살쩍머리 편안하리.	烏紗不合鬢邊安

1 벼슬길로 나올까 봐 : 원문은 산이山移. 북산이문北山移文으로, 은거하다가 벼슬에 나가는 것을 말한다. 이문移文은 여러 사람이 돌려보도록 쓴 글이다. 남제南齊 때의 은사 주옹周顒이 처음 북산北山에 은거하다가 뒤에 벼슬길에 나가자, 그의 친구인 공치규孔稚圭가 그 변절變節을 풍자한 「북산이문北山移文」이 있다.

오숙 자삼 정존달이 팔분체로 시를 지어달라기에, 붓을 들고 이를 써서 보냈다

鄭五叔子參存達要余以八分書其所製詩 强把筆仍贈此索和

가득 간 둥근 먹[1]은 이묵[2]이 만들었고	滿磨螺子李翁丸
선 그려진 종이[3]는 채륜[4]의 것일세.	亂點烏絲蔡氏欄
팔분체 아매[5]만큼 뛰어나지 못하지만	書未將軍韓阿買
시 짓는 것 유명한 정곡[6]만큼 한다네.	詩能名世鄭都官
코끝[7]에는 문심이 오히려 용솟지만	鼻端却有文心湧

1 둥근 먹 : 원문은 나자螺子. 나자묵螺子墨으로, 둥근 모양의 벼루를 말한다.

2 이묵 : 원문은 이옹환李翁丸. 중국의 유명한 먹으로, 당唐나라 말기 유명한 묵공墨工인 해초奚超, 해정규奚廷桂 부자가 만들었다. 해초는 전란을 피해 흡주歙州로 왔다가, 황산 일대의 오래된 소나무를 보고 또한 맑디 맑은 샘물이 있으니 먹을 만들 수 있을 것이기에 여기에 거주하며 전문적으로 먹을 제조했다. 해奚씨 부자가 제작한 먹은 후주后主인 이욱李煜의 칭찬을 얻게 되고, 해초는 '이李'씨를 하사받아 '이묵李墨'이라 불리게 되었다. '환丸'은 먹을 세는 단위이다.

3 선 그려진 종이 : 원문은 오사烏絲. 오사란烏絲欄의 준말로, 즉 책장의 검은 줄 그어진 선을 가리킨다.

4 채륜 : 원문은 채씨란蔡氏欄. 중국 후한後漢 때의 환관宦官인 채륜蔡倫이 만든 종이를 말한다. 채륜은 나무껍질, 베옷, 고기잡이 그물 등을 분쇄하여 만든 '채후지蔡侯紙'라는 종이를 발명했다.

5 아매 : 원문은 한아매韓阿買. 한유韓愈의 조카뻘 되는 사람으로 팔분체八分體에 능통한 인물이다. 한유의 「취증장비서醉贈張秘書」 시에 "아매는 글자를 알지 못하지만 팔분서는 제법 쓸 줄을 알기에, 시 지어서 그에게 쓰도록 하면 아군을 장대 시키기에 넉넉하다네. 阿買不識字, 頗知書八分, 詩成使之寫, 亦足張吾軍."에 보인다.

6 정곡 : 원문은 정도관鄭都官. 당唐나라 말기에 정곡鄭谷이 시를 잘 지어 세상에서 유명하였는데 그때 사람이 그 관직에 따라 정도관鄭都官이라 하였다.

손가락엔 술기운[8] 담겨 있지 않다네.	指上曾無酒氣盤
한 영제 때 석경[9]은 지금엔 볼 수 없어	石刻光和今不見
그 누가 다시금 붉은 구경[10] 쓸거나.	何人更寫九經丹

전아하고 속되지 않다.
典而不俗 _李調元

우아함이 소식蘇軾과 황정견黃庭堅에 가깝다.
雅近蘇黃 _潘庭筠

7 코끝 : 원문은 비단鼻端. 코끝으로 뛰어난 재능과 기교를 비유한 말이다. 옛날 영인郢人이 코끝에다 마치 파리 날개만한 악토堊土를 바르고는 장석匠石을 시켜 그 악토를 깎아내게 하자, 장석이 바람소리가 휙휙 나도록 자귀를 휘둘러 깎아냈는데 악토만 깨끗이 다 깎이고 코는 아무렇지도 않았다 한다. 『장자莊子』 「서무귀徐無鬼」에 보인다. 송宋나라 황정견黃庭堅의 「후원공문강학지의侯元功問講學之意」란 시에 "목인은 영공을 얻는다면 코끝으로 깎을 수도 있다네. 木人得郢工, 鼻端乃可斲."란 구절이 보인다.

8 손가락엔 술기운 : 원문은 지상주기指上酒氣. 송宋나라 소식蘇軾이 "술 취한 뒤에 홍에 겨워 수 십자를 썼는데, 술이 깨자 열 손가락에서 글씨를 쓰던 기운이 모두 사라져 버렸다. 子瞻云, 吾酒後, 乘興作數十字, 覺酒氣拂拂從十指出也."고 말한 데서 유래한다. 『임하청록林下淸錄』에 보인다.

9 한 영제 때 석경 : 원문은 석각화광石刻和光. '화광'은 한漢나라 영제靈帝의 연호이다. 영제가 채옹蔡邕 등에게 유교儒敎 경전을 돌에 새겨 강학講學의 근거로 삼게 한 일을 말한다. 이는 문자의 흐트러짐을 바로잡고 그로 인하여 정자正字를 널리 알리려한 것이다.

10 붉은 구경 : 원문은 구경단九經丹. 채옹蔡邕이 돌에 써서 장인에게 새기게 한 유교 경전을 말한다. 석각을 붉은 색으로 칠했기에 '단'이라 한 것으로 보인다.

호수가에 소나기가 내리자 중목이 생각나서

湖上急雨有懷仲牧

뱃머리 강 하늘은 수묵 빛 퍼지는데	帆頭水墨潑江天
비 오려는지 산 빛은 미불[1]의 그림일세.	欲雨山光太米顚
강에 드리운 무지개[2] 비로소 갈증 풀고	飮渚雄虹初解渴
둑에 누운 시든 버들 잠 이루지 못하네.	臥堤衰柳不成眠
아득한 포구 끝엔 어부들 희미하고	微茫極浦漁人逈
까마득한 푸른 절벽 초각이 매달렸네.	搖落蒼崖艸閣懸
끝없는 안개 물결 시구 중에 들어오니	無限烟波詩句裏
나 홀로 멀리서 그대만을 그리네.	孤懷遙被卯君憐

1 비불 : 원문은 미전米顚. 송宋나라 때의 서예가 미불米芾을 말한다. 그의 행동거지가 괴상하였기 때문에 미치광이라는 뜻으로 그렇게 불렀다 한다.

2 강에 드리운 무지개 : 원문은 음저웅홍飮渚雄虹. 『보아補雅』에 "수컷은 홍이고 암컷은 예이다. 雄曰虹, 雌曰霓."라 보인다. 또한 『몽계필담夢溪筆談』에 "수무지개 계곡에 들어가 물을 마신다. 虹能入溪飮水"란 구절이 보인다.

싸늘한 밤 산인 덕초 이명복에 보내다

寒夜贈李山人德初明復

산골[1]에서 몇 이랑 일구며 사노라니	谷口生涯數頃畬
붉은 넝쿨 사이로 고인 서재 가렸겠지.	高人書屋隱紅蘿
개인 창서 언제나 난정첩을 감상하고	晴窓每試蘭亭帖
저녁 비엔 때때로 도롱이를 걸치겠지.	暮雨時披笠澤簑
푸른 산에 앉아서 이 잡는[2] 얘기 할 테고	坐處青山捫蝨語
돌아오며 백석에서 반오 노래[3] 부르겠지.	歸來白石飯午歌
오늘 밤 우연히 추운 곳서 잠을 자니	今宵偶然寒齋宿
산골 나무 가을 소리 꿈속에도 가득해라.	峽樹秋聲夢裏多

시인이 품어 내는 풍모가 뛰어나다.

文人吐屬風雋乃爾 _李調元

1 산골 : 원문은 곡구谷口. 은자의 거처를 말한다. 한漢나라 정박鄭樸의 자字로 곡구谷口 사람이다. 성제成帝 때에 왕봉王鳳이 예로써 그를 초빙했으나 응하지 않고 곡구에서 한가롭게 농사를 지으며 살았다. 세상에서 그를 곡구자진谷口子眞이라 불렀다.

2 이 잡는 : 원문은 문슬捫蝨. 진晉나라 왕맹王猛이 환온桓溫을 처음 만났을 때 이를 잡으며[捫蝨] 세상사를 이야기했다는 데서 유래한 말이다. 남이 보는 앞에서 이를 잡는다는 것으로, 성품이 방달放達하고 종용從容하며 강건함을 비유한다. 『진서晉書』「왕맹전王猛傳」에 보인다.

3 백석에서 반우 노래 : 원문은 백석반우가白石飯午歌. 제齊나라 영척甯戚이 불우하여 소를 먹이고 있었다. 제환공齊桓公이 나옴을 알고 영척이 소뿔을 두드리며 "남산은 깨끗하고, 흰 돌은 눈부시네. 요순이 선양하던 시절을 못 만나니, 단포 단의가 정강이뼈까지 이르렀네. 저물녘부터 한밤중까지 소에게 꼴 먹이니, 길고 긴 밤 언제 가고 아침이 오려나. 南山矸, 白石爛. 生不遭堯與舜禪, 短布單衣適至骭. 從昏飯牛薄夜半, 長夜曼曼何時旦."하고 노래한 일을 두고 한 말이다. 『몽구蒙求』「영척구각甯戚扣角」에 보인다.

가을날 전원에서 느낌이 있어
秋日田園有感

사립문에 몇 이랑 황무지를 일구니	柴扉新拓數弓荒
진실로 종남산[1]의 옛 초당이로구나.	眞是終南舊艸堂
지팡이에 기대어 논물 소리 듣다가	藜杖閑聽田水響
가마 타며 향기로운 벼꽃 향기 맡누나.	筍輿時過稻花香
불켜진 통발에서 찬비 속에 돌아오고	魚梁夜火歸寒雨
가을 안개 무서리 속에서 게를 줍네.	蟹窟秋烟拾早霜
이제야 전원생활 그 맛을 알겠구나	始信鄕園風味好
평생도록 뽕나무 일구며 늙어가리.	百年吾欲老耕桑

울긋불긋 나뭇잎 가을 경치 담담한데	青黃山木澹秋容
깨끗한 시골집서 방아 소리[2] 누워 듣네.	灑瀟田家臥夕舂
붉은 연꽃 못에는 해오라기 내려앉고	紅藕池塘時下鷺
푸른 꽃 울타리엔 귀뚜라미 울어대네.	碧花籬落亂鳴蛩
이미 능히 부를 지어 처세를 정했으니[3]	已能作賦要詹尹

---

1 종남산 : 원문은 종남終南. 중국 서안西安 남쪽에 있는 산이다. 당唐나라 노장용盧藏用이 세상이 자신을 알아주지 않아 이곳에 숨어 살았다고 한다.

2 방아 소리 : 원문은 석용夕舂. 석양용夕陽舂으로, 석양에 방아 찧는 것을 말한다.

3 처세를 정했으니 : 원문은 첨윤詹尹. 옛적 점치는 사람의 이름인 정첨윤鄭詹尹을 말한다. 『초사楚辭』「복거卜居」에 “마음이 어수선하여 종잡을 수 없기에 태복 정첨윤을 찾아갔다. 心煩慮煩, 不知所從 乃往見太卜鄭詹尹.”란 구절이 있는데, 자신의 처세에 대해 물었다는 의미

글을 써서 남들에게 보일 필욘 없다네.[4]	不必移書報會宗
몸소 밭을 경작하면 어디나 곡구[5]이니	可使躬耕皆谷口
토란밭 반 뙈기서 농사 지면 충만하리.	芋區半畝足歸農

전원의 생취가 구절마다 그림처럼 펼쳐졌다.
田園生聚一一繪出 _ 李調元

다.

4 글을 써서 …… 없다네 : 서한西漢 때 광록훈光祿勳 양훈楊惲이 폐서인廢庶人이 된 것을 억울해하는 글을 그 친구 손회종孫會宗에게 보냈다가 그것이 화근이 되어 사형당한 고사를 인용한 말로, 자신의 처지에 만족하며 살아가겠다는 의미다.

5 곡구 : 은자의 거처를 말한다. 한漢나라 정박鄭樸의 자字로 곡구谷口 사람이다. 성제成帝 때에 왕봉王鳳이 예로써 그를 초빙했으나 응하지 않고 곡구에서 한가롭게 농사를 지으며 살았다. 세상에서 그를 '곡구자진谷口子眞'이라 불렀다.

생향관의 초여름

生香館初夏

그윽한 소나무 집 빗장을 거듭 거나	松關窋窱覆深扃
이따금 바둑 소리 시원스레 들리누나.	時有棋聲爽晩聽
가랑비에 정원지기 나물 캐러 떠나가고	細雨園丁挑菜去
가득한 녹음 아래 한낮이 한가롭네.	綠陰亭午滿林停
꾀꼬리는 쌍쌍이 무시로 오가는데	兩鸝黃鳥無常到
조그만 모란꽃은 태반이 시들었다.	小牧丹花太半零
오모[1] 쓰고 은낭[2] 기대 온종일 고요하니	烏帽隱囊終晝靜
맑은 바람 부는 곳서 앉은 채 불경[3] 읽네.	清颸生處坐翻經

1 오모 : 은자가 쓰는 검은 관이다.

2 은낭 : 주머니 모양으로 된 몸을 기대는 도구다.

3 불경 : 원문은 번경翻經. 불경佛經을 번역하는 것을 말한다.

비가 조금 개이자 갈천의 친구에서 보내다

小晴卽事寄葛川故人

십리의 긴 다리에 나룻배 걸려 있고	十里長橋野艇橫
푸른 물결[1] 갓 불어나 거울 속에 가득해라.	鴨頭新漲鏡中盈
저문 섬을 바람이 흔들어 꽃 다 지고	搖風暮嶼葒花盡
물가에 비 내리자 연잎이 생기 띠네.	帶雨芳洲荅葉生
버들 옆엔 그물 펴는 사람은 노망[2]이요	柳外罟師眞魯望
구름 가 나무하는 그 사람 선평[3]일세.	雲端樵客是宣平
시름겨운 이 내 몸 의지할 곳 없는데	愁人情事渾無賴
강과 산 잠깐 보자 정신이 해맑네.	只有江山眼暫明

---

1 푸른 물결 : 원문은 압두鴨頭. 오리 머리처럼 푸른 물빛을 가리킨다.

2 노망 : 당唐나라 시인 육구몽陸龜蒙의 자字다. 벼슬하지 않고 송강松江 보리甫里에 은거, 고저산顧渚山 밑에 다원茶園을 경영했으며, 항상 강호江湖에 배를 띄워 낚시를 즐겼다.

3 선평 : 신선의 이름이다. 『속선전續仙傳』에 "당의종唐懿宗 함통咸通 7년에 허명노許明奴의 집 늙은 할미가 남산에서 복숭아 따먹는 사람을 만났는데, 그 사람은, 자기는 명노의 선조 선평이라고 하면서 할미에게 복숭아 한 개를 주어 먹게 하고는 '이 복숭아는 산신이 아끼는 바이므로 가지고 갈 수는 없다.'라 하고 나무하러 온 사람을 따라서 집으로 돌아가게 했다. 그 뒤 할미는 밥을 먹지 않고도 얼굴이 홍안紅顔으로 변했다."고 하였다.

가을 집에서 중목이 그리워

秋廬卽事有懷仲牧[1]

숭양산[2]에 터 잡으니 숨어 살기 좋은 곳	嵩陽卜宅善藏名
다만 하나 걱정은 형제와 떨어진 것.	只有幽愁隔弟兄
첩첩이 푸른 산에 새벽 꿈 놀라 깨니	無數青山驚曉夢
단풍 물든 시절 되어 가을 소리 한스럽다.	至今紅樹恨秋聲
서풍 부는 옛 성곽에 소와 양 내려오고	西風古郭牛羊下
해지는 외진 마을 호랑이가 횡행하네.	落日荒村虎豹橫
동리에서 다른 날 서로 손 부여잡고	洞裏他年携手去
안개비에 지팡이로 초평[3]을 방문하자.	一笻烟雨訪初平

1 [自註] "余仲弟經九年十四, 季弟圖九年十一, 俱能作詩."

2 숭양산 : 원문은 숭양嵩陽. 숭양산嵩陽山를 말한다. 송宋나라 한비韓丕는 지조 있는 인물인데, 이곳에서 터를 잡고 독서를 했다고 한다.

3 초평 : 『신선전神仙傳』에 보이는 황초평黃初平를 말한다. 황초평은 14세 때 양을 먹이다가 금화산金華山에 들어가 40년 동안 나오지 않았는데, 그의 형 초기初起가 마침내 동생을 찾아 양의 소재를 묻자 뒷산에 있다고 하므로 가서 보매 백석白石만 있었다. 초평이 백석을 향하여 "양들아, 일어나라."고 하니, 백석이 모두 양이 되어 일어났다고 한다.

들 정자를 저물녘 거닐며

野亭晩行

숲과 시내 쓸쓸한 곳 정자 하나 서 있으니	林泉蕭瑟置孤亭
진실로 소동파가 택승명[1]을 짓겠구나.	眞作坡翁擇勝銘
개구리밥 비친 배엔 어부가 누워 있고	映艇白蘋漁子臥
소매 가득 누런 잎에 술꾼은 잔을 드네.	滿襟黃葉酒人停
연못 꽃은 서랑이 그린 <몰골도>[2]요	池花沒骨徐郞畫
두 갈래의 들 물은 역도원의 『수경주』[3]네.	野水分頭酈氏經
저녁 되어 돌아오는 검은 소는 한가롭고	趁暮歸來烏犉倦
가을 창엔 예전처럼 몇 봉우리 푸르구나.	秋窓依舊數峯靑

정교하고 신묘하며 자연스럽게 이루어진 것이니
사람의 힘으로 도달할 수 있는 경지가 아니다.
工妙天成 非人力所到 _李調元

1 소동파가 택승명 : 원문은 파옹택승명坡翁擇勝銘. 소철蘇轍이 「택승정擇勝亭」이란 시를 지었는데, 소식蘇軾이 그 글을 너무 좋아하여 「택승명」을 지었다고 한다.

2 서랑의 몰골도 : 원문은 몰골서랑沒骨徐郞. 몰골도沒骨圖를 그린 서숭사徐崇嗣를 말한다. 몰골도는 윤곽선 없이 색채나 수묵을 사용하여 그리는 화법으로, 서희徐熙와 그의 손자 서숭사로부터 시작된 화법이다.

3 역도원의 수경주 : 원문은 역씨경酈氏經. 북위北魏의 지리학자인 역도원酈道元이 찬撰한 『수경주水經注』를 말한다.

봄이 저물어 가매

春晩

봄빛 모두 시 구절에 거두어 두었지만	春光都被句中收
교묘한 말[1]로 어이해 탕혜휴[2]를 괴롭힐까.	綺語何煩湯惠休
벌로 변해 숲 사이를 마음껏 날아가고	狂欲化蜂巡樹鄉
나비 따라 담장 너머 날아들고 싶다네.	心因逐蝶度墻頭
정원의 작약[3]을 누구에게 줄 것인가	園抽芍藥云誰贈
자라난 궁궁이[4]는 예로부터 수심일세.	艸長蘼蕪自古愁
기쁘구나, 깊은 숲에 초여름 다가오니	且喜深林初夏近
옅은 그늘 푸르르게 밀려옴을 바라본다.	佇看輕蔭綠如流

1 교묘한 말 : 원문은 기어綺語. 불가에서 말하는 십악十惡의 하나로, 진실을 속이고 교묘하게 말을 꾸며대는 것을 가리킨다.

2 탕혜휴 : 육조 시대六朝時代의 시승詩僧이다.

3 작약 : 약초의 이름인데, 옛사람이 서로 작별할 때 주었다고 한다. 『비아裨雅』「작약芍藥」에 "우형牛亨이 '작별할 때 작약을 꺾어 주는 것은 무슨 까닭이냐?'고 묻자 동자董子가 '작약은 일명一名에 가리可離라고도 하므로 그렇다.'고 대답했다."고 한다.

4 궁궁이 : 원문은 미무蘼蕪. 약초, 또는 향초의 이름인데, 옛사람은 궁궁이를 읊어서 자신의 원정怨情을 위로했다.

형암 이덕무를 그리며

憶李炯庵[1]

고요히 청담으로 촛불 잡고 놀았으니	穩藉淸譚秉燭遊
그 당시 강좌에서 명류 되기 족하였지.	當時江左足名流
파派 다르나 두정륜은 성남 종친[2] 함께 했고	二宗同譜城南杜
십년 동안 장수에서 주옹[3]과 이웃했지.	十載相鄰漳北周
내가 그대 위해 비문을 쓰고자 하여도	我欲故人碑後記
그 누가 『빈사전』에 나를 실어 주겠는가.	誰從貧士傳中收
오늘부터 강호에 은거하려 하노니	江湖此日將歸隱
그대 위해 낚싯배 한 척 더 준비하리.	爲爾仍添一釣舟

1 [自註] "懋官與余俱爲宗室之裔, 宗派各異, 甲申以後同居塔下."

2 성남 종친 : 원문은 성남사城南社. 당唐나라 두정륜杜正倫이 성남城南의 여러 두씨杜氏 종친들과 친족관계가 멀었는데, 동보同譜를 구했으나 허락하지 않자 원망했다고 한다. 『당서唐書』「두정륜전杜正倫傳」에 보인다.

3 장수에서 주옹 : 원문은 장북주漳北周. 중국 장수漳水의 북쪽에 살았던 주옹周顒을 말한다. 제齊나라 때에 주옹은 장수 북쪽에, 장융張融는 남쪽에, 그 가운데 유회劉繪가 각기 살았다고 한다.

늦봄에 연암 박지원, 무관 이덕무 및 종제 중목과 함께
晚春同朴燕巖李懋官從弟仲牧鼎九

길손 오자 외론 정자 저녁 풍경 걷혀가고	客到孤亭暮景收
석양빛 기울자 비 이제야 그치누나.	斜陽頹澹雨初休
발그레한 약초는 섬돌 아래 깔려 있고	微紅藥草藏階足
희디흰 배꽃은 지붕 위에 피었구나.	迴白梨花表屋頭
활짝 핀 꽃을 보며 늦봄을 즐기는데	且把繁華酬晚嘗
가는 세월 부여잡고 시름을 더할손가.	肯將時序助芳愁
애석해라, 봄빛은 재빨리도 흘러가	祇憐肅肅春暉盡
꾀꼬리[1] 짝져 나는 노래 소리 지나갔네.	搏黍雙飛語已流

1 꾀꼬리 : 원문은 박서搏黍. 꾀꼬리를 말한다.

강가 정자에서 회포를 부치다
江亭寄懷

고기 잡고 나무 하며 성명을 숨기나니	漁樵生活姓名沈
이 몸은 서호의 임포[1]와 한가질세.	身是西湖處士林
울 모퉁이 방아에 저녁 빛이 어리고	籬角孤舂天色晩
주렴 끝 한가한 꿈 빗소리 깊어 간다.	簾頭閒夢雨聲深
길손은 돛배에서 안개 낀 숲 바라보고	行人峭帆望烟樹
유자 누대 오르자 물새는 울어댄다.	遊子登樓啼水禽
집안 어진 동생에게 편지를 보내나니	寄語吾家賢仲季
갈대 돋는 시절에 서로 찾아보았으면.	蒹葭時節許相尋

1 서호의 임포 : 원문은 서호처사림西湖處士林. 송宋나라 임포林逋가 서호西湖에 살면서 매화를 아내, 학을 자식[梅妻鶴子] 삼았다고 한다.

일찍 집에서 동문을 나와 시냇가에 서서 벗을 생각하며
早從屋東門小立溪上懷人

맑은 물은 집 둘렀고 푸른 숲은 쓸쓸하여	清流繞屋樹蕭森
숲 속에서 살아가며 도심을 깨닫노라.	棲宿山居見道心
시냇가 푸른 이끼에 어린 사슴 노닐고	磵戶蒼苔馴子鹿
봄비에 자갈밭에 인삼을 심노라.	石田春雨種人蔘
곁에 있는 흰구름 누구에게 전해줄까	白雲長在誰堪贈
향초[1]를 바라보니 그리움 그지없네.	芳杜相思怨不任
묻노라, 광려[2]에서 수학한 벗들아	爲問匡廬同社客
언제나 옷깃을 부여잡아 볼 것인가.	何時欲攬芰荷襟

동국의 죽지사가 될 만하다.
足備東國竹枝 _李調元

4구의 '석전' 일곱 글자는 천고에 길이 전할 만 하다.
石田七字足以千古 _潘庭筠

1 향초 : 원문은 방두芳杜. 방지芳芷와 두형杜衡으로 모두 향초인데 뜻이 같고 도가 합한 친구끼리 서로 쓰는 말이다. 굴원屈原의 『이소경離騷經』에 "雜杜衡與芳芷"란 구절이 있다.

2 광려 : 중국 여산廬山을 말하는데, 옛날 은자隱者 광유匡裕선생이 이 여산에 숨어서 글을 읽으며 지냈기 때문에 여산을 광려산匡廬山이라고 부르게 되었다.

정오숙이 와서 혜풍 유득공의 「구일」 시에 차운하기에

鄭五叔至次韻柳惠風九日作

그윽한 산 속에서 겹겹 문 닫았는데	幽棲岑寂掩門重
해질녘 귀한 손님 만나 보니 이리 좋네.	頗喜佳賓日夕逢
메마른 밭 오늘 밤 비 내려 젖셔주고	晩圃可憐今夜雨
빈숲은 그 옛날 산봉우리 그대로네.	虛林無恙舊時峯
가을 되자 붓 벼루에 벌레 소리 이르고	秋來筆硯虫聲徹
서리 친 뒤 옷자락엔 국화향기 짙구나.	霜後衣冠菊氣濃
알겠구려, 심약[1]이 혁대 구멍 옮긴 이유	已識休文移帶孔
병중의 내 모습을 탓하지 말아주오.	不須評泊病中客

1 심약 : 원문은 휴문休文. 한무제漢武帝 때의 심약沈約으로, 그의 자가 휴문이다. 태수로 나간 지 1백여 일 만에 허리띠를 몇 번이나 다시 졸라맬 정도로 몸이 수척해졌다고 한다. 『양서梁書』 「심약전沈約傳」에 보인다.

연못가 정자에서 느꺼움이 있어

池亭有懷[1]

수많은 붉은 꽃이 푸른 못을 뒤덮었고 千柄朱華冒綠池
완하정 주위에는 석양이 깔리누나. 玩荷亭畔夕陽時
이웃 노인 잠깐만 머물러도 좋은데 隣翁少住爲佳耳
들 술잔 세 잔에 성인 경지 들어가네.[2] 野酌三巡復中之
푸른 나무 헛되이 황씨 집을 지키고 碧樹空留黃氏屋
박공 사당 청산을 길이길이 대하누나.[3] 青山長對朴公祠
가을 오매 고향 떠난 길손은 두렵나니 秋來畏作離鄕客
서울서도 지금껏 생각한 이 있으리라. 京國如今有所思

1 [自註] "亭名玩荷, 先五世祖孝敏公所構, 今廢. 南溪有古判書芝川黃公廷彧舊居, 西有領議政朴公淳遺祠, 朝家賜號玉屛書院, 二公俱是名臣."

2 성인 경지 들어가네 : 원문은 부중지復中之. 한말漢末에 기근이 심해서 조조曹操가 금주령을 내리자 주객酒客들이 술이라는 말을 피하기 위하여 청주淸酒를 성인聖人이라 하고 탁주濁酒를 현인賢人이라고 불렀다. 이때 위魏나라 상서랑尙書郞 서막徐邈이 몹시 술을 좋아한 나머지, 금주령을 어기고 술을 마시다 적발되자 "성인에게 걸려들었다. 中聖人"라고 익살을 부렸는데, 뒤에 문제文帝가 서막을 보고는 "요즘도 성인에게 걸려드는가? 頗復中聖人不"라고 묻자, "능히 스스로를 경계하지 못하고 이따금 다시 걸려들곤 합니다. 不能自懲, 時復中之."라고 답변한 고사가 전한다. 『삼국지三國志』 「서막전徐邈傳」에 보인다.

3 푸른 나무 …… 대하누나 : '황씨'는 황정욱黃廷彧, '박공'은 박순朴淳이다. 완하정 남쪽에 황정욱의 집이 있고 서편에 박순의 사당이 있었다.

새벽에 일어나 불어난 물을 보고
曉起觀漲

사공이 찬 비 속에 잠을 잤는지　　篙子宿寒雨
밤새도록 배 안에서 소리 들렸네.　　夜聞篷底語
아침 오자 양 언덕 나무만 뵈고　　朝來兩岸樹
배 묶어 둔 곳은 보이질 않네.　　不見停舟處

당인의 소품이다.
唐人小品 _李調元

갈천 김공과 저녁에 유하정을 방문하여 도사와 운자를 나누어 '야광천저수'[1] 다섯 글자를 얻었다

同金葛川 夕訪流霞亭 道士分韻 得野曠天低樹五字

비인 산에 저녁 비 걷히자마자	夕雨收空山
서늘한 바람 들판에 불어오누나.	凉颸散敻野
스님이 저물녘 홀로 돌아가노니	林僧晩獨歸
물 저편에 절집[2]이 보이는구나.	隔水見蘭若

맹호연孟浩然을 찬미하고 그 울림을 이었다.
表聖嗣響 _ 李調元

오절은 뛰어나고 오묘하여 매 작품마다 전해질 만 하다.
五絶超妙首首可傳 _ 潘庭筠

빈 누각 고요히 인적 없는데	虛閣寂無人
서편 담장 쥐엄나무 무성하구나.	墻西皀莢樹
저물녘 강가에서 시름 이는데	江天起晩愁
연기 사이 해질녘 조각배 한 척.	烟際片帆暮

1 야광천저수 : 맹호연孟浩然의 「숙건덕강宿建德江」 "안개 낀 포구로 배 옮겨 매니, 해질녘 길손 시름 새로웁구나. 들은 텅 비어 하늘과 숲 맞닿았고, 강 푸르러 달 가까이 다가오는 듯. 移舟泊煙渚, 日暮客愁新, 野曠天低樹, 江淸月近人."의 3구를 말한다.

2 절집 : 원문은 난약蘭若. 사찰을 말한다.

숲 그늘은 이미 벌써 쓸쓸하건만	林樾既蕭條
물가도 다시금 텅 비었구나.	汀洲復莽曠
나그네 저녁 물길 뒤좇아서는	行人趁暮潮
숲 저편에 배 한 척 띄워놓았네.	樹末孤舟放

백운계에서 서강구에 이르러 솔 그늘 아래 잠시 누워서
自白雲溪復至西岡口 少臥松陰下作

이따금 석양 노을 속에 나아가	時向返照裏
홀로 청산 모롱이를 거닐어본다.	獨行青山外
매미는 저물녘 무수히 울고	鳴蟬晚無數
숲 저편 맑은 바람 불어오누나.	隔樹飛淸籟
푸른 시내 가까이 집이 있노니	家近碧溪頭
저녁 무렵 시내 바람 세차게 부네.	日夕溪風急
깊은 숲이라 오가는 사람 없노니	脩林不逢人
해오라기 그림자만 무논에 우뚝.	水田鷺影立

이 공의 오절은 당唐의 왕유王維나 배적裵迪에 뒤지지 않는다.
此公五絶不減唐之王裵 _李調元

소나무 뿌리 위서 책을 읽노니	讀書松根上
책 위로 솔방울이 떨어지누나.	卷中松子落
지팡이 짚고서 돌아가려니	支笻欲歸去
흰 구름이 산허리에 걸려 있구나.	半嶺雲氣白

신묘하기가 망천輞川 왕유王維와 같다.
神似輞川 _潘庭筠

해 저물녘 마을

村暮

가을 들판 위로 해가 저물자	日落秋原上
온 산에 이내 기운 푸르러온다.	四山嵐氣碧
시내 저편 돌아온 사람 있는지	隔溪有歸人
사립에 저녁 연기 피어오르네.	柴門烟火夕

저녁 풍경

夕景

물가 집에 노을이 차츰 걷히자	殘靄歛汀舍
산자락에 검푸른 빛 흩어지누나.	疊翠紛山郭
돌아가는 배에는 석양 걸렸고	歸帆掛返照
하늘 끝에 노 소리 삐걱대누나.	天末櫓聲落

저물녘 시냇가에 가서 옥병의 친구를 전송하며
晩往溪上 送玉屛故人[1]

숲 지나자 모래길이 드러났는데 林窮沙路出
떠나는 그대 나루에 도착했구려. 歸人當渡頭
한 조각 배 긴 강물 내려가노니 孤榜下長川
비긴 해에 찬 물결 어지럽구나. 斜日冷亂流
산 중의 벗을 멀리 떠나보내고 遙送山中友
홀로 시내 남쪽에서 서성거리네. 獨成溪南遊
물결은 잔잔해짐 이미 오래고 水波久已定
노 소리 갈대밭에 은은하여라. 挐音隱蘆洲
어느 곳서 자취를 찾을 것인가 何處尋行迹
서글퍼라, 몇 봉우리 가을 물드니. 惆悵數峰秋

고산유수, 즉 지음知音의 경지다.
高山流水 _李調元

왕사정王士禛의 『정화록』 속의 말과 같다.
亦有精華錄中語 _潘庭筠

1 [自註] "處士李仲甫, 字太醇. 隱永平縣西蒼玉屛. 躬耕讀書, 學問高明. 每歲州牧薦人, 輒爲八道第一, 特拜官, 不起. 余數與之往來, 又與子堯欽遊."

초가을 느낌이 있어

初秋有懷

홀로 살며 늦게야 도를 깨달아　　　　單棲晩秉道
그윽한 숲 속에서 책을 읽노라.　　　　讀書林館幽
외로움에 해 짧음 생각을 하고　　　　孤抱念日短
무더위에 흐르는 물 그려본다네.　　　　重炎睠水流
푸른 혜초 시들어 가려하는데　　　　蕙綠銷將暮
쓰르라미 노래 싸늘한 가을이라네.　　　　螿吟冷已秋
마음 깊이 사귄 벗 많지 않아서　　　　親知罕深契
계곡에서 그윽한 놀이 즐기네.　　　　溪壑寄冥遊
이곳에 온갖 시름 숨어 있어서　　　　賫玆百端隱
아침이 되어도 그치질 않네.　　　　明發未能休

남다른 성품을 타고난지라　　　　生來性特異
힘써 재도 공부에 전념 하누라.　　　　力探載道輿
서책 가운데 이 몸 파묻어 놓고　　　　埋身簡策中
아침저녁[1] 열심히 탐독 하노라.　　　　嗜近貪芧狙

---

1 아침저녁 : 원문은 우저芧狙. 『장자莊子』 「제물齊物」에 "전국 시대 송宋나라에 원숭이를 기르던 저공狙公이란 사람이 있었는데, 어느 날 원숭이들에게 도토리를 '아침에 세 개 저녁에 네 개 주겠다.'고 하자 원숭이들이 성을 냈다. 그래서 '아침에 네 개 저녁에 세 개를 주겠다.'고 하니 모두 기뻐했다." 하였다. 여기에서는 아침저녁만을 가져와 열심히 책을 탐독했다는 의미로 쓰였다.

오직 옛 성현을 사모하면서　　恭惟古哲人
진리 깨닫기 위해 마음을 쓰네.　　費心開玄緖
천추의 세월을 내게 준대도　　千秋冥付余
둔한 재주 내 절로 즐길 뿐이네.　　薄質敢自豫
강성 정현[2]의 경지에 못 이른다면　　未到康成地
맹세코 고개 들고 말 하잖으리.　　誓不擡頭語

내 벗이 멀리 남쪽 고을에 있어　　我友在南鄕
은근한 그리움을 달래길 없네.　　殷念耿難釋
전날 이별했던 난간 언저리에는　　欄干昔別處
이 저녁 오동잎만 떨어지노라.　　葉墜高梧夕
구름 가니 저문 하늘 유장해지고　　雲歸暮天長
기러기 가니 가을 강 환해졌구나.　　雁去秋江白
호산의 백 리는 꿈길 같은데　　湖山百里夢
고은 풍경 베갯맡을 감싸고 있네.　　淸境繞枕席
그리운 그대에게 무얼 전할까　　思君欲何贈
제절로 즐기라 말을 하고파.　　願爲道自適

---

2 강성 정현 : 원문은 강성康成. 후한後漢의 정현鄭玄의 자다. 경서와 수학 등에 통달한 인물이다.

오후에 산보하며 시냇가의 귀와초당에서 짓다

午後出步溪邊歸臥草堂作

흰 구름 깊은 곳에 집을 꾸리니	結廬白雲深
푸르고 시원한 수풀 서편이구나.	蒼凉萬木西
뭇 봉우리 처마 끝에 비치어들고	茅檐映諸峯
시냇물은 사립을 돌아 흐르네.	柴門俯廻溪
순간 싸늘해져 깜짝 놀랐었는데	凉颸倏已驚
무서리 내려 다시금 처량해지네.	嚴霜會復凄
소 먹이던 영척[1]을 생각하면서	溯思飯牛甯
언제나 책 보던 예관[2] 사모하리라.	重慕帶經兒
빈천하지만 좋은 회포 많노니	貧賤多好懷
길 잃다 다시금 편히 자리 잡았네.	失路更安棲
양홍[3]처럼 사는 것은 아득하지만	遐哉梁伯鸞

1 소 먹이던 영척 : 원문은 반우영飯牛甯. 「반우가飯牛歌」를 부른 제齊나라 영척甯戚을 말한다. 영척이 남의 집에서 소를 먹여 주며 생활하다가 제환공齊桓公이 나오는 것을 보고 소의 뿔을 두드리며 노래 부르기를, "남산은 깨끗하고, 흰 돌은 눈부시네. 요순이 선양하던 시절을 못 만나니, 단포 단의가 정강이뼈까지 이르렀네. 저물녘부터 한밤중까지 소에게 꼴 먹이니, 길고 긴 밤 언제 가고 아침이 오려나. 南山矸, 白石爛. 生不遭堯與舜禪, 短布單衣適至骭. 從昏飯牛薄夜半, 長夜曼曼何時旦."라고 하니 환공이 듣고 그를 데리고 가서 정승을 삼았다. 여기에서는 불운한 자신의 처지를 탄식한 말이다. 『회남자淮南子』「도응훈道應訓」에 보인다.

2 책 보던 예관 : 원문은 대경예帶經兒. 한漢나라 예관兒寬이 '품팔이를 할 적에 늘 경서를 몸에 지니고 밭일을 하다가 휴식할 때면 독송을 했던 時行賃作, 帶經而鋤, 休息輒讀誦.' 고사가 있다. 『한서漢書』「예관전兒寬傳」에 보인다.

3 양홍 : 원문은 양백란梁伯鸞. 백란은 한漢나라 양홍梁鴻의 자다. 양홍은 집이 몹시 가난하였

길이 아내[4]와 함께 살아가고파. 長憶挈山妻

동쪽 산봉우리에 석양 내리니 夕陽下東嶺
집들 초계 삽계[5]에 자리 잡은 듯. 人家在苕霅
숲 골짜기 맑은 햇빛 품고 있으며 林壑含清暉
산과 시내 가을 기운 모이었구나. 溪山秋氣集
그림자 돌아보니 쓸쓸도 하여 顧景感蕭索
눈물 흘리며 고향을 바라다보네. 揮涕望鄉邑
일찍부터 자연 속에 숨어살면서 泉園夙所遁
어부와 나무꾼과 서로 친했지. 漁樵近相狎
청아한 새벽녘에 짚신을 신고 淸晨理艸鞋
농암의 골짜기를 찾아가 보리. 往尋農巖峽
명현이 옛날 벼슬 버리었으니[6] 名賢昔掛冠

는데도 학문을 좋아하여 벼슬하기를 구하지 않은 채 그의 부인인 맹광孟光과 함께 패릉산霸陵山 속으로 들어가 살았다. 남의 삯방아를 찧으며 어렵게 살았는데, 언제나 집으로 돌아오면 아내가 식사를 준비했다가 상을 눈썹 높이로 받들고 들어왔다. 『후한서後漢書』「양홍열전梁鴻列傳」에 보인다.

4 아내 : 원문은 산처山妻. 자기 아내에 대한 겸사이다.

5 초계 삽계 : 원문은 초삽苕霅. 당唐나라 때 은사隱士인 장지화張志和가 벼슬을 그만두고 강호에 살면서 연파조도煙波釣徒라 자호하였는데, 안진경顔眞卿이 호주자사湖州刺史로 있을 때 그가 안진경을 찾아가 뵙자, 안진경이 그의 배가 망가졌음을 보고 새것으로 바꾸기를 청하니, 장지화가 말하기를, "나는 집을 물에 띄우고서 초계와 삽계 사이를 왕래하는 것이 소원이다. 願爲浮家泛宅, 往來苕霅間."고 한 데서 온 말이다. 『신당서新唐書』「장지화전張志和傳」에 보인다.

6 벼슬 버리었으니 : 원문은 괘관掛冠. 벼슬을 그만둔 것을 말한다. 동한東漢의 봉맹逢萌이 왕망王莽의 정사에 환멸을 느껴 인륜이 끊어졌다고 탄식하면서 관을 벗어서 동쪽 도성문에다 걸어 놓고 곧장 시골로 돌아갔으며,(『후한서後漢書』「일민열전逸民列傳」) 남조南朝 제齊

찾아가 높은 풍모 접해보리라. 逝將高風接[7]

예스런 음색과 절조로 일창삼탄一唱三歎의 유음遺音이 있다.
古音與古節有一唱三歎之遺 _ 李調元

의 도홍경陶弘景도 관복을 벗어서 신무문神武門에 걸어 놓고 사직소를 남긴 뒤에 고향으로 떠나갔다.(『남사南史』「은일열전隱逸列傳」)

7 [自註] "農巖在永平縣東三十里. 卽古吏曹判書兼大提學金先生昌協故里, 因以自號者也. 先生字仲和, 淸陰先生曾孫, 領議政文谷先生壽恒之仲子. 伯兄昌集號夢窩, 弟昌翕號三淵, 昌業號稼齋, 昌緝號圃陰, 昌立號澤齋. 兄弟六人, 俱以文章功業名世, 而先生及三淵先生尤傑. 然先生早歲嘉遯隱居此處, 屢徵不起. 至今名節輝映令人仰慕."

일찍 일어나 개인 것을 보고

早起看晴

새벽 비가 강 물결 더해주노니 曉雨添江練
맑은 빛 저녁에야 흩어지누나. 澄暉晩來散
먼 산은 차례차례 늘어서 있고 遙岑列雁齒
푸른 하늘 어지러이 굽어 비친다. 俯映空靑亂
나룻에선 어부 노래 새어 나오고 港際隱漁歌
안개 속에 물새는 울어대누나. 烟中鳴水鸛
모래밭에 있는 사람 콩알만 한데 荳人立沙岸
버들 그늘에서 나룻배 부르는구나. 柳陰津船喚
조는 갈매기 세어 볼만도 하고 眠鷗迥堪數
노는 물고기 고요히 구경할 만해. 遊魚靜可玩
뗏목을 타고서 떠나가 볼까 去把槎頭竿
나의 길이 오래전에 정해졌으니. 行藏久已牉

아침 햇살 호수 가를 비추어주니 朝日照湖曲
말쑥한 흰 구름이 피어오른다. 雲物生淸穎
산 빛에서 향[1] 내음 풍겨 나오고 山光甲煎香
물빛은 구슬처럼 반짝거리네. 水色玻瓈頃

---

1 향 : 원문은 갑전甲煎. 향을 말한다.

찬바람 흰 마름에 살랑거리니 凉風起白蘋
물가에는 가을 기운 싸늘도 해라. 洲渚秋氣冷
강 언덕에는 안개가 자욱하건만 長烟貫堤尾
얼핏 나무 그림자 보이는구나. 微茫辨樹影
맑은 하늘에 저녁 돛 걸려 있는데 晴空掛晚帆
어구漁具[2] 싣고 강 복판에 둥실 떠 있네. 中流載笭箵
저 멀리 어부[3]를 불러 들여서 遙招緯蕭父
손을 잡고 고기 잡고 나무 하리라. 携手漁樵境

예스럽고 담박하면서도 그윽하고 깨끗하다.
古淡幽潔 _李調元

---

2 어구 : 원문은 영성笭箵. 종다래끼라고 하는데, 짚이나 싸리로 만든 작은 바구니로, 여기에서는 고기를 담는 기구다.

3 어부 : 원문은 위소부緯蕭父. 어부漁父를 말한다. '위소'는 쑥대를 엮는다는 뜻으로, 즉 게를 잡는 어부가 쑥대를 엮어 삼태기처럼 만들어서 게가 다니는 목을 막아 잡는데서 온 말이다. 안빈낙도의 상징으로도 쓰인다.

저물녘 서강구에서 쉬면서

晩憩西岡口作

취해 마을 남쪽으로 떠나가노니　　被酒村南去
산과 시내 아득히 눈에 들어라.　　溪山入逈眺
비 온 뒤라 푸르름 한층 더 곱고　　雨餘積翠多
나뭇길 산허리에 설핏 보이네.　　樵徑隱半嶠
깊은 골짝 저녁연기 피어오르고　　深崦起暮烟
개인 내엔 석양 빛 아름답구나.　　晴川媚晩照
저 멀리 마을 소는 돌아오는데　　遙見巷牛返
이따금 물새 소리 들려오누나.　　時聞水禽叫
전원의 삶 진실로 즐길 만하니　　田園洵可樂
티끌세상 외면한 지[1] 오래되었다.　　塵世臂已掉
오래도록 소문자[2]를 그리워하여　　永懷蘇門子
지팡이 떨치며 외로이 휘파람부네.　　振策發孤嘯

굴원屈原 「이소離騷」의 유풍遺風이 있다.
騷選之遺 _ 李調元

---

1 외면한 지 : 원문은 비도臂掉. 팔을 내저어 돌아본 체하지 않는다는 뜻으로, 누구에게도 응수하거나 돌아본 체하지 않고 조용히 지낸다는 뜻이다.

2 소문자 : 소문산蘇門山에 살았던 은자 손등孫登을 말한다. 완적阮籍이 일찍이 소문산에서 손등을 만나 종고終古에 대해서 함께 상략商略하다가 서신栖神 도기道氣의 술법에 이야기가 미치자 손등이 일체 응하지 않자 물러나왔다. 그런데 반쯤 내려오다가 휘파람 소리를 들으니 난봉鸞鳳의 소리와 같았다고 한다. 『진서晉書』 「완적전阮籍傳」에 보인다.

원령 이인상의 부채에 그려진 풍경

李元靈(麟祥)扇頭小景[1]

높은 나무 포구에 그늘 드렸고　喬木翳浦口
널따란 빈 강가에 석양 내리네.　曠莽空洲夕
안개 짙어 저녁 산보 좋기도 한데　烟沈暮步平
해 지자 가을 산은 짙푸르구나.　日落秋山碧
사라지는 하늘 빛 얼핏 뵈더니　乍見天光滅
밀려드는 여울 소리 들리는 듯해.　如聞灘聲逆
서리 내려 갈대밭은 싸늘도 한데　霜隕蒹葭冷
바람 높아 물결도 겹쌓이누나.　風高波浪積
조각배 저물녘에 대어 놓으니　扁舟晚自泊
마을 집은 어지러이 저편에 있네.　半村紛相隔
거룻배에 세간 살이 실어두어서　家具載篷底
밥 짓는 불빛 선창에 새어나오네.　炊色生艙隙
알겠구나, 삿대 잡은 그 사람이　遙知把槳人
돌아가는 기러기 바라다 봄을.　目極歸鴻迹

1 [自註] "元靈完山人. 篆書爲東國第一, 善刻印, 嗜古器, 有文董遺風. 著有雷象觀集. 今未刊."

청풍계에서 노닐다 선원 김상용[1]선생을 우러러 회고하며

遊淸風溪仰懷金仙源先生[2]

골짜기 깊어 나무가 우거졌는데	谷窮多脩樹
찾아가며 비탈길 굽이도누나.	幽尋轉仄徑
산비가 저물녘에 절로 개이자	山雨晩自收
숲 바람이 시원하게 살랑거린다.	林風凉未定
쓸쓸한 정자에 그늘 드리워있고	寂歷亭陰覆
빙 두른 계곡 물 소리 울린다.	縈回澗籟亘
절벽뿐이라 더위잡고 올라가는데	攀援皆斷壁
구불 길에 다시금 돌길이라네.	曲折復危磴
온갖 꽃은 새 향기 물씬 풍기니	雜花搖新馨
깊은 골엔 그윽한 멋 풍겨오누나.	邃壑生微靚
솔 그림자 고요해 앉을 만하고	松影靜堪藉
꾀꼬리 뉘 들으라고 곱게 우는가.	鶯啼婉誰聽
맑은 노님 즐거운 일이지만은	淸遊縱可樂
아득한 생각 더불어 일어나누나.	遐想亦云倂
선생께서 예전에 마음을 둔 곳	先生昔棲心

---

1 김상용(金尙容, 1561~1637) : 자는 경택景擇, 호는 선원仙源이다. 병자호란 때 강화도에서 순절했다. 시호諡號는 문충공文忠公이다.

2 [自註] "仙源諱尙容, 字景擇, 明宗辛酉生. 宣祖庚寅文科. 官右相. 丁丑江都殉節, 諡文忠公, 旌忠安東人."

어진 이들이 능히 공경한다네. 浚哲能致敬
거닐던[3] 높은 자취 생각하노니 高蹤緬杖屨
꽃다운 영혼 또렷이 기침하는 듯. 英靈宛欬謦
홀로 읊조려 혼백을 위로하노니 孤吟慰鬼雄
마음 기쁘게 하고자 함은 아닐세. 匪徒悅幽性

3,4구는 좋은 구절로 생각해볼 만하다.
佳句耐思 _ 李調元

3 거닐던 : 원문은 장구杖屨. 지팡이와 신발로, 여기에서는 김상용선생이 거닐던 곳을 말한다.

걷다 두포의 뒷산을 넘어 어떤 사람의 정자에 이르다

步踰荳浦後麓至某氏園亭

옷깃을 나부끼며 명원 찾으니	拂衣訪名園
오솔길에 교목이 우거졌구나.	細路蔭喬木
호수 빛이 갓에 젖어 들었고	湖光漬葛巾
아침 햇살 싸늘히 퍼져있구나.	蒼凉散朝旭
향기 어린 여뀌꽃 물에 비치고	陂香映水葒
언덕엔 패랭이꽃[1] 활짝 피었네.	岸花開石竹
가파른 뫼 사방을 둘러쌓았고	秀嶂已四圍
맑은 물굽이 구불구불 굽어 있구나.	清灣凡幾曲
떠도는 이 아득히 생각하노니	遙懷放浪士
낭떠러지에 집을 엮어놓았네.	懸厓曾結屋
온 종일 창에 기대 앉아있노니	支窓坐永晝
강 하늘은 아득히 푸르르구나.	渺莽江天碧
나무꾼 노래 산집에 들리어오고	樵唱落山家
어부 흥얼거림 골에 울려 퍼진다.	漁詠響溪谷
고을의 한 사람이 배 저어 가니	州人拏舟去
노가 차가운 푸른 빛 갈라놓는다.	一棹剪寒綠
고개 돌려 전교의 숲 바라다보니	回望箭橋樹

1 패랭이꽃 : 원문은 석죽石竹. 패랭이꽃을 석죽화石竹花라 한다.

안개 걷혀 소 떼들이 보이는구나.　　烟消見群牧
높이 올라 바라보니 좋기는 하나　　高矚旣信美
시름만이 연이어 찾아드누나.　　愁緖來相續
강촌 마을 도리어 쓸쓸하여서　　江鄕轉蕭瑟
젊은 이 몸 낙척함이 서글프도다.　　少年悲落拓
장차 사립 도롱이 걸치고서는　　將携笠澤蓑
완부의 나막신[2]을 잊지 않으리.　　那忘阮生屐
아득한 마음 구학[3]에 있을 뿐이니　　遐心在邱壑
손익[4]이 서로 통함 살펴본다네.　　妙觀通損益
물가 좇아 복거편[5] 읊조리자니　　遵渚誦卜居

---

2 완부의 나막신 : 원문은 완생극阮生屐. 동진東晉 때의 사람인 완부阮孚의 나막신을 말한다. 당시 조약祖約은 재물을 좋아하고, 완부는 신[屐]을 좋아하여 둘 다 누累가 되는 일이긴 하나 누가 좋고 나쁜 일인지 알 수 없었다. 어떤 이가 조약의 집에 가 보니 조약은 마침 돈을 세고 있다가 손이 이르자 세던 돈을 농 뒤로 치우고 몸을 기울여 가리면서 매우 부자연스러운 표정이었고, 완부의 집에 가 보니 그는 마침 나막신에 밀을 칠하다가 스스로 탄식하기를 "내 일생에 이 신을 얼마나 더 신을는지 모르겠다." 하며 기색이 차분하였다. 『진서晉書』「완부전阮孚傳」에 보인다. 여기에서는 빈한한 자신의 처지에 만족하며 살겠다는 의미다.

3 구학 : 깊은 산과 계곡을 말하는데, 이는 동진東晉의 화가인 고개지顧愷之의 고사와 관련이 있다. 고개지는 사곤謝鯤이 암석 사이에 있는 그림을 그렸다. 이에 사람들이 그 까닭을 묻자, "사곤이 '구학에 뜻을 둔 것은 자신이 유량庾亮 보다 낫다.' 했으니, 그 사람은 마땅히 구학에 두어야 한다. 謝云一邱一壑, 自謂過之. 此子宜置邱壑中."라 했다. 이로부터 '구학'은 은자의 거처로 인식되어 왔다.

4 손익 : 『주역』「손괘損卦」와 「익괘益卦」를 말한다. 후한後漢의 은사隱士인 상장向長은 노장老莊과 역易에 정통하였는데, 어느 날 『주역』의 손괘와 익괘를 읽고 나서 탄식하기를 "내가 이미 부귀는 빈천함보다 못하다는 것을 알았으나 죽음이 삶보다 어떻다는 것만은 모르겠다. 吾已知富不如貧, 貴不如賤, 但未知死何如生耳."라고 하였다 한다. 『후한서後漢書』「일민전逸民傳」에 보인다.

5 복거편 : 원문은 복거卜居. 굴원의 「복거卜居」를 말한다. 굴원이 참소로 쫓겨나 어떻게

즐거웁고 편안함 끝이 없구나. 　　夷猶更安極
정자 지은 그대를 생각하면서 　　願言思公子
저물녘 방초 곁에서 머리 긁노라. 　　搔首芳艸夕

성유聖兪 매요신梅堯臣[6]과 매우 유사하다.
極似梅聖兪 _李調元

살 것인가를 의논한 글이다.

6 매요신(梅堯臣, 1002~1060) : 자는 성유聖兪, 호는 원릉宛陵이다. 세련되고 정밀한 구법句法이 특징이며, 두보杜甫 이후 최대의 시인이라는 상찬을 받았다.

비온 뒤 서강구로부터 걸어 백운계에 이르며 짓다
雨餘從西岡口步至白雲溪作[1]

지팡이 짚고서 사립 나서니	携筇出柴門
보슬비가 들판을 지나가누나.	微雨過平陸
가파른 길 굽이굽이 돌아가노니	危徑轉廻紆
높은 언덕 자꾸자꾸 연이어졌네.	崇岡屢重複
피로 잊고 한가롭게 산보하면서	忘疲演閑步
회포 풀며 멀리까지 바라다본다.	放懷肆遐矚
첩첩 산의 푸른 빛 연이어졌고	疊巘連蒼翠
들판에는 곡식이 흩어져 있다.	高原散禾穀
마침내 골짝 그늘 아래 따라서	遂從洞陰下
우연히 구름 계곡 도착했다네.	偶至雲溪曲
시냇물은 흐려다 갓 개이었고	川涂曖新晴
마을은 나무들로 가려져 있다.	墟里翳嘉木
물꽃은 바야흐로 어우러졌고	水花方掩映
들풀은 목욕한 듯 함초롬하다.	野艸皆膏沐
소나무 끝에 흰 구름 얽히어있고	松頂翳白雲
바위틈엔 작은 폭포 걸려 있어라.	巖隙掛殘瀑
물고기 맑은 물서 날아 뛰놀고	游魚乘空明
갈매기 날아 잔물결 일으키누나.	飛鷗破淨綠

---

1 [自註] "余家在永平梁文驛, 東距白雲溪, 不過一牛鳴縣, 以溪山鳴於域中, 余所居尤瀟灑有佳趣."

벼랑 바위 어느새 허물어졌고　　崖石已莽峭
바람 기운 그지없이 맑고 좋아라.　　風氣何淸穆
구경하며 넓은 들판 들어서서는　　延賞入曠達
읊조리며 깊은 고독 달래어본다.　　舒吟慰幽獨
외론 심사 기러기에 부쳐보면서　　孤抱寄冥鴻
속인들의 득실[2]을 비웃어보네.　　塵心哂蕉鹿
소부[3]처럼 귀를 씻지 못하더라도　　匪洗巢父耳
유자처럼 발은 씻을 만하네.[4]　　庶濯孺子足
콧노래 읊조리면서 언덕에 있자니　　嘯詠在邱樊
나무꾼과 목동이 오고가누나.　　往來混樵牧
무릉도원 생각다가 탄식하면서　　緬想桃源歎
푸른 산기슭을 서성거린다.　　偃蹇青山麓

맑고도 넉넉하다.
淸而腴 _李調元

2 득실 : 원문은 파록蕉鹿. 파초 잎으로 덮어 둔 사슴이란 뜻으로, 인간 세상의 득실得失이 꿈같이 덧없음을 비유한 말이다. 옛날 정鄭나라 사람이 땔나무를 하러 가서 사슴을 잡아가지고 남이 볼까 염려하여 황중隍中에 넣어 파초 잎으로 덮어 두었다가 이내 그 사슴 넣어둔 자리를 잊어버리고는 마침내 그것을 꿈이라고 생각하였다. 그리고 그는 길을 따라 가면서 그 꿈속에 있었던 일을 혼자 중얼거리자, 곁에서 그 말을 들은 사람이 그 자리를 찾아서 사슴을 훔쳐 갔다고 한다. 『열자列子』「주목왕周穆王」에 보인다.

3 소부 : 요堯임금이 처음 소부에게 천하를 양여讓與하였으나 받지 않으므로 또 허유許由에게 양여하니, 허유는 더러운 말을 들었다 하여 영수潁水에 귀를 씻었고, 소부는 귀 씻는 물마저도 나를 더럽힐까 두렵다고 개울을 건너지 않았다고 한다.

4 유자처럼 …… 만 하네 : 춘추시대에 한 어린애가 노래하기를 "창랑의 물이 맑거든 나의 갓끈을 씻고, 창랑의 물이 흐리거든 나의 발을 씻으리라. 滄浪之水淸兮, 可以濯我纓. 滄浪之水濁兮, 可以濯我足."고 한 데서 온 말인데, 전하여 세속을 초월해서 고결한 지조를 지키는 데에 비유한다. 『맹자』「이루離婁」에 보인다.

오후에 길 가다 비를 만나 금곡에 들어가 쓰다
午後路上遇雨入金谷仍成七言長句

거세 바람 불어와 옷깃을 파고드니　疾風捲我衣邊罅

앞산에는 석양이 띠 두른 듯 걸려있네.　前山一帶殘陽鋪

도봉산[1]의 산 빛이 한순간 어두워져　萬丈峯色焂慘憺

돌아봐도 누원 숲 보이질 않누나.　廻矚不見樓院樹

머리맡 구름은 먹 뿌려 놓은 듯　當頭雲葉似潑墨

비 기운[2] 지척에 천둥소리 요란구나.　龍師咫尺殷雷驅

조랑말 재촉하느라 시종은 시끄럽고　羸驂局促僕夫喧

앞 사람 뒤좇아서 갈 길을 재촉하네.　先叫後應催前路

이 와중에 온 산에 소낙비 내릴 듯해　是時四山雨氣白

발길은 분주한데 빗발[3]이 흩어지네.　亂脚橫空散鳥羽

들판의 잡초는 비바람에 넘어지고　曠野靡然草勢偃

밭 사이 고랑 물은 재빨리 흐른다.　鳴流急向田間注

촌 늙은이 소 끌고 아이는 꼴 지고　村翁御牛兒負芻

참외 파는 처마 아래 모두들 모여드네.　賣瓜棚下來相聚

잠깐 사이 빗줄기 지나가 고요하니　須臾聲歇雨陣過

---

1 도봉산 : 원문은 만장봉萬丈峯. 도봉산道峯山을 말한다.

2 비 기운 : 원문은 용사龍師. 용의 별칭이다. 용이 백수百獸의 장長이기 때문에 이렇게 칭하는데, 용은 구름을 몰고 다니면서 비를 내리게 한다고 한다.

3 빗발 : 원문은 조우鳥羽. '조우'의 '우羽'는 '우雨'로 쓰기도 한다. 새가 날갯짓을 하면 깃털이 흩어지듯이, 비가 휘몰아치는 것을 말한다.

먼 봉우리 다시금 햇살을 토해낸다. 仄暉更自遙岑吐
푸르른 벼 언덕엔 앙마[4]가 매어 있고 蒼涼稻陂結秧馬
고요한 들판에는 두레박[5]만 놓여있네. 寂歷槐原立水戽
말을 세워 산 속 집을 찾아가려 하는데 停轡欲尋山中屋
해 져서 깊은 계곡 건널 일에 수심 이네. 日暮漫愁深溪渡
저 멀리 마을에는 저녁연기 끊어졌고 村墟遙望斷人烟
이따금 숲 저편서 폭포소리 들려오네. 樹杪時聞飛瀑布
누런 띳풀 삿갓이 골짝 어귀 비추면서 黃茅一笠映谷口
계곡 다리 무너져 번거롭게 돌고 도네. 崩橋絶磴紛回互
섬돌 따라 흐르는 물 계곡에 울려대고 循除瀧瀧澗響小
짙푸른 찬 물결은 모래톱에 모여드네. 翠藻寒漣沙石遻
단풍 숲서 두건 벗고 머리를 식히니 楓西岸幘解煩襟
가지 사이 빗방울 취한 얼굴 젖셔주네. 醉顔猶滴枝間露
밤새도록 거닐며 근심 걱정 없애노니 逍遙竟夕破愁疾
깨끗한 명승지에 내 마음 흡족해라. 瀟洒名區愜平素
우리 집 선조께서 임천을 애호하여 吾家先祖喜林泉
탄식하며 그 당시 지팡이 신 옮겼었지. 太息當年住杖屨
어릴 적 낚시하며 놀던 기억 희미한데 童時釣遊邈難記
손수 심은 나무만은 옛 모습 그대로네. 手植松杉宛如故

---

4 앙마 : 말처럼 타면서 모를 심는 기구다. 배[腹]는 버드나무로 만들고 등은 오동나무로 만들어 매끄럽고도 가볍게 만들었으며, 머리와 꽁무니는 높게 올라갔고, 등은 기와를 엎어놓은 것처럼 생겨, 타면 두 다리가 편안하도록 되었는데, 하루에 1천 휴畦를 심을 수 있다고 한다.

5 두레박 : 원문은 수호水戽. 물을 퍼 옮기는 기구다.

바위산의 계수나무 언제나 가을 들까 巖阿何日叢桂秋

소자는 오늘에 초은부[6]를 짓는다네. 小子今作招隱賦

---

6 초은부 : 한漢나라 때 회남왕淮南王 유안劉安에게 초빙된 인사들 가운데 소산小山이라고 일컫던 이들이 굴원屈原의 고사에 감동된 나머지 「초은사招隱士」라는 시부詩賦를 지었는데, 그 첫 행에 "계수나무는 총생함이여, 산의 그윽한 곳이로다. 어엿하게 길이 굽었음이여, 가지가 서로 얽혔도다. 桂樹叢生兮山之幽, 偃蹇連蜷兮枝相繆."라는 표현이 나온다. 이는 원래 굴원屈原의 넋을 부르는 말로서, 전하여 고결高潔한 은사隱士가 있는 곳을 의미한다. 『초사楚辭』 「초은사招隱士」에 보인다.

강산은 모든 시체에 공교하며 오언고시가 더욱 뛰어났다.
그의 시는 도잠陶潛과 사령운謝靈運에 근본을 두었으며,
이따금 저광의儲光儀와 맹호연孟浩然를 본받았으니 시품의 최고다.
'해 지고 사람은 만날 수 없네', '흰 돌의 계곡에서 길게
노래하네' 와 같은 이 사람의 이런 작품을
어찌 아침저녁으로 만날 수 있겠는가
검남사람 반봉 이조원 평.

薑山諸體 皆工而尤嫻五古 元本陶謝而時泛觴於儲孟之間
詩品爲最高矣 落日不逢人 長歌白石磵 此人此品安得朝暮遇之
劍南李調元半峯評

강산의 오언고시는 충담하고 한원閒遠하여
왕유王維와 위응물韋應物의 문정門庭 가운데 사람인 듯 하다.
왕어양王漁洋의 격조와 비교해보면 더욱 유사하다.
칠언율시는 송시의 체에 참여했으나, 또한 새롭고 빼어난 사고가 많다.
나이 겨우 이십이나 진실로 천재다.
전당사람 덕원 반정균 발.

薑山五古 沖淡閒遠 王韋門庭中人 視王漁洋格調尤近
七律參以宋體 亦多新穎之思 年纔二十餘 眞天才也
錢塘潘庭筠德園跋

| 편저자 |

유　금(柳　琴, 1741~1788) 자는 탄소彈素, 호는 기하幾何
이덕무(李德懋, 1741~1793) 자는 무관懋官, 호는 형암炯庵
유득공(柳得恭, 1748~1807) 자는 혜풍惠風, 호는 영재泠齋
박제가(朴齊家, 1750~1805) 자는 재선在先, 호는 초정楚亭
이서구(李書九, 1754~1825) 자는 낙서洛瑞, 호는 소완정素玩亭

| 역주자 |

박 종 훈朴鍾勳
한양대 국어국문학과(학사 · 석사 · 박사)를 졸업했으며, 태동고전연구소(지곡서당)에서 한학을 수학했다. 현재 청명문화재단 태동고전연구소 전임연구원이며, 조선대 · 홍익대에서 강의 중이다. 『만하몽유록』(공역), 『정유각집 상 · 중 · 하』(공역), 『옥오재집』 1 · 2 · 3 · 4(공역), 『전당시화 하』, 『예원치언 상』 등이 있다.

한자문화연구소학술자료총서 3

초판 1쇄 | 2011년 5월 24일
초판 2쇄 | 2017년 2월 22일

편자 | **유 금**　역자 | **박종훈**

발행처. 문진 / **주소.** 대전광역시 유성구 봉명동 535-5 한진오피스텔 2004호 / **등록.** 대전 제113호 /
대표전화. 042-933-6510 / **팩시밀리.** 042-367-5510 / **표지디자인.** 한그림

가격. 20,000원

ISBN 978-89-92229-35-7 93810